经济应用文写作教程

JINGJI YINGYONGWEN XIEZUO JIAOCHENG

主编 王凤英 傅丽琴

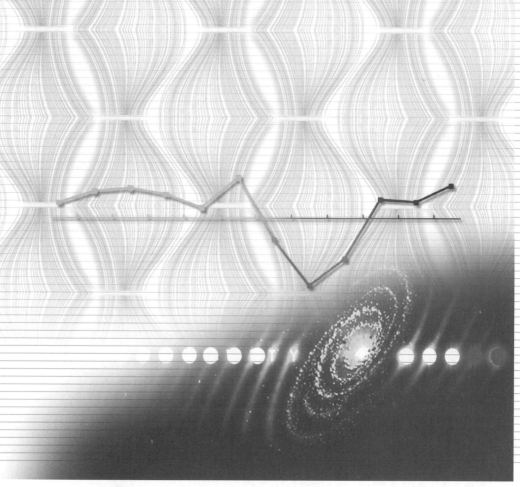

西安交通大学出版社
XI'AN JIAOTONG UNIVERSITY PRESS

图书在版编目(CIP)数据

经济应用文写作教程 / 王凤英，傅丽琴主编. ——西安：西安交通大学出版社，2024.9
ISBN 978-7-5693-3696-2

Ⅰ.①经… Ⅱ.①王… ②傅… Ⅲ.①经济-应用文-写作-教材 Ⅳ.①F

中国国家版本馆 CIP 数据核字(2024)第 059318 号

书　　名	经济应用文写作教程
主　　编	王凤英　傅丽琴
策划编辑	苏　剑　王斌会
责任编辑	苏　剑　崔永政
责任校对	赵思睿
装帧设计	伍　胜
出版发行	西安交通大学出版社 (西安市兴庆南路 1 号　邮政编码 710048)
网　　址	http://www.xjtupress.com
电　　话	(029)82668357　82667874(市场营销中心) (029)82668315(总编办)
传　　真	(029)82668280
印　　刷	陕西博文印务有限责任公司
开　　本	787mm×1092mm　1/16　印张 20.75　字数 413 千字
版次印次	2024 年 9 月第 1 版　2024 年 9 月第 1 次印刷
书　　号	ISBN 978-7-5693-3696-2
定　　价	49.80 元

如发现印装质量问题,请与本社市场营销中心联系。

订购热线:(029)82665248　(029)82667874
投稿热线:(029)82668525

版权所有　侵权必究

经济应用文写作教程

编委会

主　编　王凤英　傅丽琴
副主编　范振华　蔡秋培　田树静
编　委　周巧香　陈　璐　阮　倩
　　　　王琳淞　钟夏平
顾　问　刘瑾辉　彭海河

前言
PREFACE

  写作是一种思维与表达密切合作的创造性活动。人的社会生活离不开写作,国家和社会也要以写作为纽带维持其运作。可以说,无论是国家和社会的治理、思想成果的积累、知识和主张的传播,还是经验的总结、人才的培养、情感的交流,都离不开写作。

  随着现代社会交往愈发频繁,社会分工不断细化,信息交流变得越来越密集,写作成为重要的交流和沟通方式。大多数高校都将培养学生写作能力纳入人才培养方案中。就应用型人才的培养来看,应用文写作是应用型人才的必备素质。因为写作是一种思维与表达密切合作的活动,不管是思维还是表达,都要以语言的形式体现,所以要提高写作水平必须先过语言关。但是,目前学生在学习各类应用文写作时,普遍存在"语言表达难、格式规范难和思维理顺难"三大问题。这种局面一直存在,而且越来越严重,原因固然很多,但根本原因还是学生应用文读得太少,对所学应用文的语言语体感受不深,文体知识、格式规范"储存"不足。因此,重视和加强大学在应用文写作教学中的文本阅读教学势在必行。

  因此,本教材命名为《经济应用文写作教程》。一方面,是将其目标学习对象确定为所有与经济有关的学习者;另一方面,是在实际编写中尽可能体现出我们的理念——读写并重、以读促写、先读后写、以读导写,侧重实训与写作技能的提升。

  为了贯彻这种理念,我们将本教材分为两大部分:项目一介绍经济应用文的基本理论知识;项目二至项目八指导学生进行各类经济应用文书的读写实践。在具体指导每一种文书的读写实践时,本教材以 OBE 理念为导向设置任务,遵循"情景导入—概念与用途—文种知识认知—例文导读与阅读思考—拓展训练"的思路,通过任务设置和情景导入,将学生带入模拟的情景中,从而完成具体的写作任务,让学生在实践中掌握每一种文书的概念和写作技巧,理解每一种文书的社会功能和价值。

  经济应用文体系庞大,文字繁杂,我们不可能一一将其编入教材之中,也没有必要全面列举。因此,本教材选取了学生在学习、工作和生活中最常用且有代表性的文种,希望学生通过学习可以达到以点带面、触类旁通的效果。

  本教材由王凤英策划和统稿。文稿撰写分工如下:项目一、二及项目六的任务一由傅丽琴执笔;项目三由范振华执笔;项目四、五、八由王凤英执笔;项目六的任务二、三、四由蔡秋培执笔;项目七的任务一、二由周巧香执笔,任务三由田树静执笔。阮倩和陈璐负责教材的结构梳理,王琳淞和钟夏平负责校稿和勘误。

本教材编写时参考了相关教材和研究成果,选用了一些单位或个人的写作例文,我们尽可能进行标注。另外,感谢广东培正学院人文学院领导和西安交通大学出版社有关同志的支持,在此一并致谢。

本教材获批广东培正学院 2024 年度校级教学质量与教学改革工程建设项目(PZ17202403)。

本教材的编写是编者在繁重的教学工作之余完成的,时间仓促,加之水平有限,若有不当之处,恳请同仁、读者批评指正。

编者

2023 年 12 月

目 录

项目一 绪论 ... 1
- 任务一 写作基础知识 ... 1
- 任务二 应用文写作基础 ... 8
- 任务三 经济应用文写作基础 ... 30

项目二 常用经济专用文书 ... 37
- 任务一 经济条据 ... 38
- 任务二 意向书与协议书 ... 43
- 任务三 经济合同 ... 54
- 任务四 市场调查报告 ... 65
- 任务五 市场预测报告 ... 77
- 任务六 可行性研究报告 ... 85
- 任务七 营销策划书 ... 94

项目三 常用经济事务文书 ... 103
- 任务一 经济计划 ... 103
- 任务二 经济总结 ... 111
- 任务三 经济简报 ... 119
- 任务四 经济消息 ... 126

项目四 常用党政机关公文 ... 136
- 任务一 党政机关公文基本认知 ... 137
- 任务二 党政机关公文格式 ... 145
- 任务三 通知与通报 ... 159
- 任务四 请示与报告 ... 170

任务五　批复与函 …………………………………………………… 178

项目五　党政法制性文书 ……………………………………………… 187

　　任务一　党政法制性文书概述 ……………………………………… 188
　　任务二　党政法规 …………………………………………………… 192
　　任务三　党政规章 …………………………………………………… 199
　　任务四　党政规范性文件 …………………………………………… 211
　　任务五　党政内部管理制度 ………………………………………… 217

项目六　常用经济纠纷法律文书 ………………………………………… 224

　　任务一　仲裁申请书 ………………………………………………… 225
　　任务二　民事起诉状 ………………………………………………… 234
　　任务三　民事上诉状 ………………………………………………… 241
　　任务四　民事答辩状 ………………………………………………… 251

项目七　学生常用文书 …………………………………………………… 260

　　任务一　实习报告 …………………………………………………… 261
　　任务二　毕业论文 …………………………………………………… 270
　　任务三　求职信 ……………………………………………………… 289

项目八　常用礼仪文书 …………………………………………………… 295

　　任务一　请柬、邀请书（函） ………………………………………… 296
　　任务二　祝词、贺词、贺信（电） …………………………………… 301
　　任务三　欢迎词、欢送词 …………………………………………… 307
　　任务四　答谢词、感谢信 …………………………………………… 312
　　任务五　慰问信、表扬信 …………………………………………… 316

附录 ………………………………………………………………………… 320

参考文献 …………………………………………………………………… 321

项目一 绪 论

学习目标

思政目标

1. 正确认知写作,理解写作在社会生活中的重要性。

2. 树立良好的职业道德观念,注重写作的规范性和准确性。

3. 增强社会责任感,通过写作传递正能量,为社会进步贡献力量。

知识目标

1. 掌握写作的基本理论和技巧,了解不同类型写作的特点。

2. 了解文学写作与应用文写作,明确两者之间的异同点。

3. 熟悉经济应用文的含义、分类、特征,以及读写方法。

能力目标

1. 提升写作和文字表达能力,能够清晰、准确传达思想和观点。

2. 掌握应用文写作技巧,能够撰写规范、实用的应用文。

3. 熟悉经济应用文写作,能够较熟练地撰写经济应用文。

素质目标

1. 培养终身学习的习惯,不断更新知识,提高自身综合素质和能力水平。

2. 提高沟通能力和团队协作能力,尊重他人,善于沟通与协作。

3. 增强阅读理解能力,能够独立思考和分析问题。

任务一 写作基础知识

> 读书是欣赏别人,写作是挖掘自己;读书是接受别人的沐浴,写作是一种自我净化。
>
> ——冯骥才

任务情景

从个人到国家：写作的重要性无处不在

美国教育家韦斯·特说："在信息社会，写作包围着你。"美国未来学家约翰·奈斯比特在他风靡全球的《大趋势改变我们生活的十个新方法》一书中指出，"在工业社会向信息社会过渡的历史阶段，有五件最重要的事情应该记住，其中一件是在这个文字密集的社会里，我们比以往更需要具备基本的读写技巧。"这里所说的读写技巧，就是指在日常生活、工作中所需要的实用文章的读写能力，即应用文的读写能力。

毛泽东也在《文化课本》序言中指出："一个革命干部，必须能看能写，又有丰富的社会常识与自然常识，以为从事工作的基础与学习理论的基础，工作才有做好的希望，理论也才有学好的希望。"

我国每五年进行一次国民经济和社会发展规划（计划），目前已是第十四个"五年规划"。"五年规划"对国家的经济、文化、军事、外交等方面进行总体规划，提出任务，指明方向，成为国家未来五年建设与发展的总纲领。

微软公司（中国）人力资源部经理说："那些个性突出的求职信总是能引起我特别的关注。"在人山人海的人才市场中，那些拥有独具特色、个性鲜明求职信的求职者更容易脱颖而出，打开求职成功的胜利之门。事实证明，许多大学生正是凭着一份好的求职材料赢得了面试的机会，最终求职成功。

20世纪80年代，瑞士雀巢咖啡公司以一句"雀巢咖啡，味道好极了！"的广告词风靡中国，深入人心，一举打开中国市场，使企业获得了突飞猛进的发展。

任务设置

1. 谈谈你对应用文写作基础知识的了解。
2. 请根据约翰·奈斯比特的理论谈谈在信息社会中，为什么"需要具备基本的读写技巧"，特别是应用文的读写能力。

知识要点

一、写作的基本含义

写作通常是指运用语言文字符号以记述的方式反映事物、表达思想感情、传递知识信息、实现交流沟通的创造性脑力劳动过程。

二、写作的分类

陈独秀提出:"文之大别有二,一曰应用之文,一曰文学之文。"

蔡元培说:"国文分两种:一种实用文,在没有开化的时候,因生活的必要发生的;一种美术文,没有生活上的必要,可是文明时候不能不有的。"

由此,根据写作的目的和用途,我们可以把写作分为以下三种类型。

(一)基础写作

基础写作主要研究写作的基本原理和普遍规律,旨在提高人们对一般文体的写作能力。记叙文、议论文、说明文等文体的写作都属于基础写作的范畴,表达方式常以叙述、描写、说明、议论、抒情为主。

(二)文学写作

文学写作是专注于文学创作的规律和技巧,是基于基础写作的专业写作。文学写作关注现实生活,可以回顾历史、想象未来,可以借景抒情,可以重章叠句,可以描写情节,还可以创设意境。小说、散文、诗歌、戏剧等都属于文学写作文体,其表达方式以叙述、描写、议论、抒情为主。

(三)应用文写作

应用文写作是专门研究应用文的特点、规律、过程和方法,为处理具体事务、解决实际问题而进行的写作活动。应用文写作的第一要义是"实用"。公务公文、事务文书、信息文书、礼仪文书、经济文书、科研文书等属于应用文写作文体,其表达方式以叙述、说明、议论为主。

每种类型的写作都有其特点和要求,需要相应的技巧和方法来处理和完成。

三、应用文写作的特点

刘勰在《文心雕龙·书记》中说应用文"虽艺文之末品,而政事之先务也"。应用文写作是以有效地指导行动为目的,受各种规章、制度的约束和限制。然而,在特定的情况下,它又具有一般文体所不具备的特点,发挥着非常重要的作用。

(一)真实性

应用文的语言具有真实性,其写作旨在解决实际问题,因此必须真实、客观。应用文所涉及的材料、观点和解决问题的具体方法都必须真实可靠、准确无误、有根有据、符合实际。应用文的实用性决定了其真实性,强调实事求是,应用文一旦失去真实性,便失去其应有的价值。

(二)实用性

应用文最显著的特点是实用性。它旨在解决实际问题,并非像文学作品那样"有感而发"。应用文的写作是为了特定目的而进行的,如写信给特定的人,签订合同等。与此不同,文学作品的读者通常是未知的。应用文主要是为了处理公私事务或解决特定问题而产生的,因此实用性是其最显著的特点。例如,条据、合同用于证明事项,便条、书信用于传递信息,规章制度用于规范人们的行为,调查报告、通报用于反映情况和交流经验,公文用于传达政策法令和处理公务。

(三)时效性

应用文写作具有很强的时效性。与一般文学作品相比,应用文需要更及时地反映问题,以解决实际问题。在当今社会,信息传递速度对企业竞争至关重要,及时反映情况或传递信息,可以为企业带来经济效益。相反,如果应用文的写作不及时,可能会给生活、工作或生产带来负面影响。应用文的写作是为了处理日常具体事务和解决随时随地出现的问题,而这些事务和问题随时都可能发生变化。因此,我们必须及时写作、传递应用文,以避免错过时机而给工作带来影响。

(四)程式性

应用文写作具有程式性,其格式通常是约定俗成或由国家有关部门统一规定的,不能随意编排、自由联想或打破时空观念。这些格式如书信类、公文类等都有固定的模式,与之相对应的写作用语也是约定俗成的习惯用语或程式化的语言。撰写应用文时必须遵循这些规范,这不仅要与应用文的实用性紧密相连,还要与其内容相适应。随着社会的发展和人们生活习惯及观念的变化,应用文的格式也会发生变化,以便人们表情达意和顺应社会的发展。

(五)行业性

应用文的许多文种都具备明显的专业性和行业性。应用文的内容涉及众多行业知识和特定专业术语,因此,撰写者需要具备相关的行业知识和专业知识。此外,应用文也有特定的写作格式,撰写者需要了解并遵循这些格式要求。例如,法律文书、经济文书、科技文书及涉外文书等都是属于具有特定行业性质的应用文。

(六)政策性

应用文写作必须以党和国家的方针政策及相关法规为依据,必须予以坚决拥护和贯彻落实,充分体现鲜明的政策性。任何与党和国家政策相违背的应用文都是无效的,其不仅会浪费资源,还会给工作带来影响。

四、应用文的分类

在本教材中我们综合考虑应用文的使用范围、作用、特点、写作规律及教学规律,将应用文分为四类。

(一)公文类应用文

公文类应用文即党政机关公务文书类应用文,简称公文,主要指《党政机关公文处理工作条例》中所规定的决议、决定、命令(令)、公报、公告、通告、意见、通知、通报、报告、请示、批复、议案、函、纪要等文体。

(二)事务类应用文

事务类应用文又称事务文书,这类应用文在机关单位日常工作、学习、生活中应用较为广泛,格式要求不是十分严格,可根据具体情况具体掌握。事务类应用文不具有法定权威,一般不单独行文,如有必要,须另行备文,按法定公文处理,否则只作参考材料。

(三)专用类应用文

专用类应用文主要是指在专业机关或专门的业务活动领域内,因特殊需要而专门形成和使用的应用文。如预决算报告、审计报告、市场调查报告、项目可行性研究报告、起诉书、判决书、答辩书、声明、国书、国际公约、联合公报,等等。

(四)日常生活类应用文

日常生活类应用文也称日用文书,主要是指用来处理日常生活事务的应用文。如书信、请柬、讣告、日记、读书笔记等。日常生活类应用文与个人的日常生活、人际交往活动关系密切,使用范围很广,虽然也有一定的格式,但并不十分严格,写作较灵活自由。

五、应用文的作用

应用文主要用于记录社会生活主体的发展过程,评估其发展结果,并约束其行为变化空间,其在沟通、协调社会生活主体之间的关系方面也扮演着重要角色。应用文的形成和发展符合社会和时代进步的需求，各种类型的应用文为人们的生产和生活提供服务，并持续发挥重要作用。具体来说，应用文的主要作用表现在以下几个方面。

(一)宣传教育作用

应用文具有宣传教育作用。许多应用文，如公文、通报、批复、意见、函和会议纪要等，都在宣传贯彻党和国家的路线、方针和政策方面发挥了重要作用。一些行业文书，如公告、海报等，不仅可以解决工作中的实际问题，还可以净化人们的心灵，提高人们的整体道德水平，起到宣传教育的作用。此外，一些应用文能够帮助人们统一思想，提高觉悟。例如，一些行政公文以宣传党和国家的方针政策、褒扬先进、总结经验为内容，法律文书的发布能够起到普法和规范民众行为的作用，这些应用文都会对群众起到宣传教育作用。

(二)规范行为作用

应用文具有规范行为作用。生活与工作的正常运转离不开应用文对其的规范和保障，如国家法律、规章制度、市民守则、公益广告、经济合同等文种。这些应用文不仅规范人们的行为，维护社会秩序，还能引导各类工作朝着良性方向发展，通过制定决策计划等来规范、引导各类工作的顺利开展，如商业计划书、行动规划等。

(三)指挥管理作用

应用文具有指挥管理作用。无论是国家机关还是企事业单位，都需要通过应用文上传下达、办理公务，以对社会活动进行指挥和把控，从而实现有序管理。

(四)沟通交流作用

应用文具有沟通交流作用。无论是机关、团体、企事业单位，还是个人之间，应用文已成为重要的沟通手段。例如，企业开业需要向工商管理部门申请执照，双方合作需要签订协议合同，销售产品需要策划广告、写商务信函等。清晰明了、用词准确的应用文有助于企业树立良好形象，推动业务发展。同时，现代社会中各类合作与交流活动日益增多，应用文作为沟通的桥梁能够协调各类关系、传递信息、交流情感、商洽事宜，如函、意向书等。

(五)依据凭证作用

应用文具有重要的依据凭证作用。它是确定的文字记录，可以以文字材料的形式作为今后检查工作及解决和处理问题的凭证。上级文件、党和政府法规、规章制度等均可作为开展工作和检查工作的依据，而条据、合同、公证材料等则是业务工作的凭证。应用文是社会活动中解决问题、执行命令、开展工作的重要凭证和依据，方便查证和保存。因此，在工作中要认真处理和保存应用文,以备不时之需。

六、文学写作与应用文写作的区别

刘半农说:"应用文是青菜黄米的家常便饭,文学文是个肥鱼大肉;应用文是'无事三十里'的随便走路,文学文是运动场上出风头的一英里赛跑。"

刘半农的比喻生动地揭示了文学写作与应用文写作的差异。以下是两者的主要区别。

(一)功能与目的

文学写作主要追求审美,以塑造艺术形象、反映社会生活为宗旨,目的是让人们有所感、有所悟、有所知。应用文写作则更强调实用性,为社会生活实践提供指导,确保社会生活的有序进行。

(二)思维与表达

文学写作注重形象思维,通过艺术手段间接(含蓄)表达主题,从而给读者留下深刻印象。应用文写作则强调逻辑思维,直接、明确地传达信息,以满足实际需求为主。

(三)取材与真实性

文学写作常采用虚构手法,强调艺术真实,源于生活但高于生活。应用文写作必须基于具体事实,取材于实际情境,确保信息的准确性和可信度,不可虚构。

(四)格式规范

文学写作在格式上相对自由,一般没有固定格式。应用文写作往往需要遵循一定的格式规范,以适应不同的应用场合。

(五)时效性

文学作品往往具有持久性,可以经久不衰。应用文则具有时效性,针对特定事务或情境,有一定的时间限制。

(六)读者对象

文学作品没有特定的读者对象,面向广大读者。应用文则有明确的读者对象,以满足特定读者的实际需求。

拓展训练

1. 应用文有哪些特点,有什么作用?
2. 非中文专业的大学生有没有必要学习写作知识?
3. 请你为自己的学校写一篇文章,表达对母校的歌颂与赞美之情,文体不限。

任务二　应用文写作基础

> 大学毕业生不一定要能写小说、诗歌,但是一定要能写工作和生活中实用的文章,而且非写得既通顺又扎实不可。
>
> ——叶圣陶

任务情景

应用文写作对黄某的影响

广东××学院市场营销专业的大二学生黄某,最近发现本学期课程中设置了一门应用文写作课。他想:"我学的是市场营销,与应用文写作似乎有些距离,这门课程应该对我没什么帮助吧。"

然而,就在开学不久,一件事情的发生改变了他的想法。管理学院学生会主席突然离职,需要选举新的主席。黄某跃跃欲试,他一直热衷于学生活动,也希望通过这次机会锻炼自己的组织能力和领导力。

但是,参与竞选并不是一件容易的事情。除了准备一份竞选演讲稿外,还需要提交一份详细的竞选方案。黄某感到有些困难,他不知道如何下手。这时,一位曾经在管理学院学生会工作过且文笔出色的同学帮助并指导他如何撰写竞选演讲稿和竞选方案。经过多次修改和完善,黄某的竞选演讲和方案获得了同学们的认可,他成功地当选为学生会主席。

成为学生会主席后,黄某需要策划和管理各类活动和项目。他需要撰写活动策划书、预算计划书,以及各类通知和文件。他发现,这些任务都需要良好的应用文写作能力。这让他深刻认识到,无论是学习还是未来的工作,都离不开应用文写作。

因此,黄某下定决心要掌握应用文写作的方法,以便更好地解决学习和工作中的问题。

任务设置

1. 在故事中,黄某最初对应用文写作课程持什么态度?这种态度是如何改变的?

2.在参加学生会主席竞选的过程中,黄某遇到了哪些困难?他是如何克服这些困难的?

3.成为学生会主席后,黄某发现完成哪些任务需要良好的应用文写作能力?这对他的学习和工作规划有何影响?

知识要点

要素是构成事物的必要因素。文章的要素包括主旨、材料、结构和语言,应用文亦然,其中主旨、材料是内容要素,结构、语言是形式要素。无论是通过"读"认知文章,还是通过"写"使文章生成,都取决于人的思维。因此,思维是应用文写作的决定性要素。

一、应用文读写的决定性要素——思维

思维是人脑有目的的意识活动。人们的一切实践活动都离不开思维。读写是人脑的一种复杂的思维活动,对文章的主旨、材料、结构的认知,以及对语言的认知、选择、确定,都离不开思维的积极参与。它活跃于人的大脑,像一只"无形的手"全盘和全程把控着对"有形文章"的认知与生成,成为应用文读写的决定性要素。

(一)应用文读写的主要思维方式

对思维方式的认知,学界一般将其分为抽象思维与形象思维两种基本方式。但《逻辑学大辞典》则认为"思维科学涵括抽象思维、形象思维和灵感思维等分支""灵感则是创造性思维的另一种表现形式"[①]。可见辞典是承认思维包含抽象思维、形象思维与创造思维三种基本方式的。这也许是受20世纪80年代钱学森先生力倡建立"思维科学",以加强灵感思维和形象思维研究的影响。但这种将"灵感思维"与"抽象思维、形象思维"并列成思维三种基本方式还是欠妥的。因为抽象思维与形象思维是以思维对象划分的结果,而灵感思维(或创造思维)则是从思维品质而言的。思维若以品质划分,则应分为常规思维和创造思维两种。不可否认,无论是抽象思维还是形象思维,又都存在常规思维和创造思维两种形态。

1.形象思维与抽象思维

形象思维也称具象思维,是以表象或形象作为思维对象的思维,具有感性的特征。形象思维有初级和高级两种形态。初级形态是指具体形象思维,即凭借对事物的具象或表象产生联想的思维。例如,人们看到自然界的某种事物或生活现象、场景就会联想到其他类似事物或者相关的现象、场景。高级形态是指言语形象思维,即借助鲜明生动的语言表征以形成具象或表象的思维。它往往带有强烈的情感色彩,具有抽象性和概括性特点。例如,当人们听到有人说起某人、某事或某种现象、某个问题时,就会在脑海里浮现具体的

---

① 彭漪涟,马钦荣.逻辑学大辞典[M].上海:上海辞书出版社,2001:275,597.

人、事、现象、问题,但这些浮现在脑海里的人、事、现象、问题,又毕竟不会完全等同于人们见到的人、事、现象、问题,而是具有一定的抽象性与概括性。最典型的是当人们阅读文学作品时,借助语言表征,就会在脑海中出现生动的人物形象、生活画面与场景,它们可以在读者脑海里再现,让读者可以感受到,但不像亲眼所见的那么清晰,而是具有一定抽象性和概括性。

抽象思维又称逻辑思维,是运用抽象概念进行判断、推理的思维,具有理性的特征。它是人类思维的高级形式。抽象思维也有高低形态之分,形式逻辑思维是抽象思维的低级形态,辩证逻辑思维则是其高级形态。形式逻辑思维是凭借概念、判断和推理等知识,按照形式逻辑规律进行的思维。例如,人们在写作时要求题文相符,前后概念一致;在进行判断时要求合情合理,符合逻辑;在组织材料时要体现材料之间的内在联系或人们认识事物的一般规律性。辩证逻辑思维是凭借概念、判断、推理和相关理论,按照辩证逻辑规律进行的思维。例如,人们在看问题时既要看其正面也要看其反面,既要看其必然性也要看其偶然性,既要看其普遍性也要看其特殊性,既要看其现状也要看其历史与发展;在研究问题时既要有分析也要有综合,既要看现象也要看本质;在找原因时既要找客观原因也要找主观原因,要找主要原因也要找次要原因;在提出措施办法时既要审视其现实性也要审视其必要性和可能性,既要看到它的积极意义也不可忽视其可能的消极影响。形式逻辑思维是针对相对稳定、发展变化不大的客观事物的反映,辩证逻辑思维则是针对不断发展变化的事物的反映;形式逻辑思维具有确定性并反对思维过程本身的自相矛盾及违反情理,辩证逻辑思维具有灵活性并强调反映事物的内在矛盾。

2. 常规思维与创造思维

常规思维是指根据已有知识经验,按现成的方案和程序直接解决问题的思维。它的主要思维特征是承袭、模仿、照搬、定式,但又往往是创造思维的前提与基础。

创造思维也称创新思维,是"不囿于原有的认识,善于独立思考、怀疑、提出问题,开拓认识新领域的思维"[①]。它打破常规思维的窠臼,创造具有崭新社会价值和优秀品质的新成果,是一种更高层次和品质的思维方式。我国著名科学家钱学森先生称其为"智慧之花"。创造思维具有流畅性、变通性、独特性、跨越性、深刻性、广博性和预见性的品质特征。

3. 应用文读写思维方式的运用

读写是人脑复杂的创造性思维活动。人们无论是读还是写,从思维对象看,都离不开抽象思维与形象思维,但面对不同文体的读写也是有主次之别的。通常对文艺作品的读写主要用形象思维,而对科研(包括对文艺作品的科研)、实用文的读写则主要用抽象思

---

① 彭漪涟,马钦荣.逻辑学大辞典[M].上海:上海辞书出版社,2001:597.

维。应用文属于实用文,其读写也主要用抽象思维。

从思维品质看,文艺创作与实用文写作都离不开继承与创新,因而均存在常规思维与创造思维。应用文读写是一种实用文读写,在通常情况下,它在文本形式、文种使用、行文规则诸方面需有相对的继承性和稳定性,因而常规思维表现突出。应用文的创造思维主要表现在从现实材料中获得新观点、新发现,以及从实际出发的新办法、新措施、新政策、新制度,等等。因此,对应用文的读写既要关注其形式的规范,又要关注其内容的创新。

(二)应用文读写的其他思维方式

虽然应用文读写总体上用抽象思维,但在对其文本的读写过程中又常会用到如下思维方式。

1. 概括思维

应用文读写的概括思维表现为:一是对其主旨的认知与确立往往是从诸多相同或相似的现象、情况中概括出来的。二是对事件、情况、问题、现象的表述需用概述,而不用详述。因为应用文要求简明,简明来自于对事件、情况、问题、现象的高度概括。概述其实是概括思维的外显形式。

2. 逻辑思维

逻辑思维即按照客观规律思考问题,其根本要求是合理,即人们通常所说的"符合逻辑"。合理包括事理和物理,事理是指人们认识、处理事务或问题的规律,物理是指客观事物本身固有的规律。读写应用文时,逻辑思维在材料安排与行文顺序上发挥着决定性作用。应用文不仅在表现形式上要层次分明、条理清晰,还要在材料组织、行文先后上合情合理,要体现客观事物内在规律或人们认识事物、处理问题的规律,要反映材料之间、行文之间的内在逻辑。

3. 求本思维

求本思维是指从现象到本质的线性纵向思维。对应用文而言不但要求其主旨正确、鲜明、集中、新颖,而且要深刻。主旨深刻,就必须从现象到本质进行深入发掘。因此,反映经济事件、问题的文章,不仅要反映情况、现象、矛盾,还要寻求其产生的深层原因,并在此基础上有的放矢地提出解决问题的办法、措施、对策,只有这样文章的主旨才能得以深化。这个过程实际上就是求本思维发挥作用的过程。

4. 模式思维

应用文要求层次分明,这是模式思维的结果。例如,绝大多数应用文的整体结构为"标题—正文—文尾"三大块或"标题—称谓(或主送机关)—正文—文尾"四大块,正文为"开头—主体—结尾"三部分或三层次,这是模式思维在文本结构形式上的体现。

5. 条理思维

应用文不仅要求层次分明,还要求条理清晰。条理清晰是对某些局部内容如事项、办法、措施、意见、要求等,根据其不同性质进行条分缕析,使其更加细化、明晰化,这是条理思维的成果。其表现在行文方式上就是惯用小标题、设项(或段旨句)或分点表述,并常冠以序号,使之条理化,令人一目了然。

概括思维、逻辑思维、求本思维主要作用于应用文的内容方面,模式思维、条理思维主要作用于应用文的形式方面,内容与形式又统一于一体。

(三) 应用文读写过程中思维的功能

1. 阅读过程中的思维功能

阅读不像写作一样有明显的阶段性,但也存在感知与认知的区别。应该说人们对一篇文章的阅读总是从感知开始的,如对语言、结构、行文方式的感知,而感知往往又是以朗读和判断来获得的,故感知思维是感性的,其功能是通过朗读与判断获得初步印象。感知是通往"熟悉"的桥梁,阅读者总是通过多"读"来达到"熟悉"文章的目的。随着感知的不断深入,感知就会自觉或不自觉地逐渐深化为认知,逐渐深化为对文章主旨、思路、语言特色、行文技巧的深层理解,而对它们的理解必须依赖于认知思维(即理性思维)的概括、分析、综合、比较、联想等方式。认知是通往"理解"的桥梁,其表现形式就是人们常说的"思考",即通过概括、分析、综合、比较、联想等获得对文章的深层理解。

2. 写作过程中的思维功能

赵仲牧先生认为:"思维是秩序化的意识活动。"这一认知揭示了思维的本质——秩序化。马正平教授用它解释具体的写作现象,他认为:"写作是为了寻求、表达、创建一种从'无序'到'有序'的新秩序。"并且,他进一步指出,"写作秩序包含三层含义:第一层含义是指写作中主题的确立和展开;第二层含义是语言材料的组织化、结构化,从而形成文章的有机结构;第三层含义则是指超越思想、语言、材料、结构之上的文化。"[1]这里前两层讲的是具体写作,而第三层则讲的是作者的修养问题,它是决定写作产生不同效果的基础。在写作实践中,同一内容让不同文化修养的人去写,效果是不一样的,这就是个人的文化底蕴、知识水平不同而产生的结果。

我们认为,在应用文写作过程中,思维这种秩序化的意识活动贯穿各个环节。因为写作各环节的任务有别,所以思维在写作各个环节中所发挥的"有序化"功能也不同[2]。

(1) 写作准备阶段的主要功能。这一阶段主要是收集材料,形成主旨。在收集材料

---

[1] 马正平.高等写作学引论[M].北京:中国人民大学出版社,2002:69.
[2] 彭海河,潭春林.当代行政公文读写理论与实训[M].2版.广州:暨南大学出版社,2013:36.

时，主要发挥思维的分析功能，对纳入作者视野中的每一个材料进行识别，找出它们的本质个性（即特征）。主旨的形成是在对材料有了本质认识后，再运用综合思维，对相同本质的材料进行归类，概括出它们的共性（规律性）特征。当然，在作者掌握的所有材料中，概括出的主旨可能会有多个，这就有了取舍问题，这时思维就要依照作者的写作意图发挥取舍功能，以保证主旨主观与客观的一致性。因此，在这一阶段，思维的作用主要是发挥分析甄别、综合归类和取舍控制三种功能。

（2）构思行文阶段的主要功能。应用文写作是一种规范写作，所谓规范写作是指应用文写作既涉及文种选择，又涉及按一定的模式行文。因此，第一步要根据写作需要，选择相应的文种。这一过程是思维根据所掌握的文种知识进行分析选择，它既发挥了分析甄别功能，也发挥了取舍控制功能。第二步要根据实际选择适当的行文模式，对架构进行全面布局，其表现为拟提纲或打腹稿。这是从宏观来设计文本架构，思维的主要功能是根据规范性、统一性、合理性和完整性等原则，发挥指挥、调控等功能。第三步是行文，即通过叙述、说明、议论等表达方式将观点与材料有机结合，组织成文。在这里，思维主要是根据准确、简明、朴实、深刻等要求，对词语、句式、表达方式、修辞格等进行分析、比较、选择，发挥甄别、取舍、调控的功能，使文章最终达到思想内容与语言表达形式的高度统一。

（3）修改完善阶段的主要功能。修改有宏观修改和微观修改之分。宏观修改主要涉及主旨、材料、结构、措辞、行文关系等的修改，这主要是发挥构思行文阶段的第一、二步的思维功能；微观修改主要涉及对字、词、句、段、层的修改，它虽然也涉及逻辑上的问题，但更多的是语言的表达问题，因此，这里主要发挥的是构思行文阶段第三步的思维功能。

当然，我们必须承认，思维是非常复杂的，它绝不是像上述各阶段描述的那样泾渭分明，各种思维功能常常相互交叉，只有当写作进入某个阶段时，它的主要功能才会凸显，其他功能才会暂时被搁置。

二、应用文的内容要素——主旨与材料

（一）应用文的主旨

1. 主旨的含义

应用文的主旨即作者通过文章内容所表达出来的基本观点或主要意图。在具体经济工作中，处理经济事务、反映经济情况、解决经济问题要有明确的目的、态度、意见或看法，因此，在应用文中所表达出来的目的、态度、意见或看法，就是应用文的主旨。

在文章中，主旨是"统帅"和"灵魂"。王夫之说："无论诗歌与长行文字，俱以意为主。意犹帅也，无帅之兵，谓之乌合。"（《姜斋诗话》卷下）这个比喻形象地说明材料、结构、语言诸要素因有了特定的主旨，才凝聚成了浑然一体的文章。也就是说，主旨具有决定材料、

支配结构、制约表达、影响语言的决定性作用。

2. 主旨的形成和确立

应用文的主旨不是凭空而来的,而是客观存在与主观认识相统一的产物,是作者对客观存在的人、事、物、矛盾、问题、现象进行反复研究、深入探讨、认真提炼的结果。客观存在是主旨形成的前提与物质基础,主观认识是对客观事物的加工与提炼,二者结合统一,便形成了主旨。例如,《国务院办公厅关于加快木本油料产业发展的意见》(国办发〔2014〕68号)这份经济公文就其客观事实而言,是"我国食用植物油消费量持续增长,需求缺口不断扩大,对外依存度明显上升,食用植物油安全问题日益突出"的问题,国务院和有关部门已经充分意识到其严重性和紧迫性,必须加快采取行动予以解决,因而在此认识的基础上形成、确立了"加快木本油料产业发展"的主旨。

在主旨的形成、确立过程中,客观存在是主观认识的基础和前提。但是在认识客观存在的过程中,主观认识又不是完全消极被动的,而是在一定的世界观、人生观、价值观、道德观、审美观的指导下,凭借对法律法规和政策、客观事物内在规律、道德伦理理念等的认识水平,对客观存在进行能动审视,从而发现、发掘出作者认为有价值的主旨。

由此,应用文主旨的形成、确立可描述为:客观存在首先提供认识的物质对象,然后主体凭借自己的认识水平和一定的检测规范对其进行加工提炼,并将自己的认识用简明的语言直接表达出来,最终形成思维的产品——主旨。

3. 主旨的诉求要求

"诉求要求"即要达到的表达效果。应用文的主旨不是纯客观的,在很大程度上主观起着决定性的作用,因此,其主旨的形成、确立与作者的世界观、人生观、价值观、道德观、审美观、思想觉悟、文化知识程度、写作业务和语言表达能力,以及对法律法规和政策的熟悉与理解程度等多种因素相关。不同的作者在上述因素的认识上千差万别,所以,在应用文主旨表现上就会产生不一致的现象,出现正确与错误、鲜明与含混、集中与分散、深刻与肤浅、陈旧与新颖的差别,而应用文主旨则要求正确、鲜明、集中、深刻、新颖。

(1) 正确。正确是对主旨性质的要求。怎样的主旨才算正确呢?首先,要符合广大人民群众的根本利益;其次,要符合党和国家的法律法规和现行经济方针政策,以及有关部门、单位的规章制度;再次,要符合经济活动的实际情况,遵循经济规律;最后,要符合公序良俗与传统美德。

(2) 鲜明。鲜明是对主旨表达的要求。应用文在行文中不仅直陈作者的发文意图,而且常在文章的重要部位直接显旨。最常见的有标题显旨、开头显旨、正文显旨、过渡显旨和结尾显旨等形式。这样,主旨一目了然,极易把握。

(3) 集中。集中是对主旨数量的要求,即一篇文章只表达一个主要意图或基本观点。集中的含义有二:一是事件单一;二是主旨单一。即"一文一事""一文一旨"。我国唐、宋时代就把"一文一事"作为一种制度规定下来。宋代规定群臣奏状"皆直述事状,若名件不同,应分送所属;而非一宗者,不得同为一状"。应用文和应用文写作也都基本继承了这些原则。

(4)深刻。深刻是对主旨品质的要求,是指主旨要揭示事物的本质,反映经济工作的内在规律性,挖掘经济现象、问题产生的原因,进而提出行之有效的办法和对策。这就要求作者认真研究材料,透过现象抓住本质,见微知著,小中见大,提出真知灼见。

(5)新颖。新颖是对主旨时效诉求的要求,是指主旨要有新意、有创意。主旨新颖,一是来自材料的新颖,如果文章所反映的材料是最近的、当前的,那么从最近或当前发生的新情况、新现象、新变化等新材料中概括、提炼出来的主旨自然就是新颖的。二是从原有主旨上发掘新意、创意,从新角度,用新方法或新材料去论证原主旨,从而使文章产生新意、创意,使原主旨具有新颖感。

4. 主旨的表现

应用文除要求"直言不曲"地表达主旨外,还通常在文章的一些重要部位显旨,这样能使主旨更加鲜明,易于识别与把握。

(1)标题显旨,即标题显示作者的观点、看法。如调查报告的标题"想致富 受教育"就是作者调查河南郑州4097户农民家庭年收入的结论,即作者的总看法。公文则通常以标题中的"事由"显旨,如《广东省人民政府办公厅关于进一步加强我省粮食质量安全监督管理工作的通知》(粤府办〔2014〕67号),其主旨就是通知各地级以上市人民政府,各县(市、区)人民政府,省政府各部门、各直属机构"进一步加强我省粮食质量安全监督管理工作"。还有用小标题明示每一部分主旨(分旨)的。标题显旨是最常用、最科学的显旨方法。主旨位居标题或小标题之中,显要而突出,对拟稿者来说,先树立目标、明示主旨,能提升写作质量;对阅读者来说,看到标题、小标题,主旨、分旨一目了然,能提高认知及处理效率。

(2)开头显旨,即在正文开头或每段开头位置用一句话明示文旨或段旨。应用文写作是一种以目的开头的写作方式,这种方式其实就是开头显旨方式。如"为进一步加强我省粮食质量安全监督管理,建立健全从生产到消费、从田间到餐桌的全过程粮食质量安全监管制度,杜绝有毒有害粮食进入餐桌,确保人民群众的食品安全,现就加强我省粮食质量安全监督管理有关工作通知如下……"正文开门见山,交代行文意图,即主旨。此外,应用文的构段通常使用单纯段,即一个段落表达一个内容或一个意思,且首句常作该段的段旨句(中心句)。

(3)正文显旨,即用整个正文来阐明主旨。这种情形多出现于公文的批转、转发、印发和发布性文本,例如,"国家统计局《关于加强和完善部门统计工作的意见》已经国务院同意,现转发给你们,请认真贯彻执行"这段通知正文就是表明"告知"与"祈使"的行文意图。

(4)过渡显旨,即从过渡句或过渡段中显旨。如《经济合同学习总结》前言与主体之间的过渡语"这次习作既有成功之处,也存在一些问题,现作总结如下……"就显示了本文的主旨——总结成绩,指出问题。

(5)结尾显旨。应用文常在结尾明旨或深化主旨,与标题或开头相呼应,构成反复显旨,从而强调和凸显主旨,如前述调查报告《想致富 受教育》的结尾写道:"由此可见,发展教育,提高劳动生产者素质,无疑是发展生产、治穷致富的根本措施。"这种结尾显旨,同时呼应着标题显旨。

一些公文通常用惯用语结束,而这些惯用语往往能承担表达主旨的作用。如请示中的"妥否,请批示"、报告中的"以上报告,请审阅"、意见中的"以上意见,如无不妥,请批转各地执行"、通知中的"特此通知"、公告中的"现予公告""特此公告"等结尾语,都具有明旨作用。

(二)应用文的材料

1. 材料的含义

应用文的材料是指存在于现实社会、作者头脑或写进文本的各种情况,如人、事、物,社会现象、问题、矛盾,以及它们所涉及的时间、地点、实事、数据、依据、原理、观念、认知、措施、办法和对策等。材料同属于内容要素,是应用文写作的前提与基础。没有材料就无法形成主旨,也无法写成文章,即所谓"巧妇难为无米之炊"。故材料在应用文写作要素中的地位不言而喻。

2. 材料的类型

应用文的材料从不同视角划分,可得出不同的划分结果。

(1)按材料存在的状态可将材料分为原始材料和文本材料。原始材料是存在于现实社会和作者头脑的各种情况,如人、事、观念、认知和数据等,它来自于作者对现实生活的关注、收集与积累,成为形成应用文主旨的基础和萌发写作动机的源泉,这种材料通常被称作"素材";文本材料是为表现某一主旨,写进文章中的人、事、物,社会现象、问题、矛盾,及其与之相关的时间、地点、事例、数据、依据、原理、观念、措施、办法和对策等,这种材料常被称作"题材"。文本材料是作者为表现主旨对原始材料甄别、筛选、提炼、加工的结果,受主旨统率并支撑主旨和说明问题。

(2)按材料的性质可将材料分为事实材料和理论材料。事实材料也称作客观材料,是客观存在于现实中的人、事、物和数据等;理论材料也称主观材料或观念材料,是人们对客观存在进行观察、思考、提炼、总结、归纳出的认知、观点与看法,如引用的权威言论、科学原理、法律、法规、政策、社会舆论,以及作者对客观事物的认识(看法、办法、措施、对策)等。

(3)按材料的来源可将材料分为第一手材料和第二手材料。第一手材料也称作直接材料,是应用文写作者通过自身的经济活动实践或亲身观察与调查研究直接获取的材料;第二手材料也称作间接材料,是应用文写作者通过各种途径(如阅读、听闻、检索等)获取的各种信息材料。在通常情况下,第一手材料比第二手材料更真实可靠,因此,使用第二手材料时,务必做好对所用材料的查实考证工作,以免有误。

当然,应用文的材料还有其他分类法,在此不再赘述。

3. 材料的要求

(1)准确真实。准确是指材料符合客观实际,真实是指材料没有被人为夸大或缩小。二者的区别在于前者针对客观,后者针对主观。应用文的材料,无论从客观还是从主观来讲都不能有误。因为材料不准确、不真实都会产生错误的判断,得出错误的结论,形成错误的主旨,导致错误的行动,很可能给国家和人民带来经济损失或损害。因此,准确真实是应用文材料的生命,它决定着应用文主旨正确与否。另外,还要注意辨识貌似真实的材料。

怎样做到准确真实?客观上的准确需要作者对材料进行深入细致地调查、审查、研究,绝不放过任何一个材料的细节和疑难问题;主观上的真实则要求作者加强思想修养,树立实事求是、求真务实的世界观,保证不弄虚作假,以确保材料真实合法。

(2)典型具体。典型是指材料要有代表性,有普遍意义,反映主要矛盾,而不只是个体的或者一些次要的、鸡毛蒜皮的东西,具体是指材料存在的形式必须是人们可以感知的,而不是抽象的。应用文中讲到人物时,应该有名有姓;谈到事件时应该有时间、地点、原因、经过和结果;阐述观点时必须用事实说话,不能只说不论证,空洞无物。应用文对材料的表述常采用高度概括、简明扼要的概述,而不用生动的记述和描写。

(3)新颖生动。李渔《闲情偶寄》中强调了文章材料新颖的重要性:"人惟求旧,物惟求新;新也者,天下事物之美称也。而文章一道,较之他物,尤加倍焉。"新颖,一是指材料有新鲜感和现实感,是新近产生的新情况、新问题、新经验、新信息,能与时俱进,贴近现实,反映时代精神风貌;二是指从新角度去挖掘,对人们习以为常的材料,善于变换视角,推陈出新。生动则是指材料能吸引人、打动人。应用文是现实生活的反映,应紧跟时代前进步伐,反映时代发展变化,表现具有时代感的新人、新事、新情况、新问题、新思想,让人感到新颖鲜活,富有新意。因此,学习应用文写作应该时刻关注社会生活中的人和事,捕捉社会生活中出现的新事实、新经验、新问题、新情况和新信息,注意搜集新颖别致、新鲜生动的材料。

4. 材料的收集

应用文写作材料的收集,一是通过自身参与经济工作实践与调研获取大量的第一手事实和观念材料,二是从各种渠道获得尽可能多的第二手信息材料。

第一手材料的收集是靠作者自身的调查研究。毛泽东曾说:"没有调查就没有发言权。"调查研究是深入实际、了解现实、解决现实矛盾与问题的根本方法,也是写出高质量应用文的可靠保障。调查研究的基本方法主要有实地观察、访谈、会议座谈和问卷调查等。调查者可以根据不同的目的、要求,结合实际情况选用上述方法。

第二手材料的收集就是信息收集。信息收集是从文献,如图书、期刊、报纸、音像制品、内部资料等中获得信息,还可利用信息资料检索工具,从现成的信息资料文档中检索信息。当下,已可通过计算机信息网络检索全国各地甚至世界范围内主要信息库中存储的各种数据和信息。信息材料包括三种具体形态:一是文字形态的信息,即以文字为载体的信息资料;二是声像形态的信息,即以直接记录声音和图像为载体的信息资料;三是记忆形态的信息,即在人际交往过程中产生、传播和被接收,只在人脑中存储的、不具有确定记录载体的信息。

信息收集要遵守一定的原则。一是广泛性原则。不同层次、不同角度、不同人员、不同行业甚至不同国家、不同环境的信息都要广泛收集,这样,有利于全面思考问题,防止片面性。二是真实性原则。即收集的信息真实可靠,准确无误。三是客观性原则。信息收集忌"依上级意志办事",受权威的束缚;忌"先有结论,后有调查",受主观因素的制约。

5. 材料的选用

首先,对调查研究得到的材料要进行筛选。筛选可按以下步骤进行:一是做好材料鉴别、判断;二是认真选择材料;三是对不完整的材料进行修正、增补。材料筛选对提高利用率起着至关重要的作用,必须掌握筛选要求,做到准确、及时、完整和新颖。

其次,对材料的真实性、准确性和价值进行鉴别。最常用的方法是经验判断。若要进行严格的科学鉴别,可用以下几种方法进行鉴别:一是逻辑分类法,即对原始材料中所叙述的事实和分析问题的方式进行逻辑分析,鉴别哪些事实和分析是可信的,哪些是违背事实和逻辑规律的,哪些存在疑问需要进一步查证;二是数理统计法,即对原始材料中的数据进行定性分析,运用数理模式进行计算鉴定,审查数据计算是否准确,分类是否合理,结论是否一致等;三是调查核实法,即对原始材料的某些事实,通过现场调查或向报送信息、反映情况的相关单位调查核实,或与权威材料进行对照,审核其是否真实可靠;四是比较鉴定法,即将鉴定的材料所反映的内容与相关事物的有关情况相比较,或与有关的纵向情况比较,从而鉴定该信息内容是否符合客观事物的发展规律。

最后,对材料进行选择使用。选择使用材料时应遵循的原则:一是为说明主旨服务,凡是与主旨无关的材料,都要毫不犹豫地剔除;二是注重典型性,要从大量原始材料中发掘能够揭示事物本质的典型材料;三是要富有新意,要尽可能抓住能反映客观事物新变化的材料;四是要有特点,必须从各种事物的实际出发,注重开发材料中具有特点的东西。

三、应用文的形式要素——结构与语言

(一)应用文的结构

1. 结构的含义

应用文的结构是指其组织构造,也就是文章的谋篇布局。文章要求"言之有序",其中的"序"就是结构问题,它不仅表现为各要素组配的先后次序,还表现为各要素所处的层级关系。结构是构成文本各要素与其各自所处的"序"的高度和谐统一。

结构有整体结构和局部结构之分。整体结构是指整篇文章的架构,局部结构是指文章某一部分的架构,局部结构按照一定的逻辑规律整合成整体结构。

2. 结构的内容要素

应用文结构的内容要素主要包括标题、称谓(公文称主送机关)、正文和文尾。

(1)标题。应用文常采用三种标题形式:①单标题,即主题(正题);②双标题,即主题＋副题/引题＋主题;③三标题,即引题＋主题＋副题。一般采用前两种标题形式,最后一种主要用于新闻及广告文体的标题。

应用文标题要求"实"。用哪种形式的标题,应根据文体、写作意图、文章内容及篇幅长短来决定,但无论用哪种形式,都应满足"实"的要求,不能"虚"。

(2)称谓/主送机关。此要素只有具有特定或直接受体的应用文才需具备,如书信、讲话稿、部分公文等。称谓有关系称、姓名称、职位称、混合称等。选用何种称谓,要根据实际对象、彼此关系、亲密程度等情况来决定,并以准确、得当和适体为标准。主送机关是针对公务文书而言的,依据行文关系和适用对象来确定,有特称和统称,其中特称又分为全称和简称。

(3)正文。应用文的正文一般由开头、主体和结尾三部分或三层次构成。

开头也称前言、引言,一般是简述背景、目的、原因、根据等基本情况。常见的开头方式有概述式、引述式、提问式、原由式、目的式、综合式等。开头采用哪种方式,要根据写作目的、解决实际问题和掌握材料的需要来决定。

主体是正文部分的核心,主要写事件或事项,常写成一段或多段。复杂应用文常写成几个部分,常用的行文方式有:①纵式,包括因果式、时顺式、递进式等;②横式,即几个部分之间是互不隶属的并列或正反关系;③总分式,即先总后分或先分后总。采用何种方式行文取决于写作者对事物、问题、现象的研究与认识程度。

结尾是正文的收结,通常作总结、提希望、提要求、发号召、展望前景。怎样结尾,要根据文体和具体实际需要来决定,但结尾须简短有力。

(4)文尾。文尾一般包括署名和成文日期两个要素。文尾是本书的一个新的提法,过

去人们习惯将其称作"落款"或"署款"。"落款"是一个效用概念,"文尾"则是一个结构概念。因此,用"文尾"更适合结构系统。"文尾"不能与"结尾"相混淆。"结尾"是正文的一个结构要素,"文尾"则是整篇文章的结构要素,它们不在一个结构层级上。应用文的文尾不可或缺,但有时可被分解置于文题中或文题下。

3. 结构的特点

应用文的体例或格式是约定俗成或法定的,结构相对稳定,从上述要素分析可知,其特点也很明显,具体表现如下。

(1) 板块整合明显。应用文基本上由标题、正文和文尾三大板块或由标题、称谓/主送机关、正文和文尾四大板块构成。科研论文则由标题、署名、内容摘要、关键词、正文、注释和参考文献等七大板块构成。

在特定条件下,某些板块可以被分解或省略。例如,文尾中的署名可能分解到标题下,成文日期有时也被分解到标题下(分解后不仅改变板块的构成,而且改变要素的顺序);正文中的开头和结尾有时也可能被省略。

(2) 段落、层次分明,条理清晰。应用文的段落通常采用单纯段(即规范段),少用或不用复合段;层次序号使用规范,阐述问题多冠以段旨句或用序数及小标题。

(3) 过渡多用惯用语,简洁便捷。例如,从开头过渡到主体,常用"现将……如下""特……如下"的惯用语;正文中的结尾连接主体,常用"综上所述""由上可知""总之"等惯用词语。

4. 结构的基本模式

(1) 无特定受体的三板块结构模式(见表1-2-1)。

表1-2-1 无特定受体的三板块结构模式

板块名称		说明
标题		如经济事务文书中的计划、总结、调查报告、简报文章,法定经济公文中的泛行公文、广告文案、新闻报道、经济合同、规章制度,等等
正文	开头(有时省写)	
	主体	
	结尾(有时省写)	
文尾	署名(有时置于标题中或标题下)	
	成文日期(有时置于标题下)	

(2) 有特定受体的四板块结构模式(见表1-2-2)。

表 1-2-2　有特定受体的四板块结构模式

板块名称		说明
标题		如讲话稿、演讲辞、慰问信、表扬信、感谢信、推荐信、自荐信、证明信、介绍信、申请书、聘请书、邀请书，以及有特定主送机关的公文，等等
称谓/主送机关		
正文	开头(有时省写)	
	主体	
	结尾(有时省写)	
文尾	署名(有时置于标题中或标题下)	
	成文日期(有时置于标题下)	

(3)学术论文、毕业论文七板块结构模式(见表1-2-3)。

表 1-2-3　学术论文、毕业论文七板块结构模式

板块名称		说明
标题	主题/主题+副题	科技论文本属无特定受体三板块模式，但现被规范为标题、署名、内容摘要、关键词、正文、注释和参考文献七板块。其中内容摘要、关键词、注释、参考文献板块的出现，都是现代要求使然。现代知识爆炸时代，信息浩如烟海，内容摘要便于信息查找、传播、汇集和处理；关键词为现代计算机技术和网络技术用于信息查询、检索和管理提供了便利；注释、参考文献体现人们对科研信息准确性、明确性的更高要求
署名		
内容摘要		
关键词		
正文	引论	
	本论	
	结论	
注释		
参考文献		

此外，法定公文除了文本结构还有行文格式，简报也有制发格式，这些将在相关章节阐述。

5.结构的要求

应用文是处理经济事务、反映经济活动情况的文章。因此，在组织文章结构时，必须从实际出发，在文章中要表现经济活动的规律和内在联系。如按照提出问题—分析问题—解决问题的逻辑顺序安排篇章结构，才符合处理问题的规律性，符合事物本身发展的逻辑顺序。应用文和其他文章一样，对结构有一些基本的要求。

(1)完整统一。一篇应用文就是一个完整统一的有机整体，结构完整、要素齐全、布局合理、和谐匀称是应用文结构的基本要求。不管是"法定"格式、"俗成"格式，还是文本结

构,都要求完整统一。如商务信函就有收信人和写信人等构成要素,写作时必须在相应位置标明,否则,就会影响事情的办理。如果要素残缺不全或顾此失彼,不仅会影响文章结构的整体统一,还会影响经济活动的顺利开展。

(2)严谨有序。应用文的结构要求首尾贯通,前后组合有序,先写什么,后写什么,都要清清楚楚、顺利成章。文章的层次与层次之间、段落与段落之间应当排列有序、联系紧密、承接自然。为了做到条理分明、层次清楚,应用文常常采用分条列项的结构形式。

(3)适应文体。应用文的种类繁多,多数有较为固定的结构模式,写作时一定要注意从所写内容与文体的实际出发,采用恰当的结构形式,以适应不同文体的需要,做到内容与形式统一。如工作报告一般采用"概述基本情况—介绍做法、成效或体会—指出存在的问题—提出改进意见及今后打算"的结构形式;请示一般采用"阐述请示缘由—提出请示事项—请求指示或批准(批示)"的结构形式。虽然有一些相对稳定的结构模式,但写作时不可生搬硬套,还是要考虑不同文体的特点和要求,做到"定体则无,大体须有"。

(二)应用文的语言

语言是思维与思想的载体,是重要的信息交流工具。在应用文写作过程中,有了明确的主旨、恰当的材料和一定的结构后,还需用精准、规范的语言表达。因此,只有熟练掌握语言工具,才能写出具有实用目的和价值的文章。

语言的风格称作语体,语体与文体具有对应性。不同文体要与相应语体结合,文章才会得体。文学作品用文艺语体,其特征是以记叙、描写和抒情为主要表现手法,多用比喻、夸张、拟人、双关、象征等修辞手法,语言形象、生动、含蓄,语意丰富而深刻;说明文用科技语体,其特征是以叙述、说明为主要表现手法,表意言简意赅,语言平实、准确、简明、客观;议论文用政论语体,其特征是以议论与叙议相结合的表现手法,语句多为内涵丰富、表达严密的长句,语词多带感情色彩,倾向性强;应用文是实用文体,多用事务语体,语言准确、简明、平实、庄重、生动,叙述、说明、议论是其主要表现手法。

1. 应用文语言的特征

(1)准确。应用文具有较强的政策性和客观性。因此,语言表意务必准确无误,否则,将贻误工作,难以达到行文目的。要做到准确,一是遣词造句要遵守语法规则,判断推理合乎逻辑规律;二是对事实的陈述要符合实际,涉及的数字、名称、时间、地点、引语等都应准确无误;三是字斟句酌,慎用词语。汉语中有很多词义、感情色彩相同或相近的词语,要慎用这些词语,做到精确无误。使应用文语言准确的常用方法有以下五种。

①使用限制性词语。即添加定语,或增加概念内涵、缩小概念外延。举例说明如下。

一切国营企事业单位、机关团体、地方政府,以及所属的城镇集体企业(不包括城镇街道企业),凡有自筹基本建设项目(含建筑工种的更新改造措施项目)以及按规定不纳入国家资产投资计划的建筑工程项目,均属于纳税范围。

例文中使用加点的"一切""所属""不包括""凡有""含""均属于"等限制性词语,使语意周密准确,增强了语言的准确性。

②使用模糊词语。模糊语言不是模棱两可、含糊不清的病语,而是指外延不确定、内涵无定指的特性语言。通过运用模糊语言,可以提高语言的适用度,增大语言弹性,从而增强语言表达的准确性。这是用不确指的词语更准确表达客观实际的语言运用的积极方式。举例说明如下。

例1:张××曾多次辱骂和殴打其妻王××。

例2:张××猛踢王××的下部。

例3:公文中的数字,除发文字号、统计表、部分序号、百分比、专用术语和其他必须用阿拉伯数字者外,一般用汉字书写。

例1中用"多次"这个表述不确切的词,反而更合理,因为"辱骂和殴打"都是过去的事,而且当时也没做清楚的记录,不可能再用具体的数字来表达。例2中用"下部",当这个句子单独存在时,会传达出两个意思:一是不便直说、明说,换另一种人们常用的说法代替,使语言由俗变雅;二是不能具体说清哪个位置,用一个所指范围较大的词来模糊表达,反而显得更准确。例3中实在无法或没有必要完全举出,所以用"其他"一词来泛指或囊括,这样既不需一一列举,也无漏举,使表达更准确。

③使用专业术语。应用文涉及经济部门、经济领域,具有专业性和行业性,因此,其内容的表达总是与专业术语相联系。举例说明如下。

新开设的便民连锁店、超级市场及配送中心,所需改造网点和购置设备资金,在企业自筹和上级主管部门支持的基础上,不足部分在符合贷款条件的前提下,由金融部门按基准利率优先贷款。经市有关部门审核批准,按照每个便民连锁店20万元,每个超级市场200万元的贷款额度,由市、区(县)财政各贴息25%,从实际贷款月份计算,连续贴息3年。

例文中加点词就涉及商业、金融、行政等方面的专业术语。这些具有特殊含义的术语,一般无法用别的词语替代,要使语义准确,就需使用专业术语表达。

④使用惯用语。惯用语是人们长期以来在应用文写作中约定俗成,并一直沿用的用途稳定、词义确定的专用词语。这些词语的使用有助于应用文语言准确和精练。常用的惯用语如下。

称谓词语:我、本、贵、你、该等。

领叙词语:根据、依据、据、本着、奉、为了、兹介绍、兹定于、关于、遵照、为……特等。

经办词语:经、业经、并经等。

承转词语:为此、据此、对此、有鉴于此、综上所述、总之、现将……如下等。

告诫词语:不得有误、以……为要、引以为戒等。

表态词语:要、应、理应、本应、同意、准予、拟于、缓议、暂缓、可行、不可行、以……为妥、以……为宜、以……为要等。

询问词语:当否、是否妥当、可否、是否可行、是否同意、意下如何等。

判定词语:是、系、显系、以……论等。

时态词语:兹、届时、行将、值此、如期、按期、展期、亟待等。

结尾词语:此复、此令、此致敬礼、特此公布、特此报告、谨此、望……遵照执行、自……起施行、请查收、请审阅、请予批准、"以上意见,如无不妥,请批转"等。

⑤造句符合语法常规,叙事符合逻辑常理。应用文语言是实用语言,以表现语法、逻辑常态为准。因此,语法要体现一般规律,逻辑要反映通常事理、物理。如在文学语言中,可通过倒装、前置或后置某一成分来突出或强调所要表现的内容,但在应用文的语言中基本上不这么用,而是按主谓宾定状补的通常顺序造句。叙事时,在文学作品或记叙性文章中,可以用倒叙、插叙、补叙,但应用文写作一般只用顺叙。应用文尤其要分条、分点写作,条、点排序一定要体现条理性,即通常的事理或物理。

语法和逻辑是有区别的。语法是讲语词的组合规律,逻辑是讲思维的合理性,即是否符合事理、物理。有时语法无问题,但逻辑上却存在问题。例如,"即日起,未经批准的非法录像片一律不准播放"这句话,虽无语法问题,显然存在逻辑问题。难道还有"经批准的非法录像片"吗?难道"经批准的非法录像片"就可以播放吗?这句话因多用了限制性词,就造成了逻辑上的混乱。正确的表述应是"即日起,未经批准的录像片一律不准播放"或"即日起,非法录像片一律不准播放"。可见,只有既符合语法又符合逻辑的语言,才是准确规范的语言。

(2)简明。语言简明便于阅读和及时处理实际工作。要做到语言简明,就必须下功夫练习语言概括能力,遣词造句惜墨如金,用尽可能少的文字表达尽可能丰富、深刻的思想内容。如鲁迅所言:"竭力将可有可无的字、词、句、段删去,毫不可惜。"力求语言干净利落、精炼晓畅。使应用文语言简明的主要方法有下列五种。

①使用介词结构。介词结构是由介词附在名词等词前面组成的。在应用文中常大量使用介词结构来直接表明目的、依据、原因、处置等。举例说明如下。

为加强地方政府性债务管理,促进国民经济持续健康发展,根据党的二十大、二十届三中全会精神,现提出以下意见:

这段话中,就用了"为"和"根据"两个介词构成的介词结构来表明行文的目的和依据,使语言表达既简明又准确,这在一般性文章中是罕见的。

②使用"的"字结构。"的"字结构是由词或词组加"的"构成,也可看作是一种省略了偏正词组中心语的结构。应用文语言中的"的"字结构,大都由动词性词组加"的"构成,并常作介词"对""关于"的宾语,构成介宾短语。举例说明如下。

地方各级人民政府所做的减税规定,都要逐项审查。凡违反税法规定和超越权限的(做法、情况、现象),要立即纠正;在管理权限以内减免税不当的(做法、情况、现象),也应停止执行。

对掺杂使假单位的主管人员和直接责任人员,以及支持、包庇、纵容掺杂使假行业的领导人与责任者,要给予行政处分;对情节严重构成犯罪的(主管人员、直接责任人员、领导人与责任者),要及时移送公安、司法机关依法查办。

使用"的"字结构,能减省文字,使语言产生简明的效果。上例括号中的内容就是使用"的"字结构减省的文字。

③使用单音节词。在应用文中,为使语言更简练、更庄重,有些文种或文体,如公文中的命令、公告、通告、批复、函、电文,以及写得比较高雅的书信等,常大量使用单音节词。举例说明如下。

你校《关于成立××财经大学高等职业技术学院的请示》(×财校〔200×〕×号)悉。经研究并报部领导批准,同意你校成立"××财经大学高等职业技术学院"。该院为你校二级学院,我部不再增加经费。

此复。

例文中加点的词都是单音节词,单音节词的使用减少了文字,缩短了篇幅,使语言表达简明和庄重,便于阅读。

④使用简缩语。简缩语是指通过一定方式省略若干语素或词简缩而成的专用语。如"两手抓""进出口""离退休""中小学""节假日""出入境""特困户""中纪委""科技兴农""责权利""扫黄打非""打假""扫黑除恶",等等。恰当运用简缩语,可使语言表达收到以少胜多、以简驭繁的效果。

⑤使用数字、图表。在应用文写作中,数字是最精确的事实材料,运用数字来说明不仅最具说服力,而且会收到言简意明的表达效果;图表具有综合性和直观性,运用图表能收到缩减文字的效果。因此,在应用文写作中常常适当运用数字、图表来表达。

使应用文语言简明的方法很多,除上述方法外,还有使用联合词组、成语,适当运用文言词语等方法,都能收到很好的效果。

(3)平实。应用文语言是实用语言,应质朴无华、明白晓畅,忌华而不实。因此,应以事实说话,不说大话、空话、套话、假话;应直言其事,不拐弯抹角;尽量不用或少用形容词、修饰语,于平实中见神采;在词语和句式的选用上下功夫,不追求形象描绘和情感抒发,不滥用修辞方式。使应用文语言平实常用的方法有以下三种。

①用直笔,不用曲笔。应用文表达要求言简意赅、直截了当,不像文学作品讲究"曲径通幽"。因此,用词时多用名词、代词、动词、副词、介词等,少用形容词;词义多用本义,少用比喻义、引申义;句式常用比较平实、率直的陈述句,有时也用祈使句和疑问句,但基本

不用感叹句和描述句。

②用事实说话,不空谈。应用文每一个观点的提出,必须来源于事实,有事实作基础,是由对具体事实的分析研究、概括提炼而来,同时在写作时又必须用事实来印证观点。举例说明如下。

当前,一些单位和个人利用发票偷税情况十分严重。截至今年9月底,我局对全地区2133户工商企业和发票管理单位的发票进行了检查清理,发现有695户违反发票管理规定,违章使用发票,偷税12万多元。

例文中"当前,一些单位和个人利用发票偷税情况十分严重"这一观点的提出,是基于在全地区2133户工商企业和发票管理单位中,就有659户违章使用发票,偷税12万多元的事实;反过来讲,这些事实又印证了观点的可靠性与说服力。如果没有事实,观点就成了空谈,而空谈又令人难以置信。用事实说话,能使文章显得沉甸甸、有分量、不虚乏。这正是应用文平实风格和令人可信之所在,是应用文写作必须做到的。

③叙述概括,说明客观,议论精要。应用文在叙事时应质朴而概括(即多用概述),绝不渲染铺陈;在说明时应客观而真实简明,绝不虚构加工;在议论时应就事论事,以事实为据,点到为止,绝不借题发挥,或旁征博引、多方论证。

(4)庄重。应用文语言的庄重是指语言规范严肃,不花哨、不幽默、不风趣。使应用文语言庄重常用的方法有以下五种。

①使用规范化的书面语。书面语庄重严谨;口头语亲切活泼;方言具有地方色彩和个性化,交流有局限性。应用文写作是一种社会化的内容严肃的写作,因此,必须使用规范的书面语写作,而不宜用口语或方言。

②使用恰当的文言词语。应用文虽以现代汉语表达,但仍是古代应用文的继承与发展,古代应用文中某些约定俗成的文言词语,庄重雅致、言简意丰,恰当使用这些词语,既能使表达简练,又能使表达庄雅。因此,应用文中常用"兹有""兹定于""悉""收悉""知悉""欣闻""业经""业已""特此""致以""为荷""拟请""恳请""届时""鉴于""光临"等文言词语。

③使用祈使句。祈使句是表示命令、请求、要求或禁止语意、语气的句子。在法定公文中,下行文占绝大多数。这些下行文要传达贯彻党和国家的方针政策、发布法规规章、布置指导工作,因此,在语言表达上应体现权威性和严肃性,在语气上要体现庄重严肃、果敢坚决。这正与祈使句的表达效果相吻合,所以祈使句在公文下行文中被广泛运用。表示祈使肯定语气的词有"必须""应该""要""坚决"等;表示祈使否定语气的词有"严禁""不准""不得""不许""不要"等。下列例句,就是典型的下行文祈使句。

游客要遵纪守法,文明礼貌,互让互爱;要讲究卫生,不得随地吐痰、便溺或乱丢果皮杂物;要爱护公物,不得损毁公共设施,不得攀折树木或践踏花草。

严禁携带枪支弹药、管制刀具等危险品上山;禁止携带烟花、爆竹、氢气球、香烛、灯笼、荧光棒、打火机、火柴等易燃易爆物品登山。

例句中对"要""不得""严禁""禁止"等表示祈使语气的词的使用,使祈使语意得到充分表现,赞成什么、反对什么、提倡什么、禁止什么的立场和态度得到了鲜明的表现。

④使用全称和规范化简称、统称。应用文在涉及机关、企事业单位名称,人名,职务名称,时间名称,地点名称,以及有关事物名称时,为了表示庄重,往往使用全称,不用简称。如果使用简称,必须是规范化的简称,所谓规范化,就是要社会化,即得到了全社会的认可,大家都知道这个名称之所指,不会产生歧义。如"中共中央",就是"中国共产党中央委员会"的规范简称,"国务院"就是"中华人民共和国国务院"的规范化简称。统称一般用于下行文,且为普指,如"各省、自治区、直辖市人民政府,国务院各部委,各直属机构""公司所属各单位""各单位",等等。统称的使用不仅使语言简练,还不失庄重。如果在正文中为了行文简便,要使用不规范的简称,那么,必须在第一次出现时使用全称,并对其简称用括号加以注明,否则,不能使用简称。

⑤使用谦词敬语。谦词敬语用于体现各种关系和态度。沟通有不同内容和行文意图,彼此存在各种关系,应用文也是一种沟通工具。中国是一个礼仪之国,受传统美德的熏陶,人们形成下尊上、少尊长、己尊他的文明理念,人们在利用应用文进行交流沟通时,就会从所处的不同地位,表现出关爱、热忱、诚恳、谦和、彬彬有礼的态度,从而表达感情、增进情谊。因此,如"拜托""烦交""请""恭候""敬请光临""惠顾""恳请""拟请""为荷""谨致谢忱""此致敬礼""致以亲切问候""表示最诚挚的感谢"等这些谦词敬语便成为应用文的常用语。恰当地使用谦词敬语,不仅是应用文内容表达的需要,也使其语言庄重得体。

(5)生动。应用文写作在达到上述语言运用要求的基础上,还应适当吸收社会生活中新鲜活泼的词汇,以增强文章的生动性和表现力,提高文章的可读性,引发读者的阅读兴趣。惯用语、俗语、谚语、警句、顺口溜,甚至口语,只要能增强文章的表现力和生动性,又符合语言运用的要求,都可适当运用。如"无农不稳,无粮则乱"是警语。"政策对了头,干活有奔头;政策开了放,致富当榜样"是顺口溜。"少数主管部门对所属单位,不是严格要求,而是'护短'"中的"护短"是口语。"要防止历史上曾经出现过的简单地换'婆婆'和'一放就乱,一乱就收'现象的重演,防止'一刀切',一哄而起和搞形式主义"中的"婆婆""一刀切"都是比喻的说法。"要摸着石头过河,水深水浅还不很清楚,要走一步看一步,两只脚搞得平衡一点。走错了收回来重走,不要摔到水里去"中的"摸着石头过河"是俗语。这些词语的运用生动活泼,富有表现力,值得借鉴。

2.应用文语言的表现手法

应用文写作由于受其固有特点的制约,在表现手法的运用上,有自己的鲜明个性和特殊要求。叙述、说明、议论是其常用的表现手法。在具体运用各种表现手法时,都必须做到概括，即用概括的语言组织文章。

(1)叙述。应用文运用叙述表现手法时，多用概叙、顺叙，用以交代背景、介绍情况、综合事迹、概括发展规律，追求叙述的直陈简约，不铺陈。叙述常与议论、说明结合运用，即夹叙夹议、叙事论理、叙述说明等。

(2)说明。应用文运用说明表现手法时，主要是介绍事物的性质、特点、范围、类别和有关背景，或说明解决问题的措施与办法、作者的意图或主张，或说明事物的好坏、进退、优劣等。它为叙述作铺垫，为议论提供依据，不面面俱到解说事物、剖析事理，不掺杂炫示的描绘，不追求形象性和艺术感，不糅合感情成分，只追求说明的平实性。

(3)议论。应用文运用议论表现手法时，不需要反复推理论证，而是就事论理，直接对议论对象作出自己的评价、判断，或阐明处理事务的立场观点、意图主张，主要追求议论的简括性。

拓展训练

1.解释下列概念：形象思维、抽象思维、创造思维、逻辑思维、辩证逻辑思维、概括思维、求本思维、条理思维、结构、材料、素材、题材。

2.应用文写作思维有哪些特征？

3.应用文主旨的表达有何特点？

4.应用文材料与主旨存在怎样的关系？

5.应用文结构的内容包括哪两个方面？

6.应用文的结构有哪些特点？

7.应用文有哪几种基本结构模式？

8.应用文写作主要运用哪些表现手法？

9.应用文的语言有哪些特点？

10.请根据下面分散句子之间的内在逻辑关系，组写一篇短文并加标题。

(1)于是，一方提出在"货到"与"付款"之间加一个"全"字，表述为"货到全付款"，另一方表示同意。

(2)法院依法判决该购销合同终止履行，建筑公司归还钢窗厂400只钢窗。

(3)由于双方各执己见，协商不成，最终诉至法院。

(4)可建筑公司则坚持理解为"货到全，付款"，即必须在800只钢窗全部运抵时付款。

(5)法院审理后认为，双方签订的合同虽属有效合同，但因关键条款表述不清，产生歧义，引起纠纷，双方均有责任。

(6)钢窗厂认定是"货到，全付款"，因此，对方应支付这批400只钢窗的全部货款。

(7)当谈到"货到付款"一条时，双方总觉得这4个字不太妥当。

(8)合同开始履行后,钢窗厂向建筑公司送去第一批钢窗400只,并要求对方付款,为此,双方发生争议。

(9)某钢窗厂与某建筑公司签订一份钢窗购销合同,由钢窗厂向建筑公司供应800只钢窗,由钢窗厂送货,结算方式是汇票。

11. 阅读下面两篇短文,根据文后提问试比较两文。

(1) <center>曙光中的祷告</center>
程乃珊

祖母于清晨去世,曙光中我默默祷告。我的祷告没有文字,只有思想。我们来到世界时,都是热热闹闹挥舞着拳头,准备大干一场;但是,我们离开这个世界时,却安安静静的,摊开一双手,这世界上"物"的东西,我们一样都带不走。我想起有这么一句歌词:昨天的太阳,照不到今天的树叶。每一个属于我们生命的太阳是多么好啊!珍惜生命,不在乎得多少钱财和权势,而是生命有没有充分燃烧。爱我们的人总有一日要离去,为了令这份爱在人世永不消失,我们要爱他人。

(2) <center>国务院办公厅关于同意建立</center>
公共法律服务体系建设部际联席会议制度的函

国办函〔2020〕57号

司法部:

你部关于建立公共法律服务体系建设部际联席会议制度的请示收悉。经国务院同意,现函复如下:

国务院同意建立由司法部牵头的公共法律服务体系建设部际联席会议制度。联席会议不刻制印章,不正式行文,请按照有关文件精神认真组织开展工作。

附件:公共法律服务体系建设部际联席会议制度

国务院办公厅
2020年7月21日

回答提问:

① (1)文的文体是_____,(2)文的文体是_____;

② (1)文的语体是_____,(2)文的语体是_____;

③ (1)文的语言特色_____,(2)文的语言特色_____;

④ (1)文的表达方式是_____,(2)文的表达方式是_____;

⑤ (1)文的主旨是_____,(2)文的主旨是_____;

⑥ (1)文的表意是_____,(2)文的表意是_____;

⑦ (1)文的行文格式是_____,(2)文的行文格式是_____;

⑧(1)文的作用是_____，(2)文的作用是_____；
⑨(1)文的思维方式主要是_____，(2)文的思维方式主要是_____。

任务三　经济应用文写作基础

> 学会经济应用文写作，就是学会了处理商务世界中的问题。
> ——佚名

任务情景

博士买驴

颜之推《颜氏家训·勉学》中，记载了一则博士买驴的笑话。当时有个博士，熟读四书五经，满肚子都是经文。有一天，博士到市场上买驴。双方讲好价后，博士让卖驴的写一份凭据。卖驴的表示自己不识字，请博士代写，博士马上答应。卖驴的当即借来笔墨纸砚，博士马上书写起来。他写得非常认真，过了好长时间，三张纸上都是密密麻麻的字，才算写成。卖驴的请博士念给他听，博士干咳了一声，就摇头晃脑地念了起来，过路人都围上来听。过了好半天，博士才念完凭据。卖驴的听后，不理解地说：“先生写了满满三张纸，怎么连个驴字也没有呀？其实，只要写上某月某日我卖给你一头驴子，收了你多少钱，也就完了，为什么唠唠叨叨地写这么多呢？”在旁观看的人听了，都哄笑起来。这件事传开后，有人编了几句讽刺性的谚语：“博士买驴，书券三纸，未有驴字。”后众人形容写文章或讲话不得要领，虽然写了一大篇，说了一大堆，却都离题很远，就叫"博士买驴"，或叫"三纸无驴"，也就是所谓"下笔千言，离题万里"。

任务设置

1. 在经济应用文写作中，如何确保信息的准确性和简洁性，避免"博士买驴"现象的出现？
2. 考虑到效率和效果，如果你是那位博士，你会如何优化你的购买凭据写作过程？
3. 故事中"博士买驴"的现象对现代商业社会的合同、协议等经济应用文写作有何启示？

知识要点

一、经济应用文的含义

经济应用文是从属于应用文的一个分支，与其他应用文相比，它直接或间接地与社会经济相联系,更适用于经济部门和经济生活,具有行业性和专业性特征。因此,经济应用文是指机关、单位、团体或个人在社会经济生活中,进行经济管理、处理经济事务、传递经济信息时使用的,具有惯用或法定体式和实用价值的应用文,是进行经济活动与经济管理的重要工具。

经济应用文在现代市场经济活动中,发挥着重要的作用。它能帮助人们处理市场经济活动中的各种经济事务,指导企业更好地进行经济管理、经营运作、贸易往来、市场开拓等经济活动,保证各项经济活动健康发展,获取更好的经济效益。

二、经济应用文的分类

经济应用文的种类繁多,而且以不同标准划分,可分成不同的类别。但人们通常习惯于根据其使用主体分为公务经济应用文和私务经济应用文两大类别。

(一)公务经济应用文

凡党政等机关、企事业单位、社会团体在规范经济行为、作出经济决策、处理经济事务、开展经济活动时所形成和使用的具有一定体式的应用文,都属于公务经济应用文。公务经济应用文又包括通用公务经济应用文和专用公务经济应用文两个系列。

1. 通用公务经济应用文

其是指党政等机关、企事业单位、社会团体在经济公务中可通用的经济应用文。这类文书又包括法定公务经济应用文和非法定公务经济应用文。法定公务经济应用文是指党政等机关及其部门依据法律、法规等规范形成的涉及经济的公文,如党政机关经济公文等。非法定公务经济应用文也称为经济事务公文,是指用于事务性工作的经济公文,如机关及其部门、单位等的经济计划、经济总结、市场调查报告、经济活动分析、经济简报,等等。

2. 专用公务经济应用文

其是指专门职能机关、部门或团体为特定的目的而写作的,在一定领域内使用的涉及经济内容的公文。如财务文书、贸易文书、司法文书、科技文书等。

(二)私务经济应用文

凡人们为处理个人经济事务,实现个人某种经济目的而写作的,涉及经济内容、体式完备的应用文均属于此类。如个人经济计划、总结、申请、契据、遗嘱、书信、电文、记账等。

私务经济应用文与公务经济应用文是相对而言的,前者为处理私务而作,以个人名义发出;后者为处理公务而写,以法定作者的名义发出,为制发单位立言。

三、经济应用文的特征

经济应用文是应用文的一个组成部分,除了具备应用文主题明确、表达具体、内容真实、体式规范、使用范围和读者对象特定、语言简明朴实等共性特征外,作为具有特定内容与使用领域的专用应用文,它还具有以下四个特征。

(一)专业性强

经济应用文涉及现代经济生活的各个方面,如经济、贸易、市场、金融等专门领域。因此,写作者应具备相应的专业知识,懂得现代经济管理的基本理论,了解经济管理的对象、方法和技术,熟悉经济管理过程,等等。此外,还要掌握经济学、市场学、商品学的知识,以及贸易、金融、财政、税务、投资和一些专门的经济分析方法等知识,才能写出指导经济工作实践的应用文。由此,经济应用文的专业性显而易见。

(二)政策性强

撰写经济应用文是为了处理现实经济活动中的各种事务,而现实经济事务的开展,必须遵循国家现有的法律法规和有关经济方针政策。因此,作为反映经济活动情况、交流和沟通经济信息、处理和解决经济问题的工具,经济应用文必须符合党的方针政策和国家的法律法规,因而具有显著的政策性。撰写者必须认真学习有关法律法规和方针政策,增强法律意识、政策意识,提高法律、政策水平,才能保证写作质量,提高工作效率和经济效益。

(三)数据材料凸显

在经济活动中经营决策、贸易往来、合同履行、生产组织、效益分析都会涉及真实、确凿的数据。如果经济应用文中没有准确数据的量化表达,就会导致分析、预测、判断、决策或履行的失误,造成经济损失,与其他应用文相比,它处处离不开数据。因此,在撰写经济应用文时一定要对所运用的数据材料反复核查,保证数据真实、准确,哪怕是一个标点符号,都得准确无误。

(四)常辅以图表表达

图表表达是图示与表格两种表达方式的合称。最常见的图示有柱形图示、圆饼图示和曲线图示等,图示具有直观可感的特性,表格具有综合简明的特性。经济应用文写作离不开数据材料,阐明经济现象及其发展变化,往往需要用大量数据文字材料表达。这些数据材料的文字表达纷繁复杂,如果适当辅以图表表达,就会使文字表达化繁为简,变得简明直观,易于阅读理解。

四、怎样读写经济应用文

当今社会,读写经济应用文已成为人们不可或缺的技能。既然如此,我们就不得不学习并努力掌握它。那么,怎样学习才会有效呢?

(一)端正学习态度,培养写作兴趣

目前,大学的经济或相关专业,基本上都开设了经济应用文写作课程,这说明对该课程的重视已成社会共识。但是,我们仍看到一些学生并不重视,认为经济应用文写作比较简单,没必要花费时间精力,只要在使用时突击一下或借助网上例文依样画瓢即可,这种认识极不正确。经济应用文写作不仅涉及法律法规知识、经济专业知识、写作理论知识、种类繁多的文种知识和规范要求,还涉及写作经验与能力,要真正掌握这些知识与技能,并熟练运用它们写出好文章并不容易,必须付出艰辛劳动。

与此相反,另一种情形就是一些学生对学习经济应用文有畏难情绪,认为经济应用文写作知识广、种类多、格式严格、表达苛刻,很难学好。加之其理论学习和例文阅读都比较枯燥,从而导致无兴趣。其实,对经济及相关专业的学生来说,有些知识是已经学习过或接触过的,经济应用文虽然种类多,也有其规律可循,只要肯下功夫,坚持多读、多思、多写,掌握规律,讲究学习方法,就会变难为易,学习兴趣也会油然而生。

因此,我们应提高认识、端正态度、培养兴趣,认真学好经济应用文写作。

(二)熟悉法规政策,具备业务知识

经济应用文政策性强的特点要求我们必须具有较高的政策理论水平。因此,在读写经济应用文时,必须熟悉有关方针政策,特别是国家的有关经济政策知识、法律法规知识。《文心雕龙·议对》中说:"郊祀必洞于礼,戎事必练于兵,田谷先晓于农,断讼务精于律。"同样,读写经济应用文,不熟悉经济方针政策,不熟悉经济业务,不具备丰富的经济知识也是不行的。因此,我们必须熟悉有关法律法规知识,熟悉有关经济政策和专业知识,具备经济应用文写作的相关知识和能力。

(三)掌握读写要领,坚持多读多写

苏轼《东坡志林》中记载,孙莘经常向欧阳修请教作文之事,欧阳修回答说:"无它术,唯勤读书多为之,自工。世人患作文字少,又懒读书,又一篇出,即求过人,如此少有至者。疵病不必待人指摘,多作自能见之。"这段话的大意是写作没有别的诀窍,只要勤奋读书及多写作,自然会写好;但世人的缺点是练笔很少,还懒于读书,写出一篇文章,就希望超过别人,其实很少有人能做到这样。文章的缺点不需要别人指出来,只要多练笔,自己自然

能发现。欧阳修以切身体会和成功经验告诉人们：学习写作的重要途径只有"勤读书"和"多为之"两条。学习经济应用文写作也同样离不开"多读""多写"这两条重要途径。

1. 多读

多读主要从三个方面进行。

一是多读书。首先是读经济应用文写作方面的书，掌握经济应用文写作理论；其次是读经济、法律方面的书，奠定与经济应用文写作相关专业知识的基础；最后是读哲学、政治、文学等方面的书，增强思想修养。

二是多读范文。教科书上的范文是经过编者精心遴选的，是学习写作的蓝本。对初学经济应用文写作的学生来说，一是需要解决经济应用文写作的语言表达问题。这可通过开口朗读范文，培育正确语感来解决。二是通过细心默读范文来理解文意，领悟写作技巧。人们平常读文章一般用默读来理解文意，但是对学习写作的学生而言，默读范文不能仅理解文意，更应领悟和学习范文的写作技法，认知、借鉴范文在体式、思路、结构、组材、语言表达等方面的优势，以启迪、指导自己写作。

三是读"活书"。鲁迅先生说"用自己的眼睛去读世间这一部活书"。经济应用文写作是面对社会经济，为解决社会经济问题服务，它的主题和材料都来自现实经济生活。因此，学习经济应用文写作，必须时刻关注社会，观察及体验经济生活，善于在现实经济生活环境中感悟和发现问题，使写作扎根于社会现实。

2. 多写

多写是写好的关键。只读不写往往会"眼高手低"。古人云："读十篇不如做一篇"，可见古人对写是多么看重。多读虽然能培养语感和积累写作知识，但是知识要转化成能力是另一回事。经济应用文写作也与其他写作一样，不仅是一种复杂的思维活动，更是一种独特的综合能力施展。知识转化成能力要靠长期、反复的训练。因此，在成为社会组织公认的"笔杆子"之前，需要经历较长的练笔过程。

怎样写？对学习写作者来说，可以从简到繁、从易到难、从摹仿到自主，循序渐进地进行写作。最初可以摹仿范文进行写作，写一些比较简易的短文章，尤其要对本教材"拓展训练"中的写作及材料写作题予以重视。因为它们是经过教师周密思考设计的习作训练，其难易度、针对性、系统性和科学性，最适合初学者训练。但在对写作有了一定的理论知识和驾驭能力后，就不能再满足于这种训练，而要向前推进，在理论的指导下自主写作。所谓自主写作，就是在写作理论和规范的指导下，根据不同的实际情况，充分调动自己的主观能动性的写作。要做到自主写作，除通过阅读不断提高理论水平和感受能力外，还必须养成自觉写作的良好习惯。

要强调的是，多写同时包含了多改。改是对写的把关。文章是写出来的，好文章则是改出来的。因此，自古便有了"善作不如善改""文章不厌百回改"之说。在生活、学习和工作中,我们总会不断遇到各种各样的写作情景,有机会就要去写,勤写、多写、多改。多写就会"熟",而"熟"就能变"易"为"巧",就会得心应手。长此以往,就能逐渐从写作"生手"变成"熟手",再到"能手",最终成为写作"高手"。学习经济应用文写作也是如此。

拓展训练

1. 何谓经济应用文?
2. 经济应用文的一般分类依据的标准是什么?分类有哪些?
3. 经济应用文有哪些特点?
4. 朗读与默读主要有何功能?你打算怎样利用这两种阅读方式来提高自己的读写能力?
5. 读与写是怎样的关系?为什么要多写?你打算怎样多写?
6. 下面是根据同一种材料撰写的两份复函,请指出其优劣,并说明理由。

(1) <center>关于订购"牡丹牌"真丝女衬衫的复函</center>

××贸易公司:

你们××月××日的来信我们刚刚收到,从信中我们了解到你们想购买我公司"牡丹牌"真丝女衬衫一事。我厂生产的"牡丹牌"真丝女衬衫质量上乘,款式高雅,犹如盛开的牡丹风靡世界,博得了各国客商的青睐。在此,万分感激你们对我厂产品的好感。由于今年的订单已超出生产能力,所以一律不接受新订单,请你们不要误解。凭着我们双方之间良好的贸易关系,你们不必担心,一有货,我们一定会首先通知你们的。

××制衣厂
××××年××月××日

(2) <center>××制衣厂关于订购"牡丹牌"真丝女衬衫的复函</center>

××贸易公司:

贵公司《关于订购"牡丹牌"真丝女衬衫的函》(×函〔202×〕×号)收悉。现就该事宜函复如下:

我厂生产的"牡丹牌"真丝女衬衫质量上乘,款式新颖,备受国内外客商青睐,近来订单骤增,供不应求,暂难如贵公司之愿。但贵公司的订单,我们业已登记在册,一俟有货,定将速函相告。

特此函复。

××制衣厂
××××年××月××日

7. 下面一段文字中有四处表述不得当、不得体,一处标点有误,请找出来并加以修改。

今天张阿姨的情绪异常愉快,邀请了我们这栋楼里的三家邻居到她家聚会。我是最先到达的,张阿姨亲切地请我品尝香浓的咖啡。小王是最后到达的,但并未被视为不速之客,张阿姨同样友好地为她倒上一杯绿茶。我认为,张阿姨对待人的态度非常公正,既赞美那些优秀的,也鼓励那些还在努力的,她真的有一套很特别的待人之道。

思政小课堂

教育部关于印发《高等学校课程思政建设指导纲要》的通知

项目二 常用经济专用文书

思政目标

1. 培养学生的社会责任感和法律意识。

2. 鼓励学生独立思考并培养其批判精神。

3. 培养学生的创新意识、团队合作意识和实践能力,提高学生的综合素质。

知识目标

1. 让学生掌握常用经济专用文书的基本概念、特点和写作技巧。

2. 通过学习,学生应能理解并掌握这些文书的写作规范和技巧,为后续的读写实践打下基础。

能力目标

1. 培养学生具备常用经济专用文书的处理能力。

2. 理解并掌握经济专用文书的特性和写作技巧,能准确识别和撰写经济条据,熟练撰写意向书和协议书,并能在实际情境中进行有效协商。

3. 掌握经济合同的写作规范,具备进行市场调研并撰写市场调查报告、市场预测报告、可行性研究报告的能力。

4. 能够独立完成或与团队共同完成营销策划书的撰写,展示自己在营销策划方面的能力。

素质目标

1. 通过学习和撰写经济专用文书,提高学生的综合素质,包括语言表达、逻辑思维、分析和解决问题等方面的能力。

2. 着重培养学生的团队协作能力、沟通能力和创新能力,使他们能够适应未来职场的多元化需求。

经济专用文书是指在经济领域中使用的、内容与经济相关的应用文。本章将介绍以下几种常用经济专用文书的读写方法:经济条据、意向书、协议书、经济合同、市场调查报告、市场预测报告、可行性研究报告、营销策划书等。

任务一　经济条据

> 信者，人之根本也。
> ——韩愈

任务情景

张三是当地一个著名的商人，经常在各个城市做生意。一天，他从一个遥远的地方，带回来一批珍贵的货物。由于资金紧张，他决定向他的好友李四借款2000元，以支付货物的运费和保险费。

李四是一个慷慨的人，他毫不犹豫地借给张三2000元。为了证明借款的事实，他们写了一张借条。借条上清楚地写明了借款的金额、用途和还款日期。

几个月后，还款日期到了，张三却因为生意上的问题，未能按时归还借款。李四多次催促，张三总是以各种理由推脱。

随着时间推移，李四开始感到不安。他担心张三不会尽早还款，甚至可能永远不会还。他开始考虑采取法律手段来维护自己的权益。

最终，李四决定起诉张三。在法庭上，借条成为最有力的证据。经过审理，法院判决张三必须立即归还借款。

张三终于意识到了问题的严重性，他归还了借款并深感懊悔。从此以后，他更加谨慎地处理自己的财务问题，并始终遵守与他人的约定。

任务设置

1. 谈谈你对借条的了解。
2. 李四在借款时应该注意哪些问题？

经济条据是指内容与经济相关联的便条与单据。如借条、欠条、收条（或收据）、发条（或发票）等。它们的作用是充当某种经济事务关系的依据和凭证。

知识要点

一、基础知识认知

（一）分类

经济条据根据不同制作方法，可分为便条和票据两类。便条一般是指临时手写的经济凭据,如借条、欠条、收条、领条、发条等;票据是指按照预先设计的项目统一印制,使用时只需按项目填写的经济凭据,如收据、领据、发票等。

1. 借条

借条是指借方在借个人或单位钱物时,写给被借方作凭据的便条。借条留给被借方保管,作为日后收回钱物的依据。钱物归还后,借方收回借条,并做作废或撕毁处理。

2. 欠条

欠条是指借个人或单位钱物,归还时只还了一部分,尚欠一部分,对所欠部分写给对方留作凭据的便条,或借他人、单位钱物后,当时未写借条,事后补写给对方留作凭据的便条。

3. 收条和收据

收条和收据是指在收到他人钱物后,写给对方留作凭证的便条或单据。

4. 领条与领单

领条和领单是指个人或单位向主管部门领取钱物时,写给负责发放钱物的人留作凭证的便条或单据。

5. 发条与发票

发条和发票是指个人、单位或商店出售产品或物品时,留给购买者的凭据。发条与发票的区别在于,发票是一种符合财务手续,能正式入账的原始凭证,而发条是在财务手续不健全时使用的一种字据,其作用相当于发票。一般而言,购货方按发条、发票付款,凭发条、发票提货,而后持发条、发票向财务报账、报销。

发票是正式的财务单据,由国家税务系统统一监督、管理、印制,上面套印有"税务局监制""全国统一发票监制章"的印记,制作严格规范。随着计算机与互联网技术的应用及国家对税收的严格管控,现在都要求机打发票或电子发票打印版才能记账报销。因此,发条的认可度已经很小。

(二)特点

经济条据有如下特点:文字简明,记事扼要;体制短小,操作规范;形式多样,使用便捷。

二、经济条据写作

经济条据的结构由标题、正文、文尾构成。

(一)标题

标题标明条据的名称,如"借条""借据""收条""代收条""收据""欠条""领条""发条"等,写在条据的首行,居中。

(二)正文

正文多以"今借到""今收到""今领到""今欠"等字样开头,然后写条据内容。内容包括:①条据写给的对象(向谁借、收到谁的……、欠谁、卖给谁,等等);②为何事而写(所借、所欠、所收、所卖的是什么);③条据事项涉及的数量、价格、金额等;④另起行,退两字位置写上"此据"二字结尾,它是"以此为据"的简写。

(三)文尾

文尾签名盖章并写明立据日期。

三、写作注意事项

首先,确保书写清晰易读,同时明确标注货币的名称,使用大写数字来表示金额,且在数字前不要留有任何空白。在货币单位(元)后,最好加上"整"字以防止任何可能的涂改或数字添加。对于物品,应明确注明其名称、规格、数量及质量。

其次,在填写任何单据时,尽量避免涂改。如果确实需要修改,应在涂改处加盖正式印章,以显示对所填写信息负责,避免日后的任何纠纷。

再次,在填写完成后,务必进行核查,以确保信息的准确性和完整性,防止任何可能的错误或遗漏。

最后,妥善保存所有的经济条据,以备日后查核和审计。

四、例文

【例文 2.1.1】

借　条

今借到××学院礼服 15 套,作为跨年晚会演出活动用,会后立即归还。

此据。

经手人:金××
(××学院章)
××××年××月××日

【例文评析】借条的标题写"借条";正文开头写"今借"或"今借到"字样,而后带出具体内容,包括借谁什么、数量、归还期限及途径等;结语用"此据"结束。文尾写明借款或借物人姓名,或盖章,并写清立据日期。

【例文 2.1.2】

欠 条

原借本公司财务处差旅费人民币壹仟元整,现已归还叁佰元整,尚欠柒佰元整。下月月底还清。

此据。

梁××

××××年××月××日

欠 条

202×年××月××日借到刘梅同志人民币伍仟元整,现补欠条以作凭证。欠期约定为4个月,到期一次性还清。

此据。

衡××

××××年××月××日

【例文评析】这两份欠条反映了需要写欠条的两种情况,也代表了两种欠条的写法。从结构看与借条的写法相似。标题写明"欠条",正文写明所欠对方钱或物的名称、数量、原由及归还期限等,文尾署上欠方姓名或盖章,并写上立据日期。

【例文 2.1.3】

收 条(收钱)

今收到北京市×××集团公司给我校捐助的人民币叁仟元整。

此据。

北京市×××小学

经手人:张××

20××年3月1日

收 条(收物)

财务科送了2×××年第四季度会计报表一式三份、公司上月简报三份。

此据。

×××公司×××办公室

经手人:×××

20××年2月3日

【例文 2.1.4】

代 收 条

今代收到朝阳棉花厂归还给市三中的教学课桌伍拾伍张,完好无损。

此据。

代收人:林××

××××年××月××日

【例文 2.1.5】

项目名称	现　金	支　票	合计金额（元）
书　费	√		¥360.00
人民币（大写）	叁佰陆拾零元零角零分整		
收款人：李ХХ			交款人：王ХХ

收　据
202Х年3月18日
二联交会计

【例文评析】上述三例中收条和代收条的写法相同，也与借条、欠条写法类似，只是行文主体有别而已。收条的行文主体是立据当事人，而代收条的行文主体是立据当事人之外的人。收据则是事先印制好的单据，只需按实际情况填写相应项目内容即可。

【例文 2.1.6】

领　条

今领到厂劳资科劳保服装壹拾贰套、保温杯壹拾贰个。

此据。

经手人：刘ХХ

ХХХХ年ХХ月ХХ日

【例文 2.1.7】

领　物　单　　编号：

部门：　　　　　　　　　　　年　月　日

序号	名称	单位	数量	单价	金额	用途
合计						

记账：　　　　保管：　　　　部门主管：　　　　领用人：

【例文评析】领条的写法与收条等的写法相同。领单内容稍微复杂，但也是事先设计印刷好的，只需按实际情况当场填写好相应的项目内容即可。

【例文 2.1.8】

发　　条

今卖给××印刷厂劳保用品手套1000双,每双价格3.2元,共计人民币叁仟贰佰元整。

此据。

经手人:李××

（商店印章）

××××年××月××日

【例文 2.1.9】

今　售　给

××中学木制课桌250张,每张价格90元,共计人民币贰万贰仟伍佰元整。

此据。

经手人:郑××

（工厂印章）

××××年××月××日

【例文评析】这是两份常用的发条写作形式。标题写"发条"或"今售给";正文写明卖给什么单位、什么物品、数量多少、什么价格、共计多少钱(大写),再另起一行空两字写上"此据"二字;文尾写上经手人姓名和日期,并盖上商店或单位印章。

拓展训练

1. 经济条据在社会生活中能起到什么作用?
2. 根据经济条据的生成可分为哪两类?它们的区别是什么?
3. 谈谈借条与欠条的不同用法。
4. 写出从"一"到"十"的汉字大写数字。
5. 假如你借了辅导员××3000元人民币,在约定的还款日,你只还了他1500元,经与辅导员协商同意,剩余1500元在6个月后还清。请据此材料写出相关条据。
6. 谈谈"条"与"据/票"的区别。

任务二　意向书与协议书

> 志不强者智不达,言不信者行不果。
> ——墨子

任务情景

在繁华的都市里,有两家实力相当的企业:HD集团与MY科技。它们在业界拥有举足轻重的地位,但业务上却鲜有交集。然而,一次偶然的机会,两家企业的CEO在一次行业交流会上相识,他们发现彼此都对未来科技趋势有着浓厚的兴趣。

经过一番深入交流,两位CEO意识到,如果两家企业携手合作,不仅能够在市场上形成强大的联盟,更有可能在科技创新方面取得突破性的进展。于是,他们决定详细探讨合作的可能性。

经过数月的商议,双方终于达成了一致。为了确保合作的顺利进行,双方决定签订一份详尽的合作协议书。这份协议书不仅明确了双方的权利与义务,更对合作的具体细节、预期目标及风险控制等方面进行了详细的阐述。

在协议书中,他们明确提出要共同研发一款新型科技产品,并为此设立专项资金。同时,双方约定要定期召开高层会议,对合作进展进行评估,及时解决合作中遇到的问题。此外,针对可能出现的商业机密泄露、知识产权纠纷等情况,协议书中也明确了相应的应对措施。

随着合作协议书的签署,HD集团与MY科技正式开启了合作之旅。两家企业的高管团队迅速行动起来,开始组织各自的团队进行对接工作。经过一系列紧锣密鼓的筹备工作,合作项目终于启动了。

这份协议书的签订不仅为双方的合作提供了明确的指导与保障,更为两家企业的未来发展奠定了坚实的基础。通过这份合作协议书,HD集团与MY科技展现出对彼此的信任与期待,共同迈向了一个更加美好的未来。

任务设置

1. 谈谈你对意向书和协议书的了解。
2. 你认为合作协议书在企业合作中起到了哪些关键性作用?

知识要点

意向书、协议书和合同是三种具有相似性质且用途和写法相近的专用经济文书。它们是当今经济活动中应用非常普遍的经济契约类文书,因此我们必须熟练掌握其用途和写法。本任务将集中学习意向书和协议书的读写方法。

一、意向书

意向书是指在双方或多方就某一合作事项在进入实质性谈判之前,进行初步洽谈后形成的表达原则性、方向性合作意愿的文书。

意向书是一种初步的、临时的协商文书,不具备法律效力。其主要目的是为日后的正式协议或合同的签订提供准备,为项目立项和可行性研究打下基础。通常,意向书是初次联系的当事人就特定事项,尤其是经济技术合作事项,为实现某种目的而表达的基本意图和愿望。意向书可以在谈判纪要的基础上整理形成。

(一)基础知识认知

1. 特点

(1)导向性。意向书是双方为了表示某项合作意愿而签订的文书,可为下一步磋商奠定良好的基础。因此,它只是一种导向性文书,目标是希望总体轮廓清楚,意向的大体方向一致,不要求具体进程和明确步骤。

(2)原则性。意向书的各项条款一般是明确一些重大问题的原则,其内容表述以定性为主,以原则为主,不求将具体问题分项列款,更不求将具体细则详细表述。只有这样才能求同存异,取得较为满意的结果,为下一步商讨留有余地。

(3)灵活性。意向书的灵活性主要表现在两个方面:一是可以根据需要随时协商更改有关内容;二是意向书表述的是双方或多方的初步合作意图,其写作内容、条款形式由双方或多方当事人协商确定,没有固定模式和要求,具有较大的灵活性。

(4)临时性。意向书是初步洽谈的成果,也是今后进一步协商谈判的基础,一旦达成正式协议或签订合同,意向书便完成了它的使命。

此外,意向书涉及的内容涵盖了政治、经济、文化、教育、科技、军事等多个领域。虽然它不具有法律约束力,但它仍然具有一定的信誉约束力。

2. 分类

(1)从项目类别划分,可将意向书分为合资企业意向书、合作企业意向书、投资企业意向书等。

(2)从意向主体划分,可将意向书分为政府合作意向书、企业合作意向书等。

(3)从国别划分,可将意向书分为中外企业与机构合作意向书、国内企业与机构合作意向书等。

(4)从合作领域划分,可将意向书分为教育、科研、经济、政治、军事等领域的合作意向书。

(5)从权利义务划分,可将意向书分为单务意向书和双务意向书。单务意向书只是一方单独承担某种义务;双务意向书是签约双方或各方既享受一定权利,也承担相应的义务。

(二)意向书写作

意向书一般由标题、合作人名称、正文和文尾四部分组成。

1. 标题

标题一般写明事由和文种,如"关于合作经营××××的意向书"。也可以写明各合作单位的名称、事由和文种,如"××公司与××研究所关于联合开发××××的意向书"。有的仅写明文种,如"意向书"。

2. 合作人名称

合作人名称要写明合作双方或多方的名称和简称。这和合同的"立约人"的写法相似。

3. 正文

正文可分为前言、主体和结尾三部分。

前言一般写明双方或多方当事人的单位名称及签订意向书的原因、目的、依据或遵循的原则,有时还要说明合作方协商谈判的大致情况,并常用惯用语"达成如下意向"过渡到主体部分。如"××厂与××公司本着平等互利的原则,经友好协商,就××××进行合作经营以及今后采用其他形式继续合作,达成如下意向"。

主体部分是意向书的核心内容,通常以分条分点的方式详细阐述双方或多方达成的意向性共识。这些共识可能涉及合作的项目、合作的方式、合作的程序、双方的义务、未尽事宜的处理,以及意向书的持有保存等事项。

结尾部分则用于说明意向书的生效标识和联系方式。通常,双方或多方会在结尾处使用印章,授权代理人签名,并注明各自的地址、联系电话、传真等信息。也有将地址、联系电话、传真写在合作人名称下方,这体现了意向书写作的灵活性。

4. 文尾

文尾写明意向书的签署时间、地点。

(三)写作注意事项

1. 坚持平等互利的原则

在写作过程中,要始终保持对所有参与者或相关方的尊重,不论其国家大小、单位大小或资本多少,对待每一个参与者都应一视同仁,并以平等和公正的方式进行对话和交流。避免偏袒任何一方,也不将自己的要求无原则地强加给他人。

2. 态度诚恳,行文语气体现协商性

在写作过程中,要展现出诚恳的态度,并以协商的方式表达自己的观点和意见。避免使用规定性或强制性的语句,以免给人留下强硬或命令式的印象。一般而言,应避免使用"必须""应该""否则"等词语,以减少语气上的强制性,增加协商的色彩。

(四)例文

【例文 2.2.1】

合资兴建麦秆草席加工厂的意向书[①]

中国××省××公司、××市××厂与日本东京都××服务中心,本着"友好、平等、互利"的原则,三方于20××年××月××日至××月××日、20××年××月××日至××月××日,先后两次在中国××省就合资兴建麦秆草席加工厂有关事宜进行了友好协商,在此基础上,中国××省××公司派员于20××年××月××日至××月××日,赴日本东京就此事进行了进一步磋商,日方应全国对外友好协会邀请,于20××年××月××日至××日一行四人在全国对外友好合作服务中心有关负责同志的陪同下,对中国××市××厂进行了实地考察,三方同意利用××市××厂的现有厂房等设施合资兴建麦秆草席加工厂,现达成如下意向。

一、整体规划,分期投资

1. 中方以××市××厂现有厂区土地(空坪)2.67公顷,车间6间,办公楼1栋,配电室1间和其他生产生活等设施,作为合资股份,分两次投资入股。

2.(略)

二、合作期限与货币计算名称

1. 合作期限

A. 时间从20××年××月至20××年××月止,计10年整,一方如需继续履行此合同,须经三方协商同意后,可重新申请延期并申报有关部门办理延期手续。

B.(略)

2. 货币计算方式

(略)

三、工厂规模

工厂占地面积为1.91公顷,年生产力为21.6万床草席,职工人数为100人。

四、投资金额及比例

合资工厂投资额为×××万美元。日方投资×××万美元,占总投资额的49%,中方投资×××万美元,占总投资额的51%(其中××省××公司为17%,××市××厂为34%)。

五、双方责任分担

中方:

[①] 孙宝权,孙战.新编应用文写作[M].北京:北京交通大学出版社,2021.

1.在三个月内办理有关中外合资企业的申报、审批手续和工商登记注册等手续。

2.完成对厂区的整体规划,阶段性设施的配套完善及财产保险等工作。

日方:

1.派遣技术人员3名,为中方培训技术工人,指导生产及设备安装。

2.包销10年内生产的全部产品(共计××万床麦秆草席)。

六、利润分配及亏损分担

1.按认可的投资比例分配利润及承担亏损责任,即中方获得全部利润的51%(其中××省××公司为17%,××市××厂为34%)。日方获得全部利润的49%。

2.亏损按利润分配比例承担。

七、合资兴建工厂的未尽事宜,在正式签订协议书时予以补充。此意向书用中日两种文字书写,三方各持三份。

中国××省××公司代表:×××

日本东京都××服务中心代表:×××

××市××厂代表:×××

20××年××月××日

【例文评析】意向书是合作双方或多方就合作意向拟写的书面文书。签署意向书则表明双方愿意进一步商谈合作。该意向书由标题、合作三方当事人名称、正文和文尾构成。标题由事由和文种构成,正文由前言和条款构成,前言扼要交代合作项目及达成的意向,条款是该意向书的主体部分,从项目的基本情况、三方合作的前期准备工作和进一步合作三方面表明了初步协商的意向。该文内容简明,符合意向书写作的基本要求。

【例文思考】

1.意向书是否具有法律效力?

2.意向书的内容表达有何特点?

二、协议书

协议书俗称契约,是双方或多方当事人就某一事项,依据法律规定,经过共同协商取得一致意见后所签订的一种契约性文书。它与合同属于同一性质的文书,写法、用途基本相同,但又不完全等同于合同,最显著的区别是合同正规、全面,协议书灵活、机动。

在现代经济活动和社会生活中,协议书主要发挥约束、凭证和补充的作用。

(一)基础知识认知

1.分类

协议书的签订主体不像合同那样有严格的限定,适用范围也不仅仅限于经济活动,因而其种类繁多。

（1）按内容性质划分，协议书主要有补充、变更或解除合同协议书，联营或合作协议书，代理或经销协议书，仲裁协议书，和解、调解协议书，承包、承揽协议书，财产保险、赔偿协议书，委托协议书等。

（2）按时效划分，协议书有长期协议书、中期协议书、短期协议书和临时协议书等。

2. 特点

协议书也是一种契约文书，除政策性、法律性和协商性诸方面与合同相同外，还具有广泛性与灵活性的特点。

（1）广泛性。协议书涉及的内容广泛，不仅涉及经济领域，还涉及社会生活的各个领域。而合同主要涉及的是经济领域，尤其是经济交易方面。

（2）灵活性。协议书中协议的内容具有灵活机动性，可就整个协作项目拟订全面协议，也可就某一合同或协议的条款做补充、修改的局部协议，还可以是对某一合同或协议的续签、延续、终止的协议。而合同往往是一次性签订，今后有其他事宜可签订协议书来处理。

3. 协议书与意向书的区别

协议书与意向书虽然同属于协议文书，但有明显区别。

（1）约束力不同。意向书不具有法律效力，对合作各方不具有法律约束力，只有信誉约束力；协议书具有较强法律效力，当事人均须按规定履行责任与义务。

（2）签订时间不同。意向书签订的时间较早，是在各方正式合作之前签订的，并不意味着已进入实质性的合作；协议书的签订意味着合作各方已进入正式合作阶段。

（3）写作内容和要求不同。意向书的内容较简略，只是原则性合作意向，写作也无特别的格式规范要求；协议书的内容则比较具体，写作有一定的格式规范和语言运用要求。

（二）协议书写作

协议书的写法根据协议内容的实际情况，可简单，也可复杂。其结构一般由标题、协议当事人名称、正文、文尾四部分组成。

1. 标题

协议书的标题一般有四种形式。一是由"双方当事人名称＋事由＋文种"构成，如"××公司与××商场关于建立××服务中心的协议书"（这种标题是仿照法定机关公文标题形式的写法，故也可称作"仿公文标题式"）；二是由"协议性质＋文种"构成，如"租赁协议书"；三是由"标的＋协议性质＋文种"构成，如"产品销售代理协议书""合作建房协议书"等；四是直接写文种"协议书"，但此种标题比较笼统，一般都会使用前三种。

2. 协议当事人名称

在标题之下空一行,写明当事人的单位名称或姓名、地址、通讯方式等内容。若采用第一种标题形式,为了避免当事人名称重复,则此项内容可省略。其中地址、通讯方式等内容也可写在正文的结尾部分。

3. 正文

正文一般由前言、条款和结尾三部分组成。

前言即协议书正文的开头部分,通常是简单介绍签订协议的原因、目的、依据、协议方式等,如"中国××公司与美国××公司,通过初步协商,双方就××××××达成如下协议"。

条款是协议正文的主体部分,是双方或多方协商一致的内容,通常以条款形式行文。不同性质的协议书所包括的条款内容不同,具体包括哪些条款主要由协议书的性质和当事人协商的结果而定,不像合同那样有严格的条款规定。

结尾也称"约尾"。此部分一般应写明当事人的单位名称(盖章)或姓名、法人代表姓名及有关通讯信息等。

4. 文尾

文尾应写明签订协议书的具体日期,有时还要写明签订地点。

(三)写作注意事项

1. 要贯彻平等互利、协商一致的原则

在经济活动中,协议书作为签订合同的基础性文书,在起草时应贯彻平等互利、协商一致的原则,做到态度诚恳、语气平和、内容具体、条理明确,为下一步合同的签订铺路搭桥。

2. 要保持协议与合同意向口径的一致性

在某种意义上,协议书是合同的前身,某些关键性的合同内容,往往在协议书中已先行出现,因而签订协议书时一定要目光长远,表述留有余地,以便在关键性的重大问题上保证协议书与合同意向口径的一致,从而在签订合同时具有更大的主动权。

(四)例文

【例文 2.2.2】

联合办学协议书[①]

甲方:××省××科技大学(盖章)

---

① 吴永红.应用文写作[M].北京:北京邮电大学出版社,2022.

乙方：××省××职业技术学院(盖章)

一、合作办学项目

甲乙双方经友好协商，本着平等互利、共同发展的原则，就双方合作办学事宜达成以下协议。

二、甲方权利、义务

1. 负责提供培训教材，并负责为合格学员办理相关证书，认证手续费、证书工本费由乙方负责。

2. 负责对联合办学单位的招生、教学负责人及师资进行培训(培训地点：××省××职业技术学院南校区)。

3. 为乙方提供媒体广告支持。负责在教育新闻平台上发布合作单位的相关信息。

4. 负责审核乙方的办学资格、条件、管理、考试等事项，如发现乙方有严重违反有关规定、违反双方约定、提供不实资料等行为之一或不适应合作项目办学条件的，甲方有权单方面提前终止合作协议，后果由乙方承担。

5. 对乙方的考试进行监督，并安排专人进行不定期巡考，巡考期间的住宿费、餐费、往返车费均由乙方负责。

6. 根据行业发展的要求，提供相关的技术指导。

三、乙方权利、义务

1. 负责在当地教育主管部门办理办学项目的报批手续，做到依法办学。

2. 负责承担办学活动中发生的全部税金并负责向当地税务部门缴纳。

3. 负责办学所需的设备、场地、人员、师资、资金等，实行自主办学、独立核算、自负盈亏。

4. 负责在当地聘请教学人员，将教师资料按要求提交甲方审核，确认其授课资格。

5. 负责当地的招生、教学、日常管理等培训班全部事务。

6. 乙方应按甲方规定的收费标准进行收费，如有特殊原因须调整收费的，应提前与甲方协商，并获得甲方批准后方能执行。

7. 乙方所有广告、信息、招生简章的文本，须经甲方确认后方可发布。

合作期限内，联合办学方不得与其他办学机构再签订类似或专业相近的协议、合同。甲乙双方各自独立承担民事及法律责任，相互之间无产权关系。

四、费用及结算方法

1. 协议签署当日，乙方应向甲方交纳第一年度培训项目许可费_____元整。以后每年向甲方交纳合作项目许可费_____元整。

2. 培训班开班后两周内，乙方应将学员报名表装订成册报甲方注册，甲方按乙方实际招生人数计算，每人_____元。

3. 甲方到乙方处开展工作或办理相关事务，所发生的差旅费、住宿费、生活费等由乙方承担。

4.甲方负责为乙方考试合格的学员办理相应证书,相应的认证手续费和证书工本费由乙方负责向甲方支付,该费用乙方可向学员另行收取。

5.乙方如在开班前向甲方提前申领教材,应按规定价格支付教材资料费。

五、协议书的生效

1.本协议一式两份,双方各执一份,经双方签字盖章后生效。

2.本协议有效期限为_____年,自_____年_____月_____日起至_____年_____月_____日止。期满自行作废。乙方如需继续合作须在期满前三个月内提出书面续约申请,经甲方核准后双方另立协议。

甲方: 乙方:
法人代表:××省××科技大学(盖章)   法人代表:××省××职业技术学院(盖章)
××××年××月××日   ××××年××月××日

【例文评析】这是一份联合办学的协议书。该文由标题、协议双方名称、正文和文尾构成。标题由事由和文种构成。标题下写明协议当事人名称。正文分前言、主体和结尾三个层次。前言简要交代签署协议的目的、根据、原则;主体采用分项行文,具体明确协议双方的权利与义务;结尾为协议双方及其代表签名盖章,以示生效。最后在文尾处署明签约日期。本文结构完整、层次分明、条理清晰、表达准确简明,值得借鉴。

【例文思考】

1.协议书中双方的权利有哪些?

2.协议书中的结算方法是怎样规定的?

拓展训练

1.谈谈意向书的用法和写法。

2.谈谈协议书与意向书的不同。

3.协议书的条款内容是怎样确定的?

4.修改下列意向书与协议书。

共建合资企业意向书

一、甲、乙双方愿以合资或合作的形式建立合资企业,名称为××有限公司,地址在中国××市××街×号,建设期为××年,即从××××年××月至××××年××月全部建成。双方签订意向书后,即向各有关上级申请批准。批准的时限为×个月,即从××××年××月至××××年××月完成。然后办理合资企业开业申请。

二、合资公司经营范围:合资公司负责××产品的生产、研究和开发。新产品在中国国内外市场销售,并进行销售后的技术服务。

三、合资公司为有限公司。合资各方按其在注册资本中的出资额比例分配利润、分担亏损和承担风险。

总投资×××万元人民币,其中注册资本为×××万元,贷款为××万元。

甲方投资×××万元人民币(以工厂现有厂房、水电设施等现有设备折款投入),占注册资本的××%。乙方投资×××万元人民币(以美元投入,购买设备),占注册资本的××%。

四、合作公司所需的设备、原材料的物资,应首先在中国购买,如果中国不能满足供应时,可以在国外购买。

五、合资企业自营出口或委托有关进出口公司代理出口,价格应由合资企业定。

六、合资年限为×年,即从××××年××月至××××年××月。

七、合资企业其他事宜按《中华人民共和国外商投资法》和《中华人民共和国外商投资法实施条例》有关规定执行。

八、双方在各方上级批准后,再具体协商有关合资事宜。

九、本意向书生效后,甲、乙双方应认真遵守本意向书的规定。任何一方因不执行本意向书规定的义务,对方有向违约一方索取赔偿经济损失的权利。

甲方:××公司　　　　　　　乙方:××××公司

代表:×××　　　　　　　　　代表:×××

202×年××月××日

协 议 书

中国××公司×分公司(被代理人)

×国×公司(代理人)

一、中国××公司×分公司(以下称"被代理人")指定×国×公司(以下称"代理人")为被代理人的××产品在瑞士、丹麦和挪威以××、××销售的唯一代理人。

二、双方同意在本协议的有效期限内,被代理人不得向上述国家的任何其他实体提供本协议约定的商品,而代理人也不得从其他公司进口同一产品。

三、代理人同意每年至少销售×××吨。具体销售数量、规格、交货安排、价格、付款方式、包装等,以每份成交合同或订单规定为准。

四、为便于被代理人准备和交付货物,代理人应在每一次装船前至少60天向被代理人提交订单。

五、为了让被代理人保持了解上述三个国家的市场行情,代理人每年应向被代理人提交一份市场报告。

六、本协议自签订之日起生效,有效期为两年,期满后可自动延期一年,除非任何一方在期满前120天出具书面通知,提醒对方本协议行将终止。

七、本协议用中、英两种文字书写,两种文本内容完全相同,皆具同样法律效力。协议书双方各执一份。

被代理人:中国××公司×分公司(章)　　代理人:×国×公司(章)

地址:中国××市×路×号　　　　　　　地址:×国×市×街×号

签约地点:××××××

签约日期:××××年××月××日

任务三　经济合同

> 言必信,行必果。
> ——孔子

任务情景

张总和李总是商业场上的老朋友,他们各自经营着一家大型企业。在过去几年里,两家企业都有意向合作开展一个大型项目,但因为各种原因一直未能正式签署合同。

某天,在一次商务聚会上,两人偶然相遇并谈到合作的事。经过深入探讨,他们认为合作能带来双赢的局面,于是决定再次启动合作谈判。

在谈判桌上,双方就合作细节进行了深入交流。从项目内容、投资额、股权比例到利润分配等,对每一个细节都进行了认真讨论。经过多轮谈判,双方终于达成了一致意见。

为了确保合作顺利进行,双方决定签订一份经济合同。这份合同详细列出了合作的具体条款、双方的权利与义务、违约责任等内容。在签署合同之前,双方还聘请了法律顾问对合同进行了仔细审查,以确保合同内容合法、公正。

合同签署后,双方都深感满意。他们相信这份经济合同将成为合作成功的坚实基石。在随后的合作中,双方都严格遵守合同约定,共同努力推动项目的进展。最终,这个大型项目取得了巨大的成功,给双方带来了丰厚的商业回报。

任务设置

1.张总和李总的合作有哪些值得借鉴的地方?

2.从这个故事中,你可以学到关于经济合同的哪些注意事项?

知识要点

《中华人民共和国民法典》①（以下简称民法典）第四百六十四条明确："合同是民事主体之间设立、变更、终止民事法律关系的协议。"所谓民事主体是指具有民事权利能力和民事行为能力的自然人、法人和非法人组织。因其在民事活动中的法律地位一律平等，故也称作"平等主体"。自然人是指基于自然出生而依法在民事上享有民事权利和承担民事义务的人，既包括中国人，也包括外国人和无国籍人；法人是相对自然人在法律上人格化的概念，指具有民事权利能力和民事行为能力，依法独立享有民事权利和承担民事义务的组织，包括企业事业单位、机关、团体等；非法人组织是不具有法人资格，但能依法以自己的名义从事民事活动的组织，包括个人独资企业、合伙企业、不具有法人资格的专业服务机构等。

民事主体之间的法律关系有两种：一是人身关系；二是财产关系。民法典第四百六十四条同时明确"婚姻、收养、监护等有关身份关系的协议，适用有关该身份关系的法律规定"，因此，合同中的民事主体的法律关系实际上是指涉及民事主体之间的财产关系，因此，实际上所谓"合同"就是指"经济合同"。

合同是经济、财产协议的法律凭证，具有法律效用，是商品经济的产物，是经济活动中连接各种经济关系的桥梁与纽带。

一、基础知识认知

(一)特点

1. 突出的法律性及政策性

合同是针对双方或多方当事人的法律行文。一方面，它必须严守国家有关法律法规和现行政策，依法签订，任何违反法律法规和现行政策的合同都是无效的；另一方面，合同一经签订，就受到法律法规和政策的保护。

2. 平等互利性及协商一致性

合同当事人的法律地位一律平等，任何一方不能以大压小、以强凌弱，把自己的意志强加给对方，迫使对方签约。合同各方应友好协商、等价有偿、公平合理地达成协议，并共同恪守。

---

① 本法于2020年5月28日第十三届全国人民代表大会第三次会议通过，自2021年1月1日起施行。《中华人民共和国婚姻法》《中华人民共和国继承法》《中华人民共和国民法通则》《中华人民共和国收养法》《中华人民共和国担保法》《中华人民共和国合同法》《中华人民共和国物权法》《中华人民共和国侵权责任法》《中华人民共和国民法总则》同时废止。

3. 表达的严密性

合同条款的表达不仅要准确,而且要严密,任何一点疏漏都有可能招致麻烦,引发官司,甚至造成重大经济损失。

(二)种类

合同依照不同的标准,可分为如下几类。

1. 按表达方式划分,有书面形式、口头形式和其他形式的合同

书面形式是指合同书、信件、电报、电传、传真等以有形的方式表现所载内容的形式。以电子数据交换、电子邮件等方式表现所载内容,并可以随时调取的数据电文,也视为书面形式的合同。口头形式是指当事人面对面谈话或者以通信设备(如电话交谈)表现意愿内容的形式。口头形式的特点是直接、简便、快速。数额较小或者现款交易可用口头形式,如买卖蔬菜、买卖商品等。其他形式是指口头与书面以外的形式,如默认形式。

2. 按权利和义务划分,有单务合同和双务合同

单务合同是指一方尽义务却不享受权利,另一方享受权利却不需尽义务的合同,如赠与合同、无息贷款合同等。双务合同是指双方权利和义务对等共享的合同,如买卖合同、借贷合同等。

3. 按行文方式划分,有条文式合同、表格式合同和综合式合同

条文式合同是指将双方或多方协商一致的意愿内容写成若干条款的合同;表格式合同是指把合同各要素制作成一个规范的表格,然后将签约双方协商一致的内容逐项填入的合同;综合式合同是指将条文和表格综合起来行文的合同。

4. 按法律是否设有规范并赋予特定名称划分,有典型合同与非典型合同

典型合同是指法律设有规范,并赋予一定名称的合同,又称有名合同。民法典中赋予特定名称并设有规范的典型合同有19种,具体为:①买卖合同;②供用电、水、气、热力合同;③赠与合同;④借款合同;⑤保证合同;⑥租赁合同;⑦融资租赁合同;⑧保理合同;⑨承揽合同;⑩建设工程合同;⑪运输合同;⑫技术合同;⑬保管合同;⑭仓储合同;⑮委托合同;⑯物业服务合同;⑰行(háng)纪合同;⑱中介合同;⑲合伙合同。

非典型合同是与典型合同相对应的概念,是指法律尚未规范和赋予名称的合同,也称无名合同,如旅游合同、服务合同等。无名合同参照近似合同的规定,没有相近似的合同,按照"合同通则"规定执行。

(三)订立合同的原则

民法典总则的基本规定第四至第九条规定了民事主体从事民事活动的基本原则,订

立合同是民事主体从事民事经济活动,同样要遵循其基本原则,可概括为以下六个原则。

1. 平等原则

其是指"合同当事人的法律地位一律平等",任何一方都不得将自己的意志强加给另一方。

2. 自愿原则

其是指当事人自主决定是否订立、变更、终止合同和自主选择合同的内容与形式,任何单位或个人不得非法干预。

3. 公平原则

其是指合同当事人应当在公平的前提下,合理确定各方的权利与义务。

4. 诚信原则

其是指当事人应当秉持诚实原则,恪守承诺,以善意的方式行使其权利、履行其义务,不得规避法律和合同。其本质是要求当事人维护当事人利益平衡与社会利益平衡。

5. 合法与公序良俗原则

合法是指当事人订立、履行合同,应当遵守法律法规,不得违法;公序良俗是指当事人必须遵守或维护公共秩序和社会善良风俗,不得违犯。

6. 绿色原则

其是指当事人立约时,应当有利于节约资源、保护生态环境。

(四)订立合同的注意事项

合同涉及当事人的权利,因此须严肃认真对待,在签订合同时应该注意以下事项。

1. 审核资格

合同签订前首先应了解对方的资质情况、履约能力,即对方是否有履行类似合同的经历,是否具备履行合同的财力、物力或生产能力等。民法典规定:民事主体从事民事活动,"应当具有相应的民事权利能力和民事行为能力"。当事人依法可以委托代理人签订合同。若与代理人签订合同,要审核代理人的基本情况,如姓名、单位、职务、住所等,还要审核代理人的授权代理范围和期限。

2. 要约与承诺

民法典规定:"当事人订立合同,可以采取要约、承诺方式或者其他方式。"要约是希望与他人订立合同的意思表示;承诺是受要约人同意要约的意思表示。要约与承诺可采用口头对话方式,也可采用发出"要约邀请""承诺通知"的书面形式。合同当事人讨价还价、反复协商的过程也是反复要约、承诺的过程。当事人对合同必备条款协商一致,达成一致意见,合同的要约与承诺就完成了。

3. 拟写书面合同

民法典明确"当事人订立合同,可以采用书面形式、口头形式和其他形式",但是,为维护合同的严肃性,确保合同的切实履行,对一些重要合同的订立更强调采用书面形式,有合同示范文本的,还应参照示范文本。

4. 办理生效手续

采用合同书形式订立合同的,自双方当事人签字或者盖章时合同成立。因此,合同书拟定后,当事人及其法定代表人或委托代理人应在合同上签名、盖章。需要监证或公证的合同,在监证机关或公证机关监证或公证之后才能生效。

二、经济合同写作

(一)经济合同的内容

民法典第四百七十条规定:"合同的内容由当事人约定,一般包括以下条款:(一)当事人的姓名或者名称和住所;(二)标的;(三)数量;(四)质量;(五)价款或者报酬;(六)履行期限、地点和方式;(七)违约责任;(八)解决争议的方法。"这些内容,根据其性质,可分为主要条款和次要条款。

1. 主要条款

主要条款即双方围绕"标的"协商一致的有关条款。它是合同条款的核心内容,主要包括以下几点。

(1)标的。标的是指当事人权利和义务所指向的对象,是核心的核心,是一份合同首先必须明确的内容或条款。不同的合同,标的不同。如《借贷合同》的标的是"货币",《买卖合同》的标的是"商品",《科技合同》的标的是"科学技术",《劳务合同》的标的是"劳务",《建设工程合同》的标的是"工程项目"等。

(2)数量。数量包括"数"和"量"两方面。"数"是指具体的数字,"量"是指计量单位。"数"相同,"量"不同,其结果是不同的。计量单位应使用国家规定的标准单位。

(3)质量。质量包括产品质量与包装质量。

(4)价款或报酬。这是指取得产品或接受劳务的一方向对方以货币的形式所支付的代价。在以物为标的的合同中,这种代价称为价款;在以智力成果、劳务为标的的合同中,这种代价称为报酬或者酬金。它包括单价、总额、计算标准、结算方式和程序等。涉外合同还应注明结算货币名称。

(5)履行期限、地点和方式。履行期限是指交货(款)或完成劳务的日期;履行地点是指履行义务的所在地;履行方式是指一次性还是分期,是供方送货还是需方自提或委托代运等。

(6)违约责任。它是对违约的制裁,主要用违约罚金、赔偿金体现。赔偿金相当于因违约所造成的损失(含可获利益),但不得超过违约一方订立合同时预见到或者应当预见到的因违约可能造成的损失;违约金也可以以约定因违约产生损失的赔偿额计算。

2. 次要条款

次要条款是围绕"合同"履行、生效与保存等,经双方协商一致的条款,一般包括下列几条。

(1)不可抗力条款。

(2)合同变更(补充、修改、终止等)处理说明条款。

(3)解决争议条款(解决争议的方式有协商、调解、仲裁、诉讼四种,但只有仲裁和诉讼具有法律效力)。

(4)合同保存与生效失效条款。

(二)经济合同的行文格式

经济合同的行文格式大体有三种:①条文式,即将双方协商一致的协议内容写成若干条款;②表格式,即把合同各要素制作成规范的表格,然后将签约双方协商一致的内容逐项填入表格;③综合式,即由条文和表格综合构成。下面着重介绍条文式合同的写法。

一份完整有效的合同,一般应具备以下四部分内容。

1. 标题

标题即合同名称。一般由"合同的性质+文种"两要素组成,如"购销合同""借贷合同"等;也有用"标的+性质+文种"三要素组成的,如"校具订购合同""房屋建筑合同"等。

有的格式合同标题下还标注"合同编号""签约日期、地点"等内容。合同编号一般用于格式合同。签约日期、地点实际上是文尾内容的上移。

2. 当事人名称

当事人名称即合同立约人名称,包括全称和简称。法人或非法人组织写名称,自然人写姓名和住所。写法上一般是顶行上下并列,名称后同时注明"甲方"和"乙方",或"需方"和"供方",或"售方"和"购方"等简称。加注简称的目的是使正文的行文简明。因此,明确了简称,正文中凡涉及当事人名称时,就要以简称替代。

3. 正文

正文是合同的主体,其内容应包括三个部分。

(1)前言:写签约的依据或目的。要写得切合合同内容实际,不能生搬硬套。

(2)条款:包括主要条款和次要条款。主要条款是围绕"标的"协商一致的实质性条款;次要条款是围绕"合同"执行、变更、生效失效、保存等内容协商一致的条款。它们要列项分条、分点写,每项每条每点的内容要单一、简明、缜密,滴水不漏、无懈可击,以免在执行过程中造成麻烦。

(3)结尾:写合同的生效标识和合法佐证。一般应写明下列内容:①双方名称及用印;②双方法定代表人或委托代理人签名或用印;③双方地址或住所;④双方联系电话、传真、邮政编码;⑤双方开户银行名称及账号;⑥监(公)证。合同若进行了监(公)证,应写明监(公)证机关的监(公)证意见,加盖机关公章,以及经办人署名和办理日期。监证是对合同的真实性、合法性进行审查,一般由工商行政管理部门负责;公证则是对合同的真实性、合法性予以证明,由司法公证部门进行。

4. 文尾

文尾一般注明签约日期和地点。若标题下已注明签约日期、地点,则文尾不需再注明。值得注意的是,一份合同书中不能没有签约日期、地点,尤其是签约日期,但也不得首尾重复出现签约日期、地点。

三、写作注意事项

(一)要符合国家的法律法规和现行政策

民法典规定下列民事法律行为无效,这也包括了合同签订行为:①无民事行为能力人实施的;②行为人与相对人以虚假的意思表示实施的;③违反法律、行政法规的强制性规定的;④违背公序良俗的;⑤行为人与相对人恶意串通,损害他人合法权益的;⑥造成对方人身损害的;⑦因故意或者重大过失造成对方财产损失的。

(二)要遵守订立合同的基本原则

民法典总则的基本规定第四至第九条规定的民事主体从事民事活动的基本原则,必须严格遵守,否则合同将无效。

(三)合同书必要的结构要素要完备

一份合同书应具备标题、当事人名称、正文(包括引言、条款、结尾)、文尾四部分。必要的条款不仅要具备,而且先后排列顺序也应合理,具有逻辑性。

(四)内容表述方面

内容表述要明确、具体、周密,语词使用要确切,标点符号运用要正确、准确。

(五)文面要整洁,任何一方不得随意涂改

原则上合同书要用毛笔或碳色签字笔书写,字迹清晰,修改处须双方加印,以示承认、

负责。有的说明或补充,若不能在原合同书上修改,双方可通过协商,将修正补充意见独立行文,作为正本合同书的附件各执一份,以达到修改补充的作用。

四、例文

【例文 2.3.1】

产品购销合同[①]

卖方(供货方):_____

买方(购货方):_____

兹买方向卖方订购下列产品,经双方商定,确立买卖条件如下。

一、订货商品名称及规格

品名_____

单位_____

数量_____

单价_____

金额_____

合计:人民币(大写)_____

二、到货方式

到货方式:( )送货上门;( )代发货运。

三、购销方式

( )现金销售;( )赊销,于_____年_____月_____日前结清货款。

四、有关事宜

1. 本合同有效期如无特殊规定为一个月,但已发出的货,合同仍然有效,直至货款结清为止。

2. 如在本合同期内不能付清货款,买方按货款总额的_____%/天支付违约金给卖方,同时不享受本公司一切优惠政策。

3. 买方收到货物_____小时内必须将货物检验完毕,并与卖方随货出库单("客户联"和"回执联")核对,如果发现诸如水渍、外包装毁坏等可能导致产品受损的情况,应于收到货物后 48 小时内书面通知卖方,在此期限内买方若没有提出书面异议,卖方将视同买方收妥货物。

五、未尽事宜,由双方协商解决,或向供货方所在地法院提请诉讼。

供货方:_____(盖章)   购货方:_____(盖章)

[①] 孙宝权,孙战.新编应用文写作[M].北京:北京交通大学出版社,2021.

地址：_____   地址：_____

电话：_____   电话：_____

授权代表：_____   授权代表：_____

_____年_____月_____日   _____年_____月_____日

【例文评析】 这是一份按预先设计项目印制好的格式合同。签约时只需将双方协商一致的各项内容按相应的项目填写就行。这种合同适用于比较成熟的产品或项目。

【例文思考】

1. 表格式合同具有哪些好处？

2. 合同中交（提）货方法、地点应怎样理解？具体签约时又应怎样处理？

【例文 2.3.2】

设备租赁合同①

出租方：中国××银行××市信托部（简称甲方）

承租方：_____（简称乙方）

甲、乙双方根据《中国××银行××市信托部设备租赁业务试行办法》的规定，签订设备租赁合同，并商定如下条款，共同遵守执行。

一、甲方根据乙方上级批准的项目和己方自行选定的设备和技术质量标准，购进以下设备租给乙方使用。

1._____。

2._____。

3._____。

4._____。

二、甲方根据与生产厂（商）签订的设备订货合同，于_____年_____季向乙方交货。设备由供货单位直接发运给乙方。乙方收货后应立即向甲方开回设备收据。

三、设备的验收、安装、调试、使用、保养、维修管理等，均由乙方自行负责。设备的质量问题由生产厂负责，并在订货合同中予以说明。

四、设备在租赁期间的所有权属于甲方。乙方收货后，应以甲方名义向当地保险公司投保综合险，保险费由乙方负责。乙方应将投保合同交甲方作为本合同附件。

五、在租赁期内，乙方享有设备的使用权，但不得转让或作为财产进行抵押，未经甲方同意亦不得在设备上增加或拆除任何部件和迁移安装地点。甲方有权检查设备的使用情况，乙方应提供一切方便。

六、设备租赁期限为_____年，租期从供货厂向甲方托收货款时算起。租金总额为

---

① 李丹,马悦.应用文写作[M].成都:西南财经大学出版社,2021.

人民币_____元(包括手续费_____%),分_____期交付,每期租赁金_____元,由甲方在每期期末按期向乙方托收。如乙方不能按期承付租金,甲方则按逾期租金总额每天加收万分之三的罚金。

七、本合同一经签订不能撤销。如果乙方提前交清租金,结束合同,则甲方给予退还一部分利息的优惠。

八、本合同期满,甲方同意按人民币_____元的优惠价格将设备所有权转给乙方。

九、乙方上级单位同意作为乙方的经济担保人,负责乙方切实履行本合同各条款规定,如己方在合同期内不能承担合同中规定的经济责任时,担保人应向甲方支付乙方未支付的各期租金和其他损失。

十、本合同经双方和己方担保人盖章后生效。本合同正本两份,甲、乙方各执一份;副本_____份,乙方担保人和乙方开户银行各一份。

甲方:中国××银行××市信托部(公章)

负责人:_____(签章)

开户银行及账号:_____

　　　年　　月　　日

乙方(全称):_____(公章)

负责人:_____(签章)

开户银行及账号:_____

　　　年　　月　　日

经济担保单位(全称):_____(公章)

负责人:_____(公章)

　　　年　　月　　日

【例文评析】从结构来看,合同结构完整,层次分明;从条款来看,合同的项目明确,条理清晰合理;从表达来看,其语言准确、简明,表格条文配合合理、得体。这是一份写作比较规范的合同。

【例文思考】

1. 文中的违约责任是什么?
2. "法定代表人"与"委托代理人"有何区别?

拓展训练

1. 什么是合同? 在经济活动中,合同有哪些作用?
2. 合同有哪几种表达形式?
3. 什么是双务合同? 什么是单务合同?
4. 订立合同需遵循哪些原则?

5.合同一般要写明哪些主要条款?

6.拟写一份条文式合同结构示意图。

7.指出下列表述的错误。

(1)合同名称应标明合同性质,一般由事由和文种构成。

(2)售方:飞扬精细化工有限公司(以下简称"甲方")

购方:慧帕印务有限公司(以下简称"乙方")

(3)价款或者报酬应该写明支付的总金额、计量单位、计算标准、结算方式、计价的货币名称等。

(4)楼房全部建造费为人民币600万元左右。甲方在合同订立生效一个月左右,先付给乙方全部费用的70%,以便乙方组织开工,其余部分在楼房建成验收后一次付清。

(5)施工期间的人身安全由双方负责。

(6)本合同一式四份,双方各持两份。

8.下面这份借贷合同,存在许多不妥之处,请指出并加以修改。

借 贷 合 同

贷款方:中国_____银行_____分行

借款方:×××

担保方:×××

借款方为进行_____生产,向贷款方申请借款。贷款方业已审查批准,经双方协商,订立本合同,以便共同遵守。

1.贷款类别:_____。

2.贷款金额:_____元整。

3.借款利率:借款利息为千分之____,利随本清。

4.借款和还款期限

(1)借款时间:共_____年零_____个月。

(2)还款时间:到期连本带利还清贷款。

5.还款资金来源及还款方式

(1)还款资金来源:_____。

(2)还款方式:_____。

6.违约责任

(1)贷款方如未按期发放贷款,应按所欠贷款数额和延期天数,根据银行的规定向借款方偿付违约金。

(2)借款方若不按合同规定时间还款,贷款方有权限期追回贷款,并按银行的规定加收利息。

9.根据下面提供的材料,写一份条文式或综合式合同,你认为有必要明确而材料中没有明确的内容可自拟。要求格式规范,文字表达准确、简明、周密。

××茶叶进出口公司法定代表人李永兴和××茶场法定代表人王志新签订了一份茶叶购销合同,时间为202×年1月20日。购销茶叶分别是特级乌龙茶125克铁盒装、250克铁盒装,特级铁观音茶125克铁盒装和250克铁盒装各5000盒,共计20 000盒,每盒价格分别为30元、60元、36元、72元,外用纸板箱包装,每箱50盒。茶叶由茶场在本年4月25日前直接运送到茶叶公司所在地,运费由双方各分担一半。茶叶检验合格收货后,茶叶进出口公司须在4月30日之前由银行托付全部货款和应负担的运费。双方还商定,如果在正常情况下,茶场拒不交货或公司拒绝收货,均应处以货款总额30%的罚金;数量不足则按不足部分货款的30%处以罚金;如迟交货或迟付款,则每天支付货款总额0.5%的滞留金。如质量不合格则应予退货,并支付购方不合格数量货款5%的赔偿金。如遇特殊情况不能如约交货、收货,应提前20天通知对方,并按天数赔偿对方总货款的损失费,部分少交少收,则按少交少收数的货款计赔。合同在执行过程中,如有纠纷,双方应主动协商;协商不成,则向××仲裁委员会申请仲裁解决。××茶叶进出口公司的开户银行为××工商银行××分行,账号0408869,电话28716890,地址是××市人民路87号;××茶场的开户银行是××农业银行××分行,账号0041288,电话为86728905,地址在××县城北区凤凰山。监证机关为××县工商管理局。

任务四 市场调查报告

> 知己知彼,百战不殆。
> ——孙子

任务情景

一家知名服装品牌的高管团队意识到,近年来市场上涌现出了许多新兴品牌,对他们的市场份额造成了一定冲击。为了了解竞争对手的情况和市场需求的变化,高管团队决定进行一次全面的市场调查。

调查团队由一群年轻的市场分析师组成。他们制订了详细的调查计划,确定了调查对象、调查内容和调查方法。经过一段时间的准备,调查工作正式启动。

调查团队深入市场,通过问卷调查、访谈、观察等方式收集数据。他们与不同年龄、性别、收入水平的消费者进行交流,了解他们对服装的需求、购买习惯及对市场上各类品牌的认知情况。同时,调查团队还对竞争对手的产品、价格、营销策略等方面进行了深入研究。

经过几个月的努力,调查团队整理出了一份详尽的市场调查报告。报告中详细分析了市场现状、消费者需求、竞争对手情况及未来市场趋势。这份报告为高管团队提供了重要的决策依据。

在阅读完报告后,高管们深受启发。他们根据报告中的建议调整了产品策略、营销方案和渠道布局。在接下来的几个月里,该品牌服装的市场表现明显改善,销售额稳步增长。

任务设置

1. 你认为市场调查报告对企业决策有何重要性?
2. 调查团队采用了哪些市场调查方法?这些方法有何优缺点?

知识要点

市场调查报告是调查报告的一种,是市场调查者在对产品的市场营销情况等市场现象进行系统调查的基础上,经过对收集到的市场情报、资料进行分析和研究后,写成的反映市场现状、揭示市场发展规律、提出对策建议的报告性文书。

市场调查报告主要为政府机关、部门、企业等了解国内外经济状况、市场价格、产品供需等情况,制定经济政策、企业经营策略,调整生产规模等提供依据和帮助。

一、基础知识认知

(一)特点

1. 针对性

针对性是市场调查报告的灵魂。市场信息包罗万象、错综复杂,市场调查必须有针对、有选择地进行。针对性包括两个方面:一是要明确调查目标,只有这样才能有的放矢,确定调查对象;二是要明确阅读对象,只有明确阅读对象,在进行市场调查时才会明确侧重点,提高报告的指导性和作用。

2. 真实性

调查者必须坚持实事求是的原则,以求真务实的态度对待市场调查的全过程,只有通过调查获得真实的、反映市场现状和变化规律的信息材料,才能写出真实反映市场发展趋向的市场调查报告,为决策者提供真实可靠的依据。

3. 科学性

科学性体现在两个方面：一是指只有经过认真、深入、细致的研究，才能从调查材料中找出规律性的东西；二是要有正确和肯定的结论。因此，要求调查者对调查所了解的事实（材料）、现象都作出简明扼要的分析和正确判断，而不是现象的罗列和材料的堆砌。

4. 时效性

市场变幻莫测，信息包罗万象，市场竞争更是残酷无情。如何在市场大潮中准确、及时、系统地把握市场变化趋向，对市场经营者至关重要。市场调查者只有及时迅速地把握市场商机，对掌握的市场信息和材料及时进行分析，顺应瞬息万变的市场形势，并在市场调查报告中全面地反映出来，才能真正发挥市场调查报告对决策者的指导作用。

5. 新颖性

市场调查者必须善于抓住市场活动中的新动向、新问题，通过研究获得新发现、提出新观点。只有如此，才能提高市场调查报告的使用价值，达到为经济部门提供决策依据、指导企业开展市场经营活动的目的。

(二)类型

市场调查报告按内容来分主要有以下几种类型。

1. 市场需求调查报告

其主要内容包括产品销售对象的数量与构成、消费者家庭收入水平、实际购买力，以及潜在需求量及其购买意向，如消费者收入增加额度、需求层次变化、对商品需求程度的变化、消费心理等。

2. 市场供给调查报告

其主要内容包括商品资源总量及构成、商品生产厂家有关情况、产品更新换代情况、不同商品市场生命周期的阶段、商品供给前景等。

3. 商品销售渠道调查报告

其主要内容包括渠道种类与各渠道销售商品的数量、潜力，商品流转环节、路线、仓储情况等。

4. 商品价格调查报告

其主要内容包括商品成本、税金、市场价格变动情况，以及消费者对价格变动情况的反映等。

5. 市场竞争情况调查报告

其主要内容包括竞争对手情况，竞争手段，竞争产品质量、性能、价格等。

6.市场消费行为调查报告

其主要内容为消费者的分布情况及经济状况、消费习惯、消费水平和广告对消费者的影响等。

(三)常用的市场调查方法

市场调查报告写作的前提是市场调查,掌握正确的市场调查方法,对收集与获取市场信息资料,完成调查报告写作至关重要。市场调查的常用方法如下。

1.实验调查法

常见的试销会、订货会、展销会、博览会、顾客意见征询会等都属于实验调查法。为了预测产品的销售量,掌握用户对产品的反映,常常进行小规模的实验,以调查用户对产品的设计、包装、品质、价格等方面的意见和建议。此方法较为科学,但成本高,有一定的风险。实验前必须周密设计,选好实验对象、实验时间,并准确地统计实验结果。

2.问卷调查法

问卷调查法是根据调查内容的需要,编制调查问卷或调查表格,发放给调查对象,让调查对象填写问卷或表格,了解调查对象的反应和看法,然后将相关信息进行统计处理和定量分析,从而对市场的总体情况进行评估和预测的调查方法。

3.访问调查法

访问调查法是根据事先确定的调查目的,确定好调查问题,用口头或书面的形式向调查对象询问,来获取市场信息和资料的调查方法。这种调查方法要求调查者将调查的问题设计得科学合理,让调查对象乐意配合调查。访问调查的方法包括当面询问、开座谈会、电话询问、邮件调查、互联网调查等。

4.统计调查法

统计调查法是对所调查的对象有目的地收集各种资料,利用企业所能提供的销售情况、会计报表等数据和资料,对其进行统计、分析、归类的调查方法。此种调查方法有利于采用定量分析法,评估企业目前的经营状况或产品的销售情况,尤其是经营策略是否对路。

(四)市场调查报告撰写阶段

撰写市场调查报告,一般要经历"准备—调查—研究—写作"四个阶段。

1.准备阶段

这一阶段主要是确定调查主旨和制订调查计划。根据目的确定好调查范围、程序、方法,有计划、系统地搜集材料。若采用问卷调查,还要设计好调查问卷。

2. 调查阶段

这一阶段主要是收集材料。收集材料要多多益善,但收集材料时,要有科学的态度,切忌存有偏见,同时要讲究调查方法。一要亲身深入调查,掌握第一手材料;二要全面掌握正面、反面,历史、现实,概括、具体等各方面的材料,防止以偏概全,一叶障目。

3. 研究阶段

这一阶段主要是整理材料。整理材料要做好的工作包括:①辨伪。对收集的调查材料进行"由表及里,由此及彼,去粗取精,去伪存真"的审视、取舍工作。②补充。对某些还不充分的材料,进行再调查,使之得到补充。③归类。将性质相同或相似的材料归为一类,找出其规律性。④提炼观点。将"类"中的"规律性",用简明准确的语句(观点句)表达出来,观点必须从材料中得出,先有材料,后有观点。

4. 写作阶段

此阶段即用语言将观点与材料统一地表达出来,这一过程一般包括三个步骤。

(1)草拟提纲,初显文架。提纲要求做到观点明确、层次分明、结构完整。提纲内容包括:①标题;②主旨句;③正文包括前言(材料)、主体(小标题1和材料,小标题2和材料,小标题3和材料……)、结尾(材料);④文尾包括署名、日期。

(2)写作成文。用语言将观点与材料有机地组织成文。常用的表达方式是以叙述为主,夹叙夹议,叙议结合。

(3)修改。它是完善表达不可或缺的重要写作环节。文章是写出来的,好文章则是改出来的,可见其作用不可小觑。

二、市场调查报告写作

(一)标题

一般来说,市场调查报告的标题要求题文融合,用精练文字对文章内容或主旨进行高度概括,常见的标题形式有以下几种。

1. 专用式标题

专用式标题中会直接显示"调查"或"调查报告"文种。如"广州市小食品质量调查""关于大学生消费心理的调查报告"。后一个标题的调查事项袭用了公文标题"关于……"的介宾式表达,故也有人称"仿公文式"标题。

2. 观点式标题

观点式标题直接显示调查者对某一商品市场情况调查研究的结论或总的看法。如"✕牌冰箱被冷落",标题表达了调查者的基本观点。

3. 提问式标题

提问式标题是指提出一个需要经过调查研究才能得到答案或解决的问题,这种标题具有引人关注的效应。如"电动玩具为何如此热销"。

4. 综合式标题

综合式标题即采用正、副题的形式。正题点明调查的结论或调查者总的看法,或提出问题引人思考,副题补充说明市场调查的单位(或地域)、时限、事项和文种,如"'皇帝的女儿'也'愁嫁'—— 关于舟山鱼滞销情况的调查""手机品牌谁主沉浮——2021年山东手机市场调查报告"。这两个标题,前一个是观点式和专用式综合,后一个则是提问式与专用式综合。综合式标题的调查报告常刊于媒体,属于广义的新闻体裁,需有一定可读性、吸引力,故也有人将其称为新闻式标题。

(二)正文

市场调查报告的正文一般包括开头、主体和结尾三部分。

1. 开头

开头部分一般是对调查活动开展(主体)情况、调查对象(客体)情况,以及调查结果(或结论)和看法的概述,包括交代调查主体组成,调查的目的、意义、方法,调查对象、范围、事项、时间、地点、经过,调查结果(或结论)或看法等。开头为下文做好铺垫,既要包含大量信息,又要开门见山、简明扼要。

2. 主体

主体部分是开头的展开与引申,也是结论的依据,这是调查报告的核心部分,一般包括三个方面的内容。

(1)基本情况。即经过分析研究,真实地反映调查对象过去和现在的客观情况,将所得到的数据和资料,按性质归纳整理,或按对象产生、发展的时间加以整理,使之条理化,包括发展历史、市场布局、销售情况等。

(2)分析与结论。这是市场调查报告的主要组成部分,即对调查所收集的材料进行科学分析,通过分析,找出事物发展的内在联系,从分析中得出调查的结论或结果。

(3)措施与建议。根据调查结论,提出相应的对策、措施或建议。

这三方面内容相互联系、纵向依存,因此有人将这一发展线索概括为"情—断—策"。

主体部分的逻辑结构形式有以下三种：①纵式，按事物发生、发展、结果的过程或按摆现象、析原因、提对策的思路行文。纵式结构体现事物发展过程，人们认识问题是由浅到深、由现象到本质的层进过程，或是从事物产生、问题出现的因果关系开始。②横式，将调查得到的材料梳理为几个方面或几个部分，每个方面或部分可用小标题统领，各部分之间是平行并列关系。③总分式，先总提后分叙。主体部分的各层次，从内在逻辑看，主要有上述三种形式；从行文方式看，一般采用以自然段贯通，每个层次标序号和小标题的方式。

3. 结尾

市场调查报告的结尾方式多样，有的概括全篇主要观点，以深化主旨；有的对未来作出展望，指出方向；有的主体结束，全文也自然结束。

(三)文尾

文尾包括署名和写作时间。署名署调查组名称或个人名称。若标题下已署名，此处则不再署名。写作时间要写全年月日，不能漏写。

三、写作注意事项

(一)目的明确，主旨集中

要明确市场调查的主要目的，对调查所得的材料认真分析，在掌握基本情况的前提下，围绕主旨重点解决主要问题。切忌目的不明、问题不清、主旨纷杂。

(二)材料典型，内容真实

好的市场调查报告离不开真实典型的材料。只有调查所得的材料真实、准确、典型，才能保证市场调查报告的质量。因此，应下大力气收集具有说服力的第一手材料。

(三)方法科学，结论准确

调查得到的材料会很多，但如何让材料为主旨服务，就需要用科学的方法对材料和数据进行分析，通过定性分析或定量分析的方法，剖析事物本质，推理、归纳出规律性，从而得出全面客观的结论。

(四)调查及时，注重时效

时效性是市场调查报告的灵魂。只有紧紧把握市场脉搏，对瞬息万变的市场作出迅速、及时的反应和判断，才能充分发挥市场调查报告应有的作用。

四、例文

【例文 2.4.1】

陕西本地绿茶的市场调查报告[①]

一、调查目的

绿茶,又称不发酵茶。以适宜茶树新梢为原料,经杀青、揉捻、干燥等典型工艺过程制成茶叶。其干茶色泽和冲泡后的茶汤、叶底以绿色为主调,故名绿茶。绿茶的特性,较多地保留了鲜叶内的天然物质。其中茶多酚、咖啡因含量保留鲜叶的85%以上,叶绿素含量保留50%左右,维生素损失也较少,从而形成了绿茶"清汤绿叶,滋味收敛性强"的特点。绿茶是中国的主要茶类,在初制茶六大茶类里产量最高,年产量40万吨左右。绿茶产区最广,分布在浙江、安徽、江西、江苏、四川、湖南、湖北、广西、福建、贵州、陕西等各个茶区。绿茶和乌龙茶、花茶一样是茶叶市场上常见的品种。目前它被人们所接受的程度究竟如何?有没有进一步拓展的空间?通过此次调查,我们了解了经销商对绿茶的经营意愿,包括对绿茶的包装、价格的接受程度和意见,并据此预测了绿茶的市场前景,判定目标经销商群体、核心渠道,了解市场需求、竞争状况,以便结合企业自身的个性特点有的放矢、避强击弱。

本次调查共走访杨凌地区各大茶叶专卖店和超级市场十几家,也现场调查了众多正在购买绿茶的消费者。对经销商的经营品种、渠道、销售旺季、主流产品价位段、主流产品类别、主流产品包装、团购下限及折让比例等一系列问题有了直观认识。对消费者的消费心理、购买习惯、购买场合,影响其购买的主要因素,绿茶产品的知名度、质量及竞争对手情况等进行了调查了解,取得了可靠的第一手资料,为本地新品牌绿茶大规模进军市场提供了事实依据。

二、调查结果

1. 本地产品知名度调查

茶叶在西北地区的消费市场需求潜力很大,仅陕西省每年由外地进入的茶叶就在8000吨左右。西乡茶叶种植历史悠久,其中陕西茶叶历史上比较早的品牌是"紫阳毛尖"茶和大众化的"陕青"茶,在计划经济时期具有相当可观的市场占有率和知名度。西乡绿茶直至今天仍然有相当比例的购买人群,在询问是否了解西乡绿茶时,高达68%的消费者表示"喝过",其中13%的消费者是"亲朋介绍",这是西乡绿茶巨大的潜在营销优势。

2. 消费者消费心理调查

茶叶的质量和口感是人们普遍关心的问题。经过对消费者的调查可知,消费者购买

[①] 葛恒云,张向凤,周仁惠.财经应用文写作[M].合肥:合肥工业大学出版社,2020.

茶叶时考虑的第一因素是"质量",占29%,第二因素是"口感",占27%,第三因素是"价格",占20%。这也体现出目前消费水平的提升。传统喝茶的地区和喝茶的人群,在收入不断增加的情况下,喝茶的习惯不变,而喝茶的档次一定会越来越高,喝茶的品种可能会因为所在文化、社交圈的变化而变化。新兴的喝茶人群正在稳步增加,这不单是因为收入因素影响,也是因为其他社会性饮料的生命周期有衰退迹象,即茶叶是农产品,而并非美欧盛行的工业饮料,人们在健康理念上更倾向选择农产品。第四因素是"品牌",占12%,这反映出消费者在茶叶购买上多为随意购买,消费者的品牌意识并不突出。以上结论和对经销商调查结果可以相互印证,经销商在回答"影响顾客购买的主要因素"时,第一选择为"质量",比例高达47%;"价格"列次位,比例为37%。

3.消费者消费习惯调查

消费习惯对消费者的消费行为有着决定性的影响,而且消费者消费习惯对企业的营销方案及渠道建设侧重点也有一定的指导意义。调查显示消费者购买渠道比较集中,分别为茶叶市场(29%)、超市(29%)、专卖店(26%)、百货商场(13%),选择其他的仅占3%。

4.消费场合调查

消费场合一般为家中、办公室、茶馆、茶楼、宾馆餐厅、户外等。喝茶习惯从个人走向社会化,人们喝茶更多注重文化的区分,给喝茶打上更多的社会符号。因此很多人是在特定场合中消费茶,回到家未必有那么多的讲究,即喝茶的人群化。

5.消费者消费依据调查

把"生活习惯"作为选择依据的占40%;选择"解渴"的占20%;把绿茶的"提神醒脑"功能作为选择依据的占14%;选择"清热解毒"的占11%;选择"休闲娱乐"的占9%;选择"去油腻保健"的占6%。从整体来看,考虑茶叶健康作用的消费者只占17%,绿茶的健康因素还需要大力强化。

6.对本地绿茶产品的调查

通过对部分经销商进行访谈,我们对绿茶的质量、外观、价格等问题进行了调查。虽然西乡绿茶有相当高的知名度,但是由于种种原因,其在西安茶叶市场的美誉度不容乐观,在调查中收集到以下意见:①加工工艺粗,高端茶叶少;②质量欠佳,口感不好,销售旺季出现断货;③包装差;④品牌不突出,消费者自选率低;⑤性价比高;⑥茶形好。由此可见,早期的知名度为西乡绿茶进一步开拓市场带来的正面影响有限,且产品质量参差不齐,低端茶叶居多的负面影响不容忽视,产品的美誉度还有待进一步提高。

适宜的价格有助于绿茶迅速占领市场份额,而且茶叶产品又属于价格敏感产品,价格的微小变动都会对销量产生巨大的影响。调查结果表明,对照市场上其他品牌茶叶的价格,消费者认为本地绿茶的价格还是比较合理的。

三、茶叶市场存在的问题及对策建议

1. 茶叶市场存在的问题

部分消费者反馈的茶叶市场的问题包括包装、质量、价格等方面。认为茶叶市场不规范、质量参差不齐共占32％；价格过高占27％；生产日期、保质期没有保证共占8％；品种不能满足需要、包装呆板无新意、包装内搭售其他物品共占8％；其他共占25％。稍加留意就会惊讶地发现，反映质量问题的占40％（其中也包括生产日期、保质期没有保证）。而对经销商调查中"同业竞争主要因素"一项，排序由高到低依次为价格占37％，质量占23％，品牌占20％，其他占10％，渠道占7％，客户占3％。看来消费者对这个行业的信任度不高，而消费者对质量问题的关注显然没有被重视，这值得所有经营者深思。

在对消费者消费茶叶依据的调查中，40％的人选择"生活习惯"，20％的人选择"解渴"，其他原因共占40％。可见，生活方式和实惠是消费者消费的根本依据。在这方面，消费者对绿茶的高性价比给予肯定，但真正质量好且价格适中的产品还没有得到消费者的青睐。

2. 对策建议

第一，提高现销绿茶的质量。（略）

第二，注重防伪标志标识。（略）

第三，注重茶叶品牌的塑造。（略）

第四，注重茶叶的包装。（略）

四、本地新品牌绿茶的市场前景及消费定位分析

1. 市场前景

总的来说，绿茶既具有其他茶叶所具有的解渴等功能，同时又具有独特的保健功能，适合茶叶消费的发展趋势，市场前景比较广阔。在本次市场调查中，有两个数据值得关注：其一，有17％的消费者购买茶叶时关注其保健功能，这是绿茶营销的一个优势；其二，约51％的消费者选择一次购买2斤以上的茶叶，这还不包含30％回答"不确定，用完再买"的消费者，看来茶叶的市场潜力是很可观的。

（略）

2. 消费定位分析

(1) 产品的定位。

建议本地新品牌绿茶产品分为两大类：自用消费型和礼品型。自用消费型又分为习惯消费型及功能消费型。礼品型又分为旅游亲情礼品型和商务礼品型。自用消费型中习惯消费型应突出实惠及保健因素，功能消费型应突出保健及认同感。礼品型不同程度地突出亲情、保健及价值传递功能。

绿茶属于保健功能较强的产品，因此，定位绝不应太低。本次调查数据显示，当绿茶

价格在50元/斤以下时,有约38%的消费群体放弃购买。但大部分绿茶产品也属于大众消费品,且又属价格敏感类产品,因此,定位又不宜太高。

(2)目标消费者定位。

在判定目标消费者时,应着重考虑如下因素:消费场所,如办公场所、家中、茶馆茶楼、宾馆餐厅、户外等场合;消费年龄,如中青年消费者;消费者收入水平,主要是具有中等收入水平以上的消费者。

此外,自用消费型产品的消费者是消费主体,他们大多为关注茶叶保健型因素的中青年人群(可突出绿茶的降脂、抗辐射功能)。

总体而言,本地新品牌绿茶的主体目标消费者应是有饮茶习惯、较关注健康且具有一定收入水平的中青年消费者。

五、结论

绿茶作为具有独特保健功能的饮品,在崇尚绿色消费的今天具有广阔的市场前景。西乡绿茶产品历史悠久,在本地区知名度很高,具有很大的潜在营销优势。这为西乡新品牌绿茶的市场推广提供了有利条件。但本地新品牌绿茶的推广还需要特别关注质量及营销手段。总之,陕西本地新品牌绿茶具有良好的市场前景。

【例文评析】这是一篇关于陕西本地绿茶的市场调查报告。从整体来看,该市场调查报告的结构清晰明了,各部分内容相互关联,逻辑性强。同时,报告使用了具体的数据和事实来支持观点,使分析更具说服力。这种写作结构有助于决策者快速了解市场情况,为决策提供有价值的参考。本文主旨鲜明,用事实说话,言简意赅、结构完整、思路明晰。

【例文思考】

1. 谈谈你对该调查报告标题的认识。
2. 本文是怎样体现市场调查的"情(情况)""断(结论)""策(对策)"三要素的?

拓展训练

1. 阅读下文,简要分析其写法。

办企业的人在读什么书[①]
——中国企业家图书消费状况调查

施星辉

对企业家们而言,时间是最宝贵的,要求是最挑剔的,他们需要的知识有时关系到成千上万人的命运。为此,中国企业家杂志资讯中心近期推出"中国企业家图书消费状况调

---

① 周晓波,陈广根,刘志鸿.实用应用文写作教程[M].天津:天津大学出版社,2021:147.

查",了解信息时代的企业家对图书的偏好、需求。

企业家有时间读书吗？

调查显示,约占被调查者总数53.6%的企业家每天都有时间读书,经常有时间读书的被访者约占19.2%,偶尔有时间的约为26.4%,而反映根本没有时间的仅为0.8%。企业家每年读书数量也在统计之列,调查显示,61%的被访者每年读书数量在10本以上,其中18.7%的人每年读书20本以上,值得注意的是有8.5%的企业家每年读书30本以上,年人均读书数量约为14本。

经常阅读的图书类别和藏书的构成从侧面反映了企业家目前的知识结构。数据显示,企业界人士的读书兴趣比较广泛,他们常读的六类图书分别是:经济管理类、文学艺术类、自然科学类(含信息科学)、综合性图书（包括百科全书、词典等工具书）、电脑网络类,以及历史地理类(含人物传记)。此外,哲学社科类和政治法律类也颇受欢迎。在企业家现有书籍中,经济管理类约占63.6%,综合类约占18.6%,文学艺术类约占11%,哲学社科类和自然科学类各约占5.5%和1.3%。由此可见,企业界人士读书范围主要锁定与日常业务相关的经济管理类图书,同时这也是他们知识更新的主要领域。

企业家读书有何益处？

在列举的8个选项中,认为读书有利于"培养新的素质和技能"的企业家最多,约占被访者总数的32.6%;其次是"接触企业管理新思潮",约占29%;部分企业家认为读书的主要益处是"学习经济/管理基础知识",这部分人约占总数的10.5%;除此之外,选择读书可以"充实精神生活"和"塑造健全人格"两项的企业家各约占8.9%和8.1%;"了解国际市场环境""赶上时代潮流""放松和调剂情绪"等几项的作用合计占10.9%。

调查还列举了影响企业界人士购书的8个因素,请被访者选择其中的三个因素,并按重要性排序。企业家非常看重的购书因素分别是:图书的实用性、图书选题和作者。其他得分靠前的因素为图书价格、出版社和出版时间,而购买是否方便及图书外观不太受到重视。在被调查的企业家中,过半数的企业家的全年购书费用在1000元及以上,约占61.3%,其中购书费用在1000~2000元的约占28.2%,大于2000元小于等于5000元的约占20.2%,大于5000元小于等于10000元的约占8.9%,4%的被访者全年书费在1万元以上;全年购书费在1000元以下的被访者约占38.7%,其中大于500元小于1000元的约为29.8%,500元及以下的约占8.9%。据测算,中国企业家人均年购书支出约为2887元,约为社会大众的6.9倍。

2.请根据以下材料和自己的认识,写一份题为"广东大学生旅游现状调查"的调查报告,要求对公司开发大学生旅游项目有建设性作用。

(1)广东××旅游公司大学生旅游调查组,采用问卷法,于××××年3月至4月对广东地区 4 所本科院校和 2 所专科院校共 500 名学生进行随机抽样调查。

（2）调查发放问卷 500 份，回收问卷 452 份，其中有效问卷 404 份。在 404 份有效卷中高年级（大三、大四）204 份，低年级（大一、大二）200 份；男生 223 份，女生 181 份；城市出生的 215 份，农村出生的 189 份；独生子女 109 份，非独生子女 295 份。

（3）调查内容涉及大学生的旅游意向，旅游时间和地点，旅游方式（包括交通工具、结伴等），旅游消费结构。

（4）数据统计分析结果。

①86.7％的学生打算大学期间去旅游。其中低年级的占 40.4％，高年级的占 46.3％；男生占 40.0％，女生占 46.7％；独生子女占 23.8％，非独生子女占 62.9％；城市出生的占 38.1％，农村出生的占 48.6％。

②选择自然风景区为旅游地点的学生占 60.6％，选择人文历史古迹和民族风情区的分别占 27％和 12.4％。

③在旅游时间安排方面，62.0％的选择寒暑假，选择国庆"黄金周"的占 38％。

④选择结伴自助游的占 41.6％，选择个人游的占 35.8％，选择跟旅游团的占 22.6％。

⑤旅游消费方面，年级、性别、城乡差别不显著，有 65.4％的人表明其旅游经费主要是靠自己兼职所得。

任务五　市场预测报告

> 运筹帷幄之中，决胜千里之外。
> ——司马迁

任务情景

在一家国际电子产品公司里，营销部门最近收到了一些关于新型智能家居设备的反馈。这些设备受到了消费者的热烈欢迎，但也暴露出了一些潜在问题。为了更好地规划未来的生产和销售策略，公司决定进行一次全面的市场预测分析。

为此，公司聘请了一支专业的市场研究团队。这支团队由经验丰富的分析师、统计学家和行业专家组成。他们首先对当前的市场趋势进行了深入研究，分析了消费者需求、竞争对手情况，以及技术发展动态。

接下来，团队开始收集数据。他们从各种渠道获取了大量信息，包括消费者调查、行业报告、技术发展趋势等。在整理和分析这些数据的过程中，团队发现了一些有趣的趋势。例如，智能家居市场在未来几年内预计将保持两位数的增长，而消费者对于产品的便捷性和个性化定制的需求越来越高。

基于这些发现，团队拟定了一份详细的市场预测报告。报告中不仅分析了当前市场的情况，还对未来几年的市场趋势进行了预测。此外，报告中还为公司提供了针对性的建议，如加强产品创新、提高用户体验、拓展海外市场等。

这份报告引起了公司高层的关注。他们认真听取了研究团队的汇报，并就报告中的建议进行了深入讨论。最终，公司决定采纳这些建议，调整公司的生产和销售策略。

在接下来的几年里，由于市场预测报告的准确性和及时性，这家电子产品公司在智能家居市场上取得了显著的成绩。

任务设置

1. 谈谈你对市场预测报告的理解？
2. 为什么市场预测报告对企业决策非常重要？

知识要点

市场预测报告是以经济理论为指导，在进行充分市场调查、获得大量翔实材料和统计数据的基础上，运用科学的预测方法和手段，对市场的历史与现状作系统周密的考察研究，进而对市场未来进行分析、评判，预见其发展趋势所写的报告。

市场预测报告是依据市场历史和现状对未来的发展趋势作出理性判断，不但可为经济管理部门的经济决策提供依据，而且能为企业了解国内外市场信息，明确市场定位，确定生产任务和节奏，调整生产经营模式，提高市场竞争力，避免生产经营盲目性提供依据。

一、基础知识认知

(一)特点

1. 预见性

市场预测报告是根据市场的历史和现状，推断市场未来的走向和发展趋势，并预测市场经济活动发展前景，从而为企业未来的经营决策和组织生产提供科学依据。因此，预见性是市场预测报告最显著的特点。

2. 科学性

市场预测报告在内容上必须依据调查的大量真实材料，运用科学的预测理论和预测方法，以周密的调查研究为基础，找出预测对象客观运行的规律，得出符合实际的结论，从而有效地指导人们的实践，发挥市场预测报告的重要作用，因而具有科学性。

3. 时效性

市场是不断变化的，企业要想赢得竞争优势，就必须以最快的速度全面掌握市场信息情报，及时作出决策，否则，就会错失商机。因此，时效性是市场预测报告的生命力。

4. 针对性

市场预测的内容十分广泛，每一次市场调查和预测，只能针对某一具体的经济活动或某一产品的发展前景，因此，市场预测报告的针对性很强。选定的预测对象愈明确，市场预测报告的现实指导意义就愈大。

(二) 分类

市场预测报告按不同的标准划分，可分为不同的类型。

(1) 市场预测报告按预测视域，可分为宏观市场预测报告和微观市场预测报告。宏观市场预测报告是指对国际市场、全国市场或某一地区市场的商品运行前景的预测报告，它涉及面广，内容复杂，综合性强；微观市场预测报告是指对某个产品或某一商品的市场运行前景的预测报告，如针对企业的产品需求预测、销售预测、生产预测、资源预测、成本预测所撰写的报告均属此类。

(2) 市场预测报告按预测方法，可分为定性市场预测报告和定量市场预测报告。定性市场预测报告是指预测未来产品市场走势的报告，它凭借预测者掌握的知识、资料、分析能力和以往经验，对市场预测目标走势作直观的定性判断；定量市场预测报告是指依据已有的历史和现实资料，选择能反映预测目标与有关因素（变量）之间的相互关系的数学模型，进行计算处理，从而揭示预测目标在未来某一时段或时点发展变化的具体数量的预测报告。定性市场预测简便易行，省时省力，但精确度不强；定量市场预测结果客观精准，但市场瞬息万变，难以及时把握市场动态。因此，市场预测报告中这两种预测方法往往是一起综合使用。

(3) 市场预测报告按预测时间，可分为长期市场预测报告、中期市场预测报告和短期市场预测报告。长期市场预测报告的时间一般在5年以上，它常是企业或主管部门制定远景规划的依据；中期市场预测报告的时间一般为3～5年；短期市场预测报告则通常是1年以内，它是制订年度计划、安排短期生产任务的依据。

(4) 市场预测报告按报告性质，可分为专题性市场预测报告和综合性市场预测报告。专题性市场预测报告是指对某一产品或产品的某一因素市场前景的预测报告，它是生产、开发新产品的依据；综合性市场预测报告是指对多产品或产品多因素市场前景的预测报告，它是企业生产、调整、开发新产品的依据。

(5)市场预测报告按预测对象,可分为市场需求预测报告、市场销售预测报告和新产品开发市场预测报告等。市场需求预测报告即预测企业产品市场需求量的报告,它是企业制订产销计划和进行经营决策的重要依据;市场销售预测报告即预测企业产品市场销售情况的报告,包括产品市场销售量、市场占有率、产品竞争力等,它是企业改善经营管理、扩大销售量、增强竞争意识的重要依据;新产品开发市场预测报告即预测企业开发、生产新产品前景的报告,它是企业研发、生产新产品的重要依据。

二、市场预测报告写作

市场预测报告的结构一般由标题、正文和文尾三部分构成。

(一)标题

市场预测报告的标题一般有专用式标题和观点式标题两种。

1. 专用式标题

专用式标题是指标题上直接出现"预测"或"预测报告"文种名称或出现"走势""趋势"字样的标题。这种标题据其构成要素而言,又分完全式和省略式两种情况。

(1)完全式是指预测区域、时限、内容和文种四个要素完全具备的标题,如《××股份有限公司202×年利润预测报告》。

(2)省略式是指省略上述四要素中一两个要素,由两三个要素构成的标题,如《202×年三季度中国成品油价格走势分析》《202×年广东机械行业发展分析预测》。

2. 观点式标题

观点式标题是指用作者预测分析的结论、认识、看法等作为标题,如《国产手机市场占有率将持续上升》。

值得注意的是,市场预测报告的标题,无论采用何种写法,都不能省略预测的对象。

(二)正文

正文主要由前言和主体两部分组成。

1. 前言

前言一般介绍预测的对象、时间、目的、基本情况等方面的内容,前言也可以省略不写。

2. 主体

主体包括历史与现状、预测与分析及对策与建议三部分。

(1)历史与现状。即利用具体资料和数据,对经济活动的历史和现状作简要的回顾和说明。预测报告的特点,就是根据过去和现在的经济活动预测未来的经济活动,因此,在"现状"说明中要选择精确、简明的资料,为预测分析打下基础。要写好这部分内容,要求写作主体对预测对象的现状进行深入细致的调查,获取大量的资料和数据,并在此基础上进行科学的分析、判断,才能科学地预测未来。

(2)预测与分析。即分析资料数据,预测经济活动的趋势与规律,这是市场预测报告的核心部分。在掌握预测对象基本情况的基础上,对数据和资料进行定性、定量分析,通过科学的原理,寻找运行规律,预测市场未来的发展趋势,从而形成对预测对象未来前景的正确预测,作为市场决策的主要依据。

(3)对策与建议。即根据预测分析,在对资料作了细致的分析研究并对市场未来的发展趋势作出预测之后,提出切实可行的建议,这是预测的目的。建议应该具体可行,操作性强,有指导性,避免笼统、抽象、不得要领。

总而言之,撰写市场预测报告,要求运用数据资料,准确说明现状;通过分析数据资料,科学推断未来;依据分析预测,提供可行建议。

(三)文尾

文尾包括作者署名和写作时间。

三、写作注意事项

1. 目的明确,及时到位

撰写者要有明确的目的,才能做到有的放矢,为企业经营决策提供可靠依据。同时,更要及时到位。市场预测报告应在企业决策之前完成,如果错过了时机,一方面市场预测报告失去了价值,另一方面也会给企业带来不可挽回的损失。

2. 讲究科学,预测准确

只有讲究科学,才能做到预测准确。这里所谓科学,包含两个方面:一是方法要科学,无论采用定性还是定量分析,都要讲求方法的科学性,做到真实准确;二是要有科学的思维方式,不能人云亦云,不能凭空想象,无论是预测的程序还是预测的内容,都应以科学的态度来对待,不可感情用事。

3. 数据准确,应时而变

在写作方式上,除文字陈述外,还应使用数据和图表的方式来说明问题,尤其是使用准确的数据,来保障预测的准确性。市场风云变幻,影响市场的因素也在不断变化,因此,撰写市场预测报告也要应时而变,要根据新的情况、新的信息及时更新预测,以确保预测的有效性。

四、例文

【例文 2.5.1】

××快餐店市场预测报告[①]

前言

随着高校大规模扩招,学生数量大幅度增长,人均生活空间日益降低,传统的大学生食堂已不能满足大学生的餐饮需要,快餐行业在学校周边迅速发展壮大。为了了解我们学校周边××快餐店的发展状况,特做一份××快餐店市场预测报告(简要说明撰写这篇市场预测报告的原因和目的)。

主体

一、现状(分析该快餐店的地理环境、店面环境、竞争环境和附近商圈等现实情况)

(一)××快餐店环境分析

1.地理环境:××快餐店处于×美食城内,距离××大学100米左右。××大学有将近一万名学生,且附近居民区集中。

2.店面环境:店面规模小,消费场所局限,无宽敞的地方让消费者在店内进餐,装修简单,但店面干净整洁。店面两旁分别是另外两家快餐店,店对面是砂锅店,附近还有不少快餐店和面食店,客流量很大,这大大增加了××快餐店的消费人数。

3.竞争环境:××快餐店周边有很多快餐店和面食店,竞争非常激烈。

(二)××快餐店的商圈

1.因××快餐店附近是××大学,消费者以学生为主,消费金额不高,属于文教区商圈。

2.以××快餐店为中心,以距离××快餐店直线距离50米为半径画圆,它的周围包含了××大学及居民住宅区,因此人流量大。但在这个商圈中,也有几家竞争者。例如,××砂锅饭、××烧卤饭、×××烧卤饭、×××快餐等。

(三)××快餐店的经营范围

××快餐店只经营快餐和砂锅饭。

(四)价格和规格

××快餐店每份快餐价格大约在6~8元。与其他快餐店相比,××快餐店的价格相对较合理,学生普遍能接受。

(五)促销策略

暂无

(六)快餐店店内基本信息

一个门面、十张桌子、一个厨房、两个卖饭窗口、7~8个工作人员。

[①] 方铃,万立群.财经应用文写作[M].北京:人民邮电出版社,2020.

二、预测(对快餐店的前景进行简单预测)

1.随着高校大规模扩招,在校学生数量大幅度增长,且大学生消费水平也逐步提高,学校周边市场潜力日益增强。

2.高校人流量越来越集中。

3.饮食业发展呈稳健增长的趋势。

4.××快餐店周边可能会有更多快餐店和面食店开张,可能会出现更为强势的竞争对手,竞争日趋激烈。

5.市场上原材料价格不断上涨,而消费群体不能接受不断上涨的价格。

三、建议(根据现状和预测的结果,给出营销建议)

1.针对不同的季节,推出与本季节相应的产品。

2.偶尔做一些吸引顾客的活动。

3.保证原材料来源的可靠性,保证产品质量。

4.做相应的宣传,给消费者留下好印象,特别是公益性的宣传。

5.店内环境要干净卫生。

6.门面装修要好,给消费者营造一个良好的就餐环境。

7.偶尔使用优惠价格吸引顾客。

8.送外卖。

9.扩大门面,为消费者提供更多的座位。

四、结尾(简要总结快餐店的未来发展)

每一家快餐店都有自己的经营目标,都希望把自己的店面经营得更好,学校的大规模扩招,在校学生数量的大幅度增长,为我们学校周边××快餐店的发展提供了更多有利的条件,希望××快餐店能够做出更加适合学生的快餐,更好地为学校的学生服务。

【例文评析】这是一份××快餐店市场预测报告。从整体结构来看,这份市场预测报告采用了引言、现状分析、预测、建议和结尾总结的结构方式。这种结构方式使得报告的内容清晰明了,逻辑严谨。同时,报告中的各个部分之间也相互关联,形成了一个有机的整体。这种结构方式有助于读者对报告内容的理解和接受。

【例文思考】

1.试指出本文开头运用怎样的表现手法和分析方法?

2.本文若以"根据历史和现状,推断未来"的思路分,你认为其中哪些内容是写"历史和现状"的,哪些是写"未来"的?

拓展训练

1.何谓市场预测报告?

2.市场预测报告有哪些特点?决定其文种性质的是哪个特点?

3. 预测报告中预测的依据是什么？

4. 谈谈市场预测报告的基本写法。

5. 阅读下文,简要分析其写法。

<h3 style="text-align:center">2023年三季度全国电力供需形势分析预测报告</h3>

今年以来,电力行业以习近平新时代中国特色社会主义思想为指导,认真贯彻习近平总书记关于能源电力的重要讲话和重要指示批示精神,以及"四个革命、一个合作"能源安全新战略,落实党中央、国务院决策部署,弘扬电力精神,经受住了来水持续偏枯、多轮高温等考验,为经济社会发展和人民美好生活提供了有力的电力保障。电力供应安全稳定,电力消费稳中向好,电力供需总体平衡,电力转型持续推进。

一、2023年前三季度全国电力供需情况

(一)电力消费需求情况

前三季度,全国全社会用电量6.86万亿千瓦时,同比增长5.6%,增速比上年同期提高1.6个百分点,国民经济持续恢复向好拉动电力消费增速同比提高。一、二、三季度全社会用电量同比分别增长3.6%、6.4%和6.6%。

一是第一产业用电量延续快速增长势头。(略)

二是第二产业用电量增速逐季上升。(略)

三是第三产业用电量恢复较快增长势头。(略)

四是城乡居民生活用电量低速增长。(略)

五是全国31个省份用电量均为正增长,西部和东部地区用电量增速相对领先。(略)

(二)电力生产供应情况

截至2023年9月底全国全口径发电装机容量27.9亿千瓦,同比增长12.3%。从分类型投资、发电装机增速及结构变化等情况看,电力行业延续绿色低碳转型趋势。

一是电力投资快速增长,非化石能源发电投资占电源投资比重接近九成。(略)

二是新增发电装机规模超过2亿千瓦,其中新增太阳能发电装机超过1亿千瓦。(略)

三是水电发电量同比下降较多,煤电发电量占总发电量比重保持在六成左右,充分发挥兜底保供作用。(略)

四是风电、火电、核电发电设备利用小时均同比提高。(略)

五是跨区、跨省输送电量均同比较快增长。(略)

(三)全国电力供需情况

前三季度,电力系统安全稳定运行,电力供需总体平衡,迎峰度夏电力保供取得好成效。(略)

二、全国电力供需形势预测

（一）电力消费预测

预计四季度全社会用电量增速高于三季度,全年增速高于上年。(略)

（二）电力供应预测

预计全年新投产的发电装机规模及非化石能源发电装机规模将再创新高。(略)

（三）电力供需形势预测

预计迎峰度冬期间全国电力供需总体平衡。(略)

三、有关建议

为确保今冬明春大电网安全稳定,守好民生用电底线,推动经济社会高质量发展,结合电力供需形势和行业发展趋势,提出以下几点建议。

（一）做好上下协同,保障今冬明春能源电力安全供应

一是做好电煤供应保障。(略)

二是做好天然气储备、蓄水发电工作及风光资源预测。(略)

三是加强供热设备治理,进一步推动热价政策调整。(略)

四是做好机组发电保障。(略)

五是推进源网荷储协同保供。(略)

（二）坚持系统谋划,做好新能源消纳和其他类型电源协调发展

一是及时滚动优化新能源发展规模、布局和时序。(略)

二是有效提升新能源消纳能力。(略)

三是提高储能的有效利用率。(略)

（三）持续深化改革,发挥市场在电力保供中的重要作用

一是加快容量市场和辅助服务市场建设,逐步建立用户侧参与市场机制。(略)

二是推动中长期分时交易。(略)

三是完善市场交易机制,科学推进新能源和供热机组参与市场。(略)

任务六 可行性研究报告

> 如果你有一乡的眼光,你可以做一乡的生意;如果你有一县的眼光,你可以做一县的生意;如果你有天下的眼光,你可以做天下的生意。
>
> ——胡雪岩

任务情景

老张和老李是多年的好友,生活在东北的一个小城市里。他们一直都有一个共同的梦想:开发一个集休闲、娱乐和观光于一体的旅游度假村。随着退休年龄的到来,他们觉得是时候将这个梦想变成现实。

于是,老张和老李决定合作,成立了一家旅游开发公司。为了确保项目的顺利进行,他们决定在正式投资之前进行一次可行性研究。

经过一番比较,他们选择了一家专业的市场调研公司来负责这项工作。调研公司派出了一个经验丰富的团队,由项目经理、数据分析师、市场研究员等组成。

团队首先对当地的旅游市场进行了深入的研究,分析了市场需求、竞争态势和潜在的商业机会。他们发现,随着国内旅游业的快速发展,东北地区的旅游市场潜力巨大,而该地区目前还没有类似的综合型旅游度假村。

随后,团队又进行了资源、技术和经济的可行性研究。他们考察了当地的自然资源、交通条件和基础设施建设情况,评估了项目的可行性。在经济方面,他们通过财务模型预测了项目的投资回报率和经济效益。

经过几个月的努力,调研团队完成了一份详细的可行性研究报告。报告中详细分析了项目的市场前景、技术条件和经济收益,并给出了明确的结论和建议。

老张和老李认真阅读了报告,深受鼓舞。他们决定按照报告的建议启动项目,并聘请了专业的团队来负责项目的规划和实施。

经过几年的努力,度假村终于落成并投入运营。凭借其独特的自然风光和丰富的娱乐项目,度假村迅速吸引了大量游客,取得了良好的效益和口碑。

任务设置

1. 可行性研究报告在项目中起到了什么作用?
2. 分析老张和老李在项目启动前进行可行性研究的必要性。

知识要点

可行性研究报告是指在进行投资建设、合资经营、新产品研发、技术改造或科研立项之前,对项目的可能性、有效性及技术方案等进行具体、深入的可行性论证和经济评估,以求取得在政策上合理、技术上先进、经济上划算的最佳方案与时机而形成的书面报告。

目前,可行性研究报告在我国经济社会发展中运用非常广泛,无论是新公司的成立、新项目的立项,还是新产品的研发、新技术的改造,在投资之前,都需要从经济、技术、生产、市场乃至社会环境等各种影响因素方面进行调查、分析、研究,确定有利和不利的因素,项目是否可行,评估其成功的概率、经济效益及社会效益等,为决策者和主管机关审批提供依据。

一、基础知识认知

(一)特点

1. 科学性

可行性研究报告的科学性,具体体现在两个方面:一是所运用的数据是在调查研究的基础上获得的,所依据的理论和原理是经得起实践检验的;二是其研究的方法是科学的,而不是陈旧的经验主义方法。

2. 真实性

真实性主要是针对可行性研究报告所涉及的材料而言。可行性研究报告必须对影响拟建项目各方面的情况予以调查、分析、研究,得到的数据、材料必须真实可靠,保证得出的判断及结论具有客观性和正确性。因此,可行性研究报告材料的真实性极为重要。

3. 综合性

可行性研究报告不但要论证拟建项目或拟定方案在经济上是否有效益,而且要论证在技术上是否切实可行,此外,还要论证是否符合现行法律和政策,因而其内容往往涉及各个方面,具有综合性。

4. 系统性

可行性研究报告要围绕拟建项目或拟定方案的各种因素进行全面、系统地分析和研究,既有定性的,也有定量的;既有宏观的,也有微观的;既有正面的,也有负面的;既有近期的,也有远期的;既有静态的,也有动态的。力求从全局、全盘考虑,尽可能找到最佳方案。

(二)分类

(1)可行性研究报告按内容分,主要有政策性可行性研究报告、项目建设可行性研究报告和开拓性可行性研究报告三种。

①政策性可行性研究报告,主要是指对经济、技术的政策和措施的必要性、有效性及可行性进行分析、论证,为科学决策提供依据。

②项目建设可行性研究报告,主要是针对国家指定的《关于建设项目进行可行性研究的实行管理办法》中规定的项目,以及利用外资、技术改造、技术引进和进口设备等项目撰写的可行性研究报告。

③开拓性可行性研究报告，主要是针对开辟和拓展新市场、开发新产品和新技术、采用新的管理方法等撰写的可行性研究报告。

（2）可行性研究报告按涉及范围大小分，主要有一般项目可行性研究报告和大中型项目可行性研究报告。

①一般项目可行性报告，主要是针对规模小、投资少的项目撰写的可行性研究报告，包括小的新建和扩建项目、常规性技术改造项目、某一方面是针对经营管理改革和单项科学实验项目等。

②大中型项目可行性研究报告，主要是针对规模大、投资多、涉及面广的项目撰写的可行性研究报告，包括大的新建和扩建项目、工程浩大的技术改造项目、全局性经营管理改革和重大科学实验项目等。

二、可行性研究报告写作

一份完整的可行性研究报告一般由封面或标题、目录、正文和附件等部分组成。

（一）封面或标题

封面一般包括可行性研究报告名称，可行性研究报告编写单位名称，负责人姓名和编写时间等。

可行性研究报告的名称即标题，一般由编写单位、项目名称和文种组成，如《××市关于扩建高新开发区的可行性研究报告》。也可省略项目单位，强调项目名称，如《农产品出口基地建设项目可行性研究报告》。

篇幅较短的可行性研究报告，也可不设封面和目录，只写标题，并直接与正文相连。

（二）目录

目录主要是针对内容较多、篇幅较长的可行性研究报告而言的。大中型项目可行性研究报告，一般都需要将报告的纲目性内容列出来，放在报告正文的前面作为目录，以方便读者阅读。

（三）正文

正文一般包括总论、主体和结论三部分。

1. 总论

总论亦称引言、前言或总说明。一般是概说项目基本情况，使读者对项目的基本情况有所了解。基本情况包括项目名称、立项依据、原则、背景、目的，实施该项目的意义，承担可行性研究的单位、项目负责人、实施单位简要情况等。

2. 主体

主体是可行性研究报告的核心内容，也是系统论证项目可行性的主要部分。其要求是以大量的数据和资料为依据，以经济效益和社会效益为中心，对项目的可行性展开分析论证。因可行性研究报告的内容较多，涉及面广，不同的项目又有不同的特点，故在主体内容上有不同的模式和要求。以新建一个工厂为例，其可行性研究报告的主体内容按国家有关文件规定，一般应包括：市场需求情况预测、项目的规模及产品方案；资源、原材料、燃料、动力、运输及公用设施落实情况；建厂条件和厂址方案；技术工艺方案；总图和运转方案；环境保护、生产安全及劳动卫生方案；企业组织、劳动定员及人员培训意见；建设工期和实施进度；项目投资、生产成本及资金筹措方案；企业经济效益和社会效益的评价等。

3. 结论

这部分包括结论和建议。通过主体部分的论证，对项目建设的必要性和可行性进行判断，得出可行或不可行的结论，同时还可提出建议与理由。

(四) 附件

附件即附在正文后面的必要的有关资料和说明性文件，一般包括：可行性研究委托书；项目建议批准书；有关协议意向书；地址选择报告书；环境影响报告；有关图表等。

三、写作注意事项

(一) 准备充分

在撰写可行性研究报告之前，必须认真调查、勘察，认真收集大量资料，做好预设方案等准备工作，对项目的可行性研究做到心中有数。

(二) 内容真实

可行性研究报告涉及的内容以及反映情况的数据，必须真实可靠，不允许有任何偏差和失误。因此，可行性研究报告中所运用的资料、数据都要经过反复核实，以确保内容的真实性。

(三) 预测准确

可行性研究是投资决策前的活动，它是在事件没有发生之前的研究，是对事物未来发展的情况、可能遇到的问题和结果的估计，具有预测性。因此，必须进行深入的调查研究，充分收集资料，运用切实的预测方法，科学地预测未来前景。

(四)论证严密

论证性是可行性研究报告的一个显著特点。要使其有论证性,必须做到运用系统的分析方法,围绕影响项目的各种因素进行全面、系统地分析,既要进行宏观分析,又要进行微观分析。

四、例文

【例文 2.6.1】

建设 30 万吨合成氨厂可行性研究报告[①]

一、总说明

随着改革开放的深入,××地区农牧业有了很大的发展,原有的几个小型化肥企业的产品已不能满足当地的需求,近几年来,每年都要进口部分尿素。为了适应××地区农业生产发展的需要,减少化肥进口,节省外汇支出,建设一个大型化肥厂实属当务之急。

该项目拟由当地一个中型化肥厂主办。该厂现有职工 1200 人,主要产品合成氨年产 5 万吨,产品质量好,19××年被评定为国家二级企业。

项目拟从×国引进必要的技术软件、关键设备及部分特殊材料,总投资为×××万美元。设计年产能力为 30 万吨合成氨,年产尿素为 52.88 万吨。

二、市场分析

1. 改革开放以来,农业生产的规模有了较大的发展,对化肥的需求量逐年增加,目前,该地区合成氨总产量达年产 12 万吨,但仍然不能满足需要。

2. 根据对当地农业生产资料公司调查,每年都要从内地调进 20 万～30 万吨化肥,通过外贸进口 10 万～20 万吨。尽管如此,仍有一些农民需要购买高价化肥。

3. 根据调查,当地治理荒地,改造沙漠已初见成效,可耕地还在不断扩大。对化肥的需求也呈上升趋势。

三、原料和能源供应

主要原料和燃料均采用天然气,通过管线直接送厂区,经测算,该项目所需天然气基本能保证供应。

四、厂址选择

该厂选在××省××市××区××化肥厂东侧。交通方便,占地面积 45 公顷,厂区与地理环境适合建化肥厂。

五、设备与技术

该项目拟引进×国×厂商技术软件和×国××公司主要设备、仪器。部分配套设备

[①] 孙宝权,孙战.新编应用文写作[M].北京:北京交通大学出版社,2021.

由国内供应(专利技术与设备清单见附表)。

六、建设周期

项目建设期为3年,19××年正式投产,试生产6个月,试生产后,正式投产第一年负荷为生产能力的75％;第二年为90％;第三年可按满负荷生产。

七、财务测算

1.该项目总投资为××××万美元,其中形成固定资产××××万美元,流动资金××××万美元。固定资产所需外汇由国内贷款解决,银行利率10％,人民币全部由建设银行贷款,年利率8％。

2.正式投产后,19××年销售尿素为××万吨,按每吨单价×××元计算,年销售收入为××××万元,前三年每年按10％递增,到第四年全年销售收入可达××××万元。

3.生产成本估算

(1)原材料、燃料、动力消耗定额估算(略);

(2)原料、燃料、动力按市场现行价格计算;

(3)职工工资及福利基金估算;

(4)生产车间副产品估算;

(5)车间经费、企业管理费估算。最终产品尿素单位成本为×××元。

4.销售税金按出厂价5％计算。

5.销售利润

销售利润＝销售收入－销售成本－税金(包括城建税、教育费附加)

该项目投产后年利润可达××万元。

八、偿还贷款估算（见附表）(略)

九、评价

1.本项目建成投产后,每年可获优质尿素52万吨。不但满足了地区农业生产的需求,促进农作物增产,而且可以取代进口化肥××万吨,节省外汇支出××××万元。

2.考虑到物价因素的影响,如今后3年的物价上涨指数为×％,则依此测算,尿素成本还应提高×％,单位成本应为××元,年利润相应减少××万元。

3.尿素出厂价格××元/吨是按全部自销计算。如通过专销部门批发,每吨销售价格则平均降低××元,企业每年减少销售收入××万元,企业呈微利或保本。

4.产品销售税金按5％计算,如按20％计算,每年多支出税金×××万元,企业亏损。在×地区建设这样一个化肥厂实属利国利民的急需项目,对促进该地区农业至整个经济的发展十分有利。根据以上各方面分析,建设该项目是十分可行的。因此,建议政府部门在价格和税收上采取优惠政策,予以扶持。

附图表(略)

【例文评析】 本文属一般项目开发可行性研究报告。全文由标题、正文和文尾三部分构成。标题由项目名称和文种两要素构成,属于省略式标题。正文全采用分项行文,具备可行性研究报告正文结构的总论、主体、结论三部分内容。本文结构完整、项目明确、条理清晰,内容基本满足可行性研究报告的要求。

【例文思考】

1. 本文正文的总论、主体、结论三部分如何划分?
2. 试谈谈定性分析与定量分析各有什么优点?写作时应怎样合理运用?

拓展训练

1. 什么是可行性研究报告?撰写可行性研究报告需要注意哪些事项?
2. 简述可行性研究报告的格式与写法。
3. 试分析下文的写法。

××食品科技股份有限公司关于开展外汇衍生品业务的可行性分析报告

一、业务开展背景

因××食品科技股份有限公司(以下简称"公司")业务持续发展,外币收付汇金额逐年增长,为了降低汇率波动对公司经营的影响,公司及合并报表范围内下属子公司(包括授权期限内新设立、收购等方式取得的全资子公司、控股子公司,以下简称"子公司")拟根据实际情况,围绕日常经营业务,适时开展外汇衍生品交易业务。

二、交易情况概述

1. 交易业务品种(略)
2. 交易金额及期限(略)
3. 资金来源(略)
4. 交易对手(略)

三、业务开展的必要性和可行性

近年来,随着公司业务规模的持续扩大,境外原材料采购需求持续增长,且公司也一直致力于拓展海外市场,由此出现了外币兑换操作日渐频繁的发展趋势,继而可能造成公司的外汇风险敞口不断扩大。为此,公司拟开展外汇衍生品交易业务,以期能够有效规避外汇市场汇率波动风险,合理降低财务费用,增强财务稳健性。因此,开展外汇衍生品交易业务具有必要性。

公司已制定《金融衍生品交易管理制度》,对业务审批权限、业务操作、业务管理、信息保密、内部风险控制、信息披露等方面进行明确规定。该制度符合监管部门的有关要求,满足实际操作的需要,所制定的风险控制措施切实有效。因此,开展外汇衍生品交易业务具备了制度基础并具有可行性。

四、风险分析及风险控制措施

尽管公司及子公司进行外汇衍生业务遵循稳健原则,均以正常生产经营为基础,以具体经营业务为依托,以规避和防范汇率风险为目的,但也存有一定风险。

1. 汇率波动风险(略)

2. 履约风险(略)

3. 内部控制风险(略)

4. 操作风险(略)

5. 法律风险(略)

针对以上可能存在的风险,公司采取如下风险控制措施予以应对。

1. 公司将严守外汇衍生品交易以保值为目的原则,并结合市场情况,适时调整操作策略,提高保值效果,以尽可能规避市场风险。

2. 公司将在遵守国家相关法律、法规及规范性文件规定的前提下开展衍生品交易业务,同时公司也将选择信用良好、具备合法资质且已与公司建立长期业务往来的商业银行等金融机构作为交易对手,以切实降低履约风险。

3. 公司已制定《金融衍生品交易管理制度》,通过严格有效的风险管理制度,利用事前、事中及事后的风险控制措施,预防、发现和降低内部控制风险。

4. 公司依据相关制度明确参与衍生品交易部门和人员的岗位职责和权限,确保授权、交易执行、交易确认、结算等岗位相互分离、制约和监督;同时加强相关人员的业务培训及职业道德,提高相关人员素质,并建立异常情况及时报告制度,最大限度规避操作风险的发生。

5. 公司将定期对业务的规范性、内控机制的有效性、信息披露的真实性等方面进行监督检查,同时密切关注法律法规的修订情况,并加强相关研究和分析,以降低法律风险。

五、对公司的影响及会计处理

公司及子公司开展与日常经营需求紧密相关的外汇衍生品交易业务,将有助于锁定换汇成本,提高公司应对外汇市场风险的能力,从而规避和防范汇率大幅波动对公司业绩造成不良影响,从而进一步增强公司财务稳健性。本次开展外汇衍生品交易业务符合公司生产经营的实际需要,风险可控,不存在损害公司及全体股东特别是中小股东利益的情形。据此,公司以套期保值为目的开展衍生品交易,符合《企业会计准则第24号——套期会计》适用条件,拟采取套期会计进行确认和计量。公司将根据财政部《企业会计准则第22号——金融工具确认和计量》《企业会计准则第24号——套期会计》《企业会计准则第37号——金融工具列报》相关规定进行相应的核算与会计处理,并反映在公司资产负债表及损益表相关项目中。

六、可行性分析结论

公司及子公司开展外汇衍生品交易是围绕公司实际经营业务进行的,以正常业务背景为依托,以减少、规避汇率风险为主要目的,且符合公司的整体利益和长远发展。公司已制定《金融衍生品交易管理制度》,对业务操作原则、审批权限、内部操作流程、内部风险控制制度等作出了明确规定,公司也将严格按照制度规定安排专业人员实施操作,通过严格的授权和审批流程,加强内部管理,同时设立异常情况及时报告机制,从而构成全面高效的风险防范和处理体系。因此,公司及子公司开展外汇衍生品交易业务具备必要性和可行性。

任务七　营销策划书

> 计熟事定,举必有功。
> ——刘禹锡

任务情景

在繁华的上海,有一家成立不久的时尚品牌公司,名叫"悦尚"。悦尚的创始人是一对年轻的设计师夫妇,他们凭借对时尚的敏锐洞察力,设计出了一系列别具一格的服饰。然而,在竞争激烈的时尚市场中,如何让更多的人知道并喜欢上悦尚,成为了他们面临的一大挑战。

于是,他们决定聘请一位经验丰富的营销专家,为悦尚打造一份独特的营销策划书。这位营销专家叫小杨,他在时尚行业摸爬滚打了多年,对市场有着深入的了解。

小杨接受委托后,开始针对悦尚进行全面的市场调研。他分析了目标消费者、竞争对手的营销策略以及市场趋势,还亲自去了几家大型商场,与店员和顾客进行交流。通过这些调研,小杨逐渐理清了思路。

接下来的几个星期,小杨与悦尚的团队一起制定了一份详尽的营销策划书。这份策划书不仅明确了悦尚的品牌定位和目标市场,还提出了各种创新的营销策略。例如,通过社交媒体进行线上推广、与知名时尚博主合作、举办特色线下活动等。

策划书提交后,悦尚的创始人非常满意。他们按照策划书中的建议开始行动,并逐步实施了其中的各项策略。在几个月的时间里,悦尚的影响力逐渐扩大,销售额也有了明显的提升。

一年后,小杨受邀参加悦尚举办的一场时尚活动。看着台上展示的悦尚新款服饰,以及台下热情的观众,小杨深感欣慰。他知道,这一切的成功都源于那份营销策划书。

任务设置

1. 简述营销策划书的作用？
2. 营销策划书通常包含哪些关键要素？

知识要点

营销策划书是指企业为实现一定的营销目标所谋划的独创性对策或行动的书面方案。

企业在经营中，往往需借助营销活动扩大产品市场份额，赢得消费者，以确保在激烈的市场竞争中立足乃至取胜。营销策划需考虑的因素主要有产品质量、产品价格、销售渠道、促销方案、社会政治力量和公共关系等方面。在充满竞争而且日益复杂的市场环境下，企业的营销策划是必不可少的。一份好的营销策划书，不仅能够使企业高效地开展营销活动，实现良好的经济效益，还能带来长远的社会效益，如提升企业知名度、扩大影响力等。

一、基础知识认知

（一）特点

1. **目的性**

营销讲究的是所花费的财力、物力和人力要有相应的结果，最终可能收获何种利益，都应紧紧围绕营销策划的目的及具体目标。

2. **可行性**

营销策划书的制定不能脱离市场和企业实际，必须建立在充分的调查研究基础上，结合项目或活动的实际情况制定，如企业自身的情况、市场情况、竞争对手情况、消费者的需求等。评价营销策划书的优劣，最终还是要落到可行性上。

3. **可操作性**

营销策划书要有可操作性，也就是对所策划的活动要"做什么""怎么做"，在什么时间、在什么地点、由什么人做什么样的工作等都要有非常具体明确的安排。如果只是抽象的理论描述，将会影响策划书的执行效果。

4. **预见性**

营销策划书带有明确的目标性，一份合理的策划书应能预见将会产生的营销效果，同时还要预见在执行过程中可能出现的问题，对各方面人力、物力、财力支出也要作出预估，最好用数字说明。

5. 独创性

创意是营销策划的核心和精髓,许多营销策划的成功之处往往来源于一个绝妙的创意。撰写营销策划书时要敢于言他人所未言,发现他人所未发现,提出自己的独到见解。

(二)分类

(1)营销策划书根据策划对象与目的,可分为商品销售策划书、促销活动策划书、市场推广策划书、新产品开发策划书、商品布局策划书、营销定位策划书、网点布局策划书等。

(2)营销策划书根据所涉及的时间长短,可分为长期营销策划书和短期营销策划书。

(3)营销策划书根据内容涉及面的宽窄,可分为专项性营销策划书和综合性营销策划书。

二、营销策划书写作

营销策划书的写作没有一成不变的格式,企业的产品不同,营销目标不同,营销策划书写作的侧重点、详略、篇幅都会有所不同。

一般说来,一份规范的营销策划书,应由标题、正文、文尾、附录四部分组成。如果策划书的篇幅较长,还可能会有封面和目录。封面一般包括策划书的名称、策划者、策划日期和策划书适用期等。

(一)标题

营销策划书的标题大体有三种常见形式。

1. 专用式标题

专用式标题是指在标题上出现文种的标题。此种标题根据构成要素的完整性,又有两种情形:①完全式,通常由"企业名+产品名+时限+市场+文种"构成,如《×××2022年国际市场营销策划书》;②省略式,通常省略完全式中的一项或两项,如《××××国际市场营销策划书》是省略时限,《×××营销策划书》《纯净水营销策划书》是省略企业名、时限和市场三项。

2. 提问式标题

此种标题即提出一个问题的标题,如《×× 如何进入华北地区市场》。

3. 综合式标题

此种标题即由正标题和副标题组成的标题。一般正标题概括表达策划主题,副标题具体表达或补充说明策划的有关内容,如《跨越巅峰工程——××××集团营销策划书》。

(二)正文

正文一般由前言、主体、结尾三部分构成。

1. 前言

前言部分是对营销策划活动的时间、区域、主题、目的等加以概述或分点叙述。这部分是对活动做纲领性的交代,为文章主体内容的展开做铺垫。前言的组成要素包括以下四个方面。

(1)活动时间。说明本方案计划从何年何月何日起开始实施,到何年何月何日结束。时间安排要经过科学推算,既要留有余地,又要讲究工作效率。

(2)活动地点。即举行本活动的地域范围。

(3)活动主题。即部署活动内容时所围绕的中心。

(4)活动目的。即通过活动要达到的结果。

2. 主体

(1)市场营销环境分析。市场营销环境分析主要是针对影响产品营销的外在因素的调查分析,包括:①调查分析同类产品的市场状况、竞争状况及宏观环境,为制定合理的营销策略提供现实依据,要求信息客观准确;②调查分析当前市场状况及前景,如产品的市场需求状况及潜在市场状况、市场成长状况、消费者的需求状况等;③调查分析影响产品营销的因素,如宏观环境、政治环境、居民经济条件、消费者收入水平、消费结构变化、消费心理等。对计算机、家用电器等科技类产品调查分析时,还需要考虑技术发展趋势的影响。

(2)市场机会与问题分析。市场机会与问题分析主要是针对影响产品营销的内在因素的调查分析。市场机会指的是要根据产品自身的特点,分析其优势,从中寻找营销机会,发掘市场潜力;问题分析指的是对产品营销过程中出现的具体问题进行分析,从问题中找出市场竞争中的劣势并予以克服,从而减少产品营销中的不利因素。常见的问题有企业知名度不高、形象不佳,产品质量不过关、功能不全、包装差、价格定位不当、销售渠道不畅、销售渠道不当、促销方式不当、服务态度差、售后服务缺乏等。

(3)营销策略。营销策略是指达到营销目标的具体方案。著名市场营销学家菲利浦·科特勒教授在"6P"营销策略的基础上提出了"11P"营销策略,即:①产品(product);②价格(price);③促销(promotion);④分销(place);⑤政府权力(power);⑥公共关系(public relations);⑦探查(probe);⑧分割(partition);⑨优先(priorition);⑩定位(position);⑪员工(people)。这里的 people 不单单指员工,也指顾客,顾客也是企业营销过程的一部分,比如网上银行,客户参与性就很强。

营销策略的选择可参照菲利浦·科特勒的"11P"理论,依据策划的内容、对象而定,要因事制宜,力求具体且科学有效。

（4）活动步骤。活动步骤是在营销策略指导下,对活动运行进度的具体安排。这些步骤需要表述具体、条理清晰、连贯紧密,具体到每个日期和时间需要完成的任务、预计耗时、负责人等细节,以便在策划过程中进行控制和检查。在撰写策划书时,应该考虑到实际情况可能与预期时间有所出入,因此,需要对一些项目的时间安排留有一定余地。

（5）人员分配。即在具体营销策划活动中相关人员的工作分配,也就是将各事项具体到人或相关部门,做到分工具体,责任具体。

（6）费用预算。费用预算是指在整个营销方案推进过程中的费用投入,包括营销过程中总额的预算、个别策划的预算、不同项目内容的预算、固定费用和可变费用的预算等。最好列表说明实施营销策划活动所需费用的细目及其依据,列出预算进度时间表,这样既方便核算,又便于事后查对。

对费用必须进行科学、周密的预算,使各种花费控制在最小规模内,以获得最优的经济效益,实现策划要素的联动优化。

（7）效益预估。效益预估是指根据预期销售目标和预算费用,对活动所能创造的效益进行估算。这实际上是对所策划活动的预期效果进行评估。为了确定策划方案是否可行,需要得到相关负责人的认可。对经济活动而言,评价其可行性的基本指标是经济效益,即利润。这通常需要通过计算和比较不同方案的经济效益来进行验证。

在进行经济效益预估时,用语尽量数字化,避免"较多""广泛""大幅度提高"等含混词语。如"企业利润率有较大幅度增长",不同人对"大幅度增长"有不同的理解,极容易产生误解,将其改为"企业利润率提高20％"就表达准确了。

（8）其他事宜。即对营销策划活动中的其他相关事项的安排。

3. 结尾

结尾在策划书中并不是必需的,其主要作用是与前言相呼应,为策划书画上一个圆满的句号。此外,结尾还可以对整个策划书进行全面总结,避免给读者一种突兀的感觉。

(三)文尾

文尾即作者名称及成文日期。

(四)附录

附录的作用是为策划书提供客观性证明,因此,其可以包含有助于阅读者理解和信任策划内容的资料。例如,相关人员的联系方式,活动应急方案,在实施营销策划活动过程中可借鉴参考的一些经验材料等。

三、写作注意事项

1. 材料准确、策略可行

营销策划书是策划人员在市场调查的基础上为决策者编写的,因此必须注意材料的准确性和说服力,以及策略的可行性和可接受性。只有经过充分的市场调查和分析,才能制定出可行和可接受的营销策略,进而实现企业的营销目标。

2. 内容完整、交代具体

从策划书作者的视角出发,有些问题可能显得简单,甚至看似微不足道。然而,从决策者的立场出发,这些问题可能具有重大的意义。因此,在撰写策划书时既要追求完整性,又要注重具体性,力求使读者能够快速并清晰地理解。此外,策划书还应保证所提出的策划能够按照预设的步骤有条不紊地执行。

3. 利用数字说明问题

策划书是企业实践的指导性文件,其可靠性是决策者首先要考虑的关键因素。为了确保策划书的可信度,其内容必须具备事实依据,任何一个论点都应有可靠的来源支撑。数字是最直观、最有说服力的依据。因此,在策划书中利用各种绝对数和相对数进行对比分析是必不可少的。同时,为了确保数字的可靠性,需要注明数据的来源,以证明其可信度。

4. 突出创意

策划的生命力在于其创意,即具有与众不同的个性。在策划过程中,要充分关注决策者和消费者的思维习惯和接受能力,确保创意能够有效地传达给他们。同时,要注重突出策划的独特性和与众不同之处,使其在众多方案中脱颖而出,吸引人们的注意力和兴趣。

四、例文

【例文 2.7.1】

"相约招虎山,关爱大自然"旅游营销策划方案[①]

策划人:(略)

策划时间:2021 年 5 月 12 日

适用时间:2021 年 10 月 1 日~8 日

摘要(略)

目录(略)

---

① 马琳.应用文写作实训教程[M].济南:山东人民出版社,2022.

一、前言

一座印象中的山,一个印象中的剪影——招虎山国家森林公园欢迎您!

"自然风光,琉璃世界"是她的招牌。这里,初春山花烂漫,盛夏林海蔽日,金秋枫叶染红,深冬青松傲雪,一年四季物换景移,山情野趣尽在其中。清代才子王敬勋就留下了《招虎晴岚》的绝句:"山深多梵宇,地僻俗尘稀。疏雨过林表,晴岚生翠微。蒙蒙含夜色,蔼蔼带斜晖。冲破无边碧,横空一鹭飞。"

这里原为汪洋大海,现在的奇石、险峰、深谷和溪流都是太古代至元古代造山运动及燕山运动的结果。据《海阳续志》记载:"邑北三十五里有山曰招虎,概以虎伏山中,仙家训之,遂化为石,遗迹宛然,故名。"

……

她位于海阳市城区东北方向8公里处,东西长6.1公里,南北宽5.2公里,总面积达1762公顷,为海阳市集生态游、宗教游、古迹游、民俗游为一体的龙头景区。

……

让我们走进她,走进理想的胜地——招虎山国家森林公园。

1.探寻原生态自然景观。可观赏到"哈崮顶""鬼笔石""养儿台""天马戏水""九塔峰""观音峰""招虎山寨"(招虎山最高峰)等30多处景点。

2.观瞻紫薇古树——俗称"痒痒树",有400多年的历史,为国内罕见,每逢十月花期,满树红花似锦,十分壮观。

3.探访江北第一竹——虎山幽竹。虎山幽竹为淡竹分布的最北限,最高的竹子达20多米,整个山系分布大片竹林,竹海云雾,为一大奇观。

4.感受民俗文化海阳大秧歌。海阳大秧歌,是山东三大秧歌之一,是民间社火中的舞蹈部分,集歌、舞、戏于一体,有560多年的历史。表演风格热烈欢快、粗犷奔放、质朴坦率、风趣幽默。

招虎山国家森林公园一日游营销目标:通过"相约招虎山,关爱大自然"一日游活动,让更多的人了解和走进招虎山国家森林公园。

招虎山国家森林公园游前期市场调查说明:招虎山国家森林公园是当今社会奔走于城市的人向往的旅游胜地。这里没有城市的喧嚣与嘈杂,没有人心的浮躁与贪婪,有的是山光云影,溪水潺潺,鸟语花香,大自然的幽静与人的淳朴。现已推出以展示她的风貌为目的的介绍和多媒体电子导游服务。这些服务项目的推出给招虎山国家森林公园游的宣传提供了良好的外部环境,再加上她有得天独厚的旅游条件,开展此次"相约招虎山,关爱大自然"原生态自然游是比较有利的。

二、活动主题

"感受民俗文化,探寻自然景观"——招虎山国家森林公园一日游。

三、推广目的

为进一步宣传"相约招虎山,关爱大自然"原生态自然游,让广大游客饱览招虎山国家森林公园的风景之美,领略其自然之韵,推出此次原生态自然游。

四、注意事项

(一)活动时间:2021年10月3日

(二)活动对象:广大游客

(三)活动地点:招虎山国家森林公园风景区

五、活动内容

(一)活动说明

活动主题为"感受民俗文化,探寻自然景观"。主要的活动地在招虎山国家森林公园风景区,在这里可以欣赏海阳大秧歌,游览原生态自然景观。

(二)活动路线(略)

注:在活动结束后会组织游客集体返回。

(三)推广方式

1.公交车站、地铁站等候车处的屏幕上播放此次"相约招虎山,关爱大自然"——招虎山国家森林公园一日游的广告。

2.在旅游网站上开辟专栏进行此次活动的介绍,可进行在线交流。

3.在一些路段挂宣传横幅。

4.活动前一周开始在推广地点散发传单。

六、费用预算(略)

七、实施方案控制(略)

八、广告效果预测(略)

九、总结

希望通过多种媒体介绍此次"相约招虎山,关爱大自然"一日游活动,让更多的人了解招虎山国家森林公园。

【例文评析】这是一篇旅游营销策划方案。整个策划书的结构非常清晰,包含了前言、活动主题、推广目的、注意事项、活动说明、活动路线、推广方式、费用预算、实施方案控制、广告效果预测和总结等部分,使得策划书的内容丰富、结构清晰,易于理解和使用,有助于活动的策划和实施,具有一定的实际操作性。

【例文思考】

1.文中采取了哪些营销策略?是否可行?

2.文中的推广方式还可以怎么扩展?

拓展训练

1. 什么是营销策划书？它有哪些特点？
2. 营销策划书的基本结构由哪些部分组成？其中，正文包括哪些部分？
3. 大学生创业中心在经过市场调查后，拟在×××大学内推出一种奶茶饮料，请据此为其撰写一份市场推广营销策划书。所需材料根据你所学的专业知识或了解的相关情况酌情补充。要求结构合理，符合营销策划书的基本要求，内容合情合理。

思政小课堂

为国铸盾的"人民英雄"

项目三 常用经济事务文书

思政目标

1. 树立正确的经济观念,理解经济活动对社会发展的重要性。

2. 培养职业道德和责任感,以诚信、公正的态度参与经济事务。

3. 了解并遵守经济法律法规,树立法律意识。

知识目标

1. 掌握经济计划、经济总结、经济简报和经济消息的基本概念和特点。

2. 了解经济计划的分类和制定步骤,了解经济总结与计划的联系与区别。

3. 熟悉经济简报的种类、内容及格式,了解经济工作简报的编制方法。

能力目标

1. 能够根据实际情况制订经济计划,具备分析和解决问题的能力。

2. 能够撰写经济总结,具备总结和归纳的能力。

3. 能够编制经济简报,具备信息收集和整理的能力。

4. 能够撰写经济消息,具备新闻写作的能力。

素质目标

1. 培养独立思考和解决问题的能力,提高创新思维和判断力。

2. 培养团队合作精神和沟通能力,增强人际交往能力。

3. 培养严谨细致的工作态度,提高工作效率和质量。

4. 培养终身学习的意识,不断更新知识和提高技能,适应社会发展的需要。

任务一 经济计划

> 凡事预则立,不预则废。
>
> ——《礼记·中庸》

任务情景

哈佛大学关于人生目标的调查

哈佛大学有一项非常著名的关于目标对人生影响的跟踪调查，被调查对象是一群智力因素、学历水平、家庭环境等条件都差不多的大学毕业生。当被问及是否有明确的目标以及达成的书面计划时，结果只有3％的学生作了肯定的回答。20年后，研究人员再次对这群已经步入社会的大学毕业生进行追踪调查，结果发现，那3％有达成目标书面计划的学生，所积累的财富总和竟然超过了其他97％的学生。这一数据鲜明地揭示了目标设定和计划执行对人生成功的重要性。

在广东××学院，也有两位出色的学生通过明确的目标和计划，实现了他们的职业理想。涂同学，2005级市场营销专科班的学生，从大一开始就坚定地瞄准了公务员考试，他的努力都围绕着这个目标进行。而2007级法学本科班的景同学，则在报到的第一天就下定决心要考取研究生，他毕业后成功地考入了××师范大学。这两位学生的经历再次印证了设定明确目标并为之努力的重要性。

任务设置

1. 涂同学和景同学通过明确的目标和计划实现了他们的职业理想，他们的经历对你有什么启示？

2. 你认为设定明确的目标和制订计划对人生成功的重要性如何？请结合自己的经历或身边的事例进行说明。

3. 如何制订一个有效的经济计划？需要考虑哪些因素？如何确保计划的实施和执行？

知识要点

经济计划是指机关、部门、团体、企事业单位，以及个人对今后一定时期内的经济管理、生产、经营、理财等经济工作、经济活动事先拟定任务目标、措施办法、步骤与时间安排的计划性经济应用文书。

经济计划的概念有广义、狭义之分。广义的经济计划是指对经济"规划""设想""安排""打算""方案""要点""意见"等计划性文书的统称。它们因涉及时间长短、范围大小、工作粗细、适用对象不同而有不同的名称。"规划"是指涉及时间长、范围广、内容全的发展计划；"设想"是指涉及时间较长远但内容尚不成熟的非正式计划；"安排"是指对近期的工作规定任务、提出要求的计划；"打算"是指对近期工作的任务、目标、要求尚不周全具体的计划；"要点"是指对一定时期内的全局或专项工作所做的概要式计划；"意见"是指上级机关或主管部门向下级机关或执行单位部署工作、交代政策、提出任务等的指示性计划;"方案"是指对某一具体工作或活动,从指导思想、目的要求、措施办法到进程步骤都作出周密而详细安排的实施性计划。

狭义经济计划则自成一个文种,是指涉及时间较长(一个月、一个季度、一年)、任务指标明确、措施步骤具体、可操作性强的计划。

一、基础知识认知

(一)特点

经济计划除具备计划的预见性、指导性、可行性、约束性和说明性的共性特点外,还有政策性、专业性等个性特点。

1. 政策性

政策性是指经济计划的制订必须以现行政策为前提和依据,体现现行经济政策,与现行经济政策保持高度一致,不得违犯经济政策。

2. 专业性

专业性是区别于其他计划的标志,其内容必须涉及经济活动或经济管理,而且多为经济部门、工商金融企业或个人从事经济活动使用。

(二)分类

经济计划的种类很多,按照不同的标准,可分为不同的种类。

(1)经济计划从时间上划分,可分为长远计划、短期计划、年度计划、季度计划、月份计划等。

(2)经济计划从内容上划分,可分为生产计划、销售计划、财务计划、工作计划、科研计划等。

(3)经济计划从性质上划分,可分为综合性计划、专项性计划。

(4)经济计划从主体上划分,可分为国家计划、部门计划、单位计划、班组计划、个人计划等。

(5)经济计划按表达方式分,可分为条文式计划、表格式计划、图示式计划、综合式计划等。

(三)制定步骤

一份计划的制订,通常需要经过以下三个步骤。

1. 准备

该步骤要做好三项工作:一是了解方针、政策以及上级计划;二是深入调查研究,了解本单位、本部门的具体情况;三是根据上级计划和本部门、本单位的实际情况,确定所订计划的任务、目标、措施、办法、步骤、具体时间安排,以及在计划执行中可能出现的困难。

2. 草拟、审议、讨论

在做好充分准备工作的基础上,开始拟写计划草案。计划草案一般要经过领导班子讨论、审议,或直接交由群众讨论、审议,有的必须经过有关会议讨论、审议。

3. 修改、定稿

计划起草人根据讨论审议的意见,对计划草稿进行修改、定稿,形成正式计划。有的还需报送主管部门,经审批同意后才能成为正式计划。

二、经济计划写作

经济计划文本的结构包括标题、正文和文尾三部分。

(一)标题

经济计划的标题主要有专用式和仿公文式两种。

1. 专用式标题

该类标题是指标题上出现文种名称的标题。从标题显示的内容要素看,又有完整式和省略式两种情形:①完整式标题是指标题上单位名称、时限、内容和文种四要素齐全的标题,如《××市税务局 2020 年工作计划》。综合性计划或需要上报的计划常用这种写法。②省略式标题是指标题上省略单位名称、时限,只出现内容和文种等要素的标题,如《2020 年信贷计划》。单位内部计划和专项计划多用此种写法。

2. 仿公文式标题

该类标题是指仿用党政机关公文标题形式的标题,如《北京市高等教育自学考试指导委员会关于党政干部基础科自学考试计划》。

如果计划尚未定稿,标题之后还常根据实际情况加上括号写"草稿""征求意见稿""草案""初稿""讨论稿"等。

(二)正文

经济计划正文一般由开头、主体和结尾构成。

1. 开头

开头或概括单位的基本情况及制订计划的政策依据,或说明制订计划的目的、原因。

这部分要说明"为什么做"的问题,表达要简明扼要,不宜过多展开。末尾常用承启语"为此,特订计划如下""特制订本计划""为此,要具体抓好以下几方面的工作"等转入主体。

2. 主体

主体是计划的核心和主干,要具体写明任务目标、措施办法和实施步骤三个方面的内容,主要是回答"做什么""怎么做""何时做"等问题,可称作计划内容"三要素"。

任务目标是一份计划最基本的要素。任务是指做什么;目标是指做到什么程度,是对任务完成在数量、质量及时限上的具体要求。任何计划都要写明计划期内要完成的任务和目标,如果任务较多,还可列出若干子任务、子目标,并把子任务、子目标"质的规定"和"量的要求"写清楚。经济计划无论是总指标还是分指标,都要做定量和定性表述。

措施办法是解答"怎么做"的问题,是完成任务、实现目标的保证。只有把具体的措施办法与任务目标结合起来,才能保证计划的执行和完成。措施办法一般从组织领导、任务分工、政策保障、工作制度、物质条件等几个方面考虑,写清楚采取何种办法,利用什么条件,由何单位何人具体负责,如何协调配合完成任务。要根据任务和目标,进行周密恰当、有针对性安排。

实施步骤是解答完成任务的程序及时间分配的问题。要求全局在胸,统筹安排。要把各项任务完成的时间分配好,对什么时间完成哪些任务应有明确的考虑,既要有总的时限,又要有各阶段、各环节的时间安排,使任务、工作的完成能按部就班、井然有序。实施步骤安排要科学化,过紧或过松都不利于计划完成。

比较大型的计划主体,常从指导思想、任务目标、组织领导、措施方法等方面来组织安排内容。

3. 结尾

结尾一般是围绕计划的落实发号召,提希望与要求;或作补充说明;或表示完成任务的信心和决心;或提出监督检查的事项。也有在主体部分写完后即结束,省略结尾。

计划正文行文方式有条项式、表格式、图示式、综合式四种。除表格式、图示式外,条项式和综合式的计划正文都可写成开头、主体和结尾三部分。

(三)文尾

文尾署明制订计划的单位名称或个人姓名,以及制订日期。也有单位名称在标题中出现,制订日期在标题下用括号注明的。

三、写作注意事项

撰写计划时要注意以下事项。

(1)符合法律法规、现行政策和上级计划的规定及要求。

(2)从实际出发,坚持实事求是,切实可行。
(3)根据实际情形正确使用计划文种和行文方式。
(4)行文具体明确,充分考虑执行者。

四、例文

【例文 3.1.1】

一米阳光西服店202×年"双增双节"工作计划[①]

国务院倡导开展"双增双节"活动。为开展好这项活动,今年我们将工作重点调整为"双增双节"活动与深化企业改革一起抓,改善企业经营管理体制,发挥名牌特色产品优势,深挖潜力,以提高经济效益。现根据我店的实际,制订202×年工作计划如下。

一、工作目标

具体目标见表3-1-1。

表3-1-1 202×年"双增双节"工作目标

序号	类别	指标	同比
1	销售计划	1 600万元	比去年的1 552.8万元增长3%
2	周转天数	118天	比去年的122.9天加快4.9天
3	平均流动资金	524.4万元	比去年的530.5万元下降1.15%
4	费用额	68.5万元	比去年的70.69万元下降3.1%
5	借款利息	19.3万元	比去年的20.8万元减少1.5万元
6	削价损失	16.7万元	比去年的33.4万元下降50%
7	毛利率	19.79%	比去年的18.79上升1%
8	定制加工	5460件	比去年的5 300件增长3%
9	上缴税金	262.2万元	比去年的255.7万元增长2.6%
10	利润	218.9万元	比去年的208.5万元增长5%

二、具体措施

1. 扩大商品销售,提高经济效益

(1)抓好产品质量,扩大市场占有率。对产品定期抽样检查,力争正品率达到95%。其中90%的产品质量符合市优和部颁标准。

(2)全面分析和预测市场上各型时装的生命周期,合理选择进货渠道,组织适销对路的原料,增加花色品种,妥善安排工作,做到款式新颖、高雅,并做好必要的储备,以满

[①] 张耀辉.应用写作简明教程[M].北京:高等教育出版社,2006.

足市场需要。

（3）开拓新产品，设计新品种，对库存商品不断更新换代，使产、销、调、存出现良好的运行状态。

（4）采取门市销售、预约销售和集会展销等形式，扩大销量。

（5）提高服务质量，引发顾客的购买兴趣，唤起消费者的潜在要求。结合"买一赠一"活动，争取商店评为"文明西服商店"的称号。

2. 抓好横向联系，在全国各地设立特约经销单位

（1）在全国各地设立特约经销单位。以京、津、沪为据点，向四面扩展。上半年增设××、××、××等×个经销点，下半年再增设××、××、××等×个经销点，逐渐形成一个×××商品的销售网。

（2）利用短期贷款，多生产质量优价格合理的产品，满足各地不同层次消费者的需要。

（3）加强横向联系，了解各地市场的风土人情，分析销售趋势；帮助横向联系单位改进柜台设计和商品陈列，扩大供应能力。

3. 压缩银行贷款，减少利息支出

（1）加速资金周转，对库存商品不断进行清理、分类，及时处理冷、呆、残损商品，防止资金积压。

（2）缩短生产流转的期限，加工产品及时回收、及时上柜、及时回笼资金，以压缩银行贷款，减少利息支出。

4. 降低成本，节约费用

（1）紧密排料，减少损失，降低消耗。

（2）合理调整库存，减少库存量。

（3）紧缩旅差费，节约水电及文具办公费用。

5. 加强经营管理建设

（1）健全财务报表分析制度，准确反映单位的经济情况，定期分析各项经济指标完成情况，找出问题，及时处理。

（2）加强环节管理，使进产、销、存管理系统化、科学化。

（3）对原材料仓库场地、成品仓库场地、商品陈列室等进行合理布局，对管理人员予以调整。

（4）健全各项考核制度，做到"奖不虚，罚不枉"。

202×年的任务是艰巨的，但只要我们群策群力、全力以赴、热情工作，就一定能完成今年目标。

一米阳光西服商店办公室
202×年1月3日

【例文评析】本计划的正文分为开头、主体和结尾三部分。开头概述制订计划的依据和工作思路;主体首先用表格说明工作任务和指标,并与上年度实绩作比较,以显示"双增双节"的要求,具体而简明,然后用条文明确完成任务及实现目标的五项措施和具体做法,有一定的操作性;结尾表明实施计划的信心。本计划的一大特色是表格与条文配合行文,使语言表达更加简明。但有两点不足:一是计划中没有写明落实措施和做法的具体步骤和时间;二是各项任务没有落实到由何人完成,因而显得有些空泛。

【例文思考】

1.你认为这种计划的结构有何特点?

2.联系本文谈谈计划宜在什么情况下用表格行文?表格具有怎样的表达效果?

【例文 3.1.2】

图 3－1－1 为图示式生产计划。

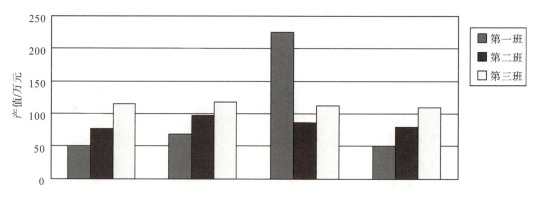

图 3－1－1　××厂××车间 202×年生产产值计划

【例文评析】这是一份图示式生产计划。由标题、图示(主体)和有关说明构成。这种计划直观明了,适合任务单一且指标具体明确的生产、经营单位使用。除此之外,还可用其他图示。

【例文思考】

1.你能举出其他图示形式的例文吗?

2.图示有何优点?适宜怎样的情形?

拓展训练

一、思考题

1.谈谈规划、设想、方案、安排、打算、要点等经济计划文种的具体用法。

2.什么是经济计划内容的三要素?

3.经济计划写作要注意哪些事项?

二、判断题(对的打"√",错的打"×")

1. 经济计划是用于找出工作中存在的问题而撰写的文种。（　）
2. 经济计划具有总结性。（　）
3. 经济计划的制订要从实际出发,正确估计客观条件。（　）
4. 经济计划具有预见性。（　）

三、实践训练

1. 阅读下文,然后回答问题

红星商场202X年下半年促销规划

为了繁荣商品市场,促进我市经济发展,特制订本商场今年下半年的促销计划。

一、按照上级下达的商品销售利润指标,"国庆节"期间开展大规模的让利促销活动。

二、在此次促销活动期间,各部门要通力合作,凡成绩突出者,商场将予以精神和物质奖励。

三、全体商场工作人员必须认真遵守本商场制定的文明服务公约,使顾客的满意率达到99%以上。

望党员、团员起带头作用,全体职工共同努力,确保本计划圆满实现。

回答问题：

(1) 计划的标题存在什么问题？请改正。

(2) 计划开头部分有问题吗？请指出。

(3) 按照这份计划能否完成下半年的促销任务？为什么？

2. 请根据你的实际情况,写一份"个人下个月消费计划"。要求：结构完整,内容翔实具体,语言表达得当。

任务二　经济总结

> 要走好明天的路,必须记住昨天走过的路,思索今天正在走的路。
> ——蒙曼

任务情景

"广交会"之旅的收获与思考

陈健,某贸易公司的新晋员工,最近有幸与资深员工一同参加了第133届中国进出口商品交易会。这场盛大的交易会仿佛是一个繁华的国际市场,琳琅满目的展品和络绎不绝的参观者让他仿佛置身于一个异彩纷呈的大观园,目不暇接。在展会期间,陈健与来自世界各地的商界人士交流,了解了不同文化背景下的商业思维模式。他看到了各种新产品、新技术、新理念的展示,感受到了商业世界的日新月异。展会结束后,经理对陈健说:"小陈,这是你首次参加'广交会',相信你一定收获颇丰。我希望你能写一份总结,全面回顾这次经历,并尝试挖掘一些新的视角和见解。"听到这个要求,陈健感到有些犯难,因为他不知道该如何下笔。

任务设置

1. 若你去参加"广交会",如何收集和整理信息,以便为总结报告提供全面而准确的内容?

2. 如何撰写一份既有深度又有新意的总结报告?

知识要点

经济总结是指经济部门、生产经营单位或个人对过去一段时期的经济工作或者完成某一项经济任务的情况进行系统回顾反思,从中找出规律、得出结论或经验教训,而撰写的以指导今后经济实践的应用文书。

经济总结是总结的一种,除在内容上直接或间接涉及经济外,其他方面与总结类似。总结作为人们认识客观事物、掌握客观规律的一种手段,对人类社会的发展功不可没,人类知识的积累就是人类不断总结的结果。诚如毛泽东所言:"人类总得不断地总结经验,有所发现、有所发明、有所创造。"

总结来自实践,又反过来指导实践。概括起来,其作用有以下两点:一是探索规律,提高认识。总结是将以往工作、学习、生活中肤浅、零星、表面、感性的认识上升为系统的、深刻的、本质的理性认识。总结的过程就是自我分析、寻找规律的过程。二是了解情况,做好工作。通过总结,人们可以系统全面地了解情况,从成功中获得经验,从失败中吸取教训,从而克服盲目性,提高实践水平。此外,单位的总结常常会对先进予以表彰,对落后予以批评,因而还具有教育群众,调动积极性的作用。

一、基础知识认知

(一)特点

经济总结是总结的一种,除具有方式的回顾性、认识的规律性、主体的个性化、效用的经验性和表达的简明性等共同特点外,其还具有内容的专业性和材料的数据化等个性特点。

1. 内容的专业性

总结写的是过去，是对自身过去的实践活动进行回顾与反思。但经济总结则是对自身过去经济活动或经济管理工作实践的回顾与反思，因此，经济总结势必涉及许多经济方面的专业知识，揭示经济方面的规律，发现经济或管理方面的问题。

2. 材料的数据化

总结强调客观真实，用事实说话。事实就是材料，但经济总结更多的是运用大量统计数据来说明问题，因此，材料的数据化是经济总结的又一重要的特点。

(二)分类

经济总结按不同的划分标准，可分为不同的种类。

(1)经济总结按内容分，有工作总结、生产总结、经营总结、科研总结、财务总结等。

(2)经济总结按时限分，有时间性总结和时段性总结。前者如月度总结、季度总结、年度总结等；后者如阶段总结等。

(3)经济总结按主体分，有系统总结、部门总结、单位总结，以及个人总结等。

(4)经济总结按功能分，有汇报性总结和交流性总结。

(5)经济总结按性质分，有综合性总结与专项性总结。

(三)总结与计划的联系与区别

总结与计划都是做好工作的重要环节。其联系在于，计划是总结的重要依据，总结又是对计划的检验。两者相辅相成，相互促进。

二者的区别主要有以下三点。

(1)拟写时间不同。计划是在工作之前撰写，总结是在工作中或工作完成后撰写。

(2)表达方式不同。计划是行动的指南，重在说明；总结是对计划执行的回顾反思、分析评价，找出规律，作理论概括，重叙议结合。

(3)写作角度不同。计划强调做什么、怎么做、什么时间做、要达到什么目标；总结写做了什么、怎么做的、效果怎样、有何经验教训、今后将怎样做。

二、经济总结写作

经济总结的写法与总结写法完全一样，文本结构同样由标题、正文、文尾三部分构成。

(一)标题

经济总结的拟题方法虽然多种多样，但无论用何种方法，都要紧扣内容、文字精练、高度概括。经济总结的标题一般有四种写法。

1. 专用式标题

此类标题的写法即标题上出现"总结"字样,多用于汇报性、综合性总结,特点是平实。根据构成要素,可分为完全式和省略式。

(1)完全式。标题上单位名称、时限、内容、文种四个要素齐全,如《××银行城西支行2013年上半年信贷工作总结》。

(2)省略式。标题省略单位名称或时限要素,由三要素或两要素构成,如《××学校安全工作总结》。

2. 观点式标题

此类标题的写法即标题明示基本观点,不出现文种"总结"两字,这种标题多用于专题总结,如《股份制使企业走上成功之路》。

3. 提问式标题

此类标题的写法即标题提出需要总结回答的问题,这种标题中含有疑问词"怎样""如何""何以""何在"等,以引起注意,如《我们怎样在市场经济条件下坚持政企分开》。

4. 综合式标题

此类标题的写法即采用正副双标题结合的形式,这种标题有两种情况。

(1)正标题明示总结主要内容或揭示主题,副标题补充说明单位、时限、内容和文种,如《抓改革促管理增效益——阳光食品厂2014年工作总结》。

(2)正标题点明观点(做法),副标题具体说明单位、时限、内容和文种,如《探索道上的得与失——我厂两年来经济体制改革情况总结》。

专用式标题的特点是"实",多用于回报性总结;观点式、综合式和提问式标题的特点是"灵活",具有可读性,多用于经验性总结。

(二)正文

正文一般包括开头、主体、结尾三个部分。

1. 开头

开头也叫前言,要求概述基本情况。一般是交代工作时间、背景、主要做法、取得的成绩及基本评价等,给人一个总体印象。开头要开门见山、简明扼要、紧扣中心、统领全文、有吸引力。

常见的开头有以下几种:概括式,概括介绍基本情况,简要交代工作背景、时间、地点、条件等,使人对工作的基本情况有一个初步的了解;结论式,先明确提出结论,使人了解经验教训的核心所在,再引出下文;提示式,对工作的主要内容作出概括性的介绍,以引起人们的注意;对比式,采取比较的方法,将有关情况进行对比,显示优劣,说明成绩,这种方式能够突出工作的优势和特点,使人更加清楚地了解工作的价值和意义。

2. 主体

(1)内容。主体的主要内容一般包括以下几点。

①基本做法、成绩及经验。这是总结的重点,要写明在什么思想指导下,做了哪些工作,采取了什么措施,取得了哪些成效,主客观原因是什么,有哪些心得体会。其中对做法与成效的说明是基础,对经验体会的总结是重点。行文时要注意点面结合、重点突出、详略结合、材料充实、叙议得法,切忌面面俱到、不分主次或者写成流水账。

②存在的问题与教训。对于汇报性的总结,这部分内容是必不可少的;对于经验总结这部分可略写或不写。存在的问题是在实践中应当解决而暂时没条件或没办法解决的问题,在提出问题的基础上,应着重分析问题产生的主客观原因,以便今后解决问题,改进工作。此部分内容可以单列一项阐述,也可以结合经验附带说明,或在整个总结的结束语中概括提出。

③努力的方向。这部分是针对存在的问题提出的解决办法、意见或打算。

(2)结构。主体部分内容很多,常用几个部分行文,从几部分内容之间的逻辑关系看,常见的结构形式有以下三种。

①纵式结构。纵式结构适用于按时间顺序或事物发展存在递进逻辑关系的总结。按时间顺序,把工作的整个过程划分成几个阶段来写,每个阶段又以"做了什么—怎样做的—效果怎样"的线索行文,这种形式适合写时限较长而又有明显阶段性的工作总结。内容之间存在递进的逻辑关系,按"工作—做法—效果—体会"几部分写,一般宜写专项工作总结,如例文3-2-1,三个小标题下的内容体现"现状—做法—成效"的递进关系。

②横式结构。该结构一般用于综合性工作总结,或专门的成绩或问题总结,或成绩问题对照总结。

③纵横式结构。纵横式结构适用于安排内容时既要考虑时间的先后顺序,体现事物的发展过程,又要注意内容的逻辑联系,从几个方面总结经验教训。这种写法多数是先采用纵式结构,写事物发展的各个阶段的情况或问题,然后用横式结构总结经验或教训。

(3)表达方式。从外在的行文方式看,表达方式有贯通式、序号式、小标题式三种。

①贯通式。贯通式适用于篇幅短小、内容单纯的专项总结。它像一篇短文,全文不用外部标志来显示层次。常按时间顺序叙述情况,谈经验。这种格式具有结构紧凑、内容连贯的特点。

②序号式。序号式即主体内容写成几个部分,各部分内容之间既可为并列关系,也可为递进关系,但每部分冠以"一""二""三"等序号明示。

③小标题式。小标题式是将主体内容分别冠以能高度概括其主要内容的小标题,几个小标题之间又体现并列或递进关系。

总之,主体不管使用哪种逻辑结构和语言表达方式,都应思路清晰、层次分明,内容之间要有严密的内在逻辑联系。

3. 结尾

结尾是总结的结束语。它可以是总结内容的归结,也可以是成绩总结中对问题或打算的弱化表达。有时问题与努力方向被强化成了主体的内容,结尾也可不写,主体内容结束文章也结束。总之,若有结尾则应写得简短。

(三)文尾

文尾包括单位署名和成文日期。单位总结的署名,可以放在文后右下方,也可置于标题之下,如果标题中已经标明总结单位,署名也可以省略。个人总结的署名,一般都写在正文的右下方。总结的日期要写明年月日,置于署名之下。

三、写作注意事项

(一)要明确总结目的

不同目的的总结,对内容的选择有不同的侧重。工作汇报总结重在实事求是,因此既要总结成绩,又要总结问题。经验总结旨在提供经验借鉴,因此总结好的做法和效果是重点。成绩总结主要总结成绩,问题总结主要揭示问题,业务总结主要总结业务。只有目的的明确,才会有针对地选材,有针对地确定写法,写出针对性强的总结。

(二)要实事求是

总结必须真实客观。写成绩必须实事求是,不能夸大其词,不能弄虚作假;有问题,不能瞒天过海,不能报喜不报忧。总结的目的不同,写作各有侧重,但不管是哪种总结,事实材料必须是真实的、客观的、可靠的。

(三)要高度概括,上升为理论

写总结,对自身所做的工作、事情,不仅要认真回顾反思,还必须进行概括归纳,上升为有规律性的理论认识,切忌写成"流水账"或"一盘散沙"。表现在文章的形式上,这些有规律性的认识,常作标题、小标题或段旨,它们是支撑文章的筋骨。没有它们,总结就可能成为"流水账"或"一盘散沙"。

(四)要写出个性特征

总结是"我写我自己"。即使同一件事,由不同的单位或个人来完成,其做法、效果、认识是不会完全相同的。因此,好的总结是有个性、有特点的。

四、例文

【例文 3.2.1】

××市政务服务数据管理局 2022 年工作总结

2022年,在市委、市政府的正确领导下,市政务服务数据管理局坚持以习近平新时代中国特色社会主义思想为指导,以党的二十大精神为指引,深入推进数字化服务建设,加快构建数据资源、数据治理和数据安全体系,强化数字技术赋能政府治理服务。××12345 政府服务热线受理中心被党中央国务院授予"人民满意的公务员集体"荣誉称号;××在 2022 年全国一体化政务服务能力评估中走在全国前列;省级数据交易机构——××数据交易所正式落户并挂牌运行;在 2021 年度省数字政府改革建设第三方评估中名列第一。

一、坚持党建引领,把牢数字政府建设政治方向

认真学习深刻领会全面贯彻党的二十大精神,将学习宣传贯彻党的二十大精神作为当前和今后一个时期的首要政治任务,认真学习党的二十大提出的新目标新任务新要求,切实把思想和行动统一到以习近平同志为核心的党中央决策部署上来,把学习宣传贯彻党的二十大精神这项首要政治任务抓紧抓好抓出成效。统筹推进专项整改和巡视巡察等整改工作,成立局整改工作领导小组,印发局整改工作方案、工作台账等,局主要领导多次召开专题工作调度会,有力推动各项整改工作落地见效。坚持党建与业务互融共进,以党建引领推动各项重点任务落实。

二、坚持以人民为中心,树牢热线全国标杆

树立"一号接听"示范标准,坚持运用标准化提升热线服务,全年受理市民企业诉求超 3200 万件,上线以来累计受理市民诉求超 1 亿件。创新高效工作机制,出台《××市政务服务便民热线管理办法》,推动成立热线工作联席会,推动解决小区道路交通降噪设施加建、物业限制用电监管、电梯加装验收等一批重点事项。全面赋能城市基层治理,推动热线从"话务中心"向"数据中枢"转变,定期发布热线数据分析报告,为化解城市基层治理难题提供大数据信息支撑。建立企业"纾难解困"机制,受理营商环境类诉求 50 多万件,办理满意率达 98%。

三、坚持做强做优,全面推进数字政府建设

出台《××市数字政府改革建设"十四五"规划》《××市智慧城市建设综合改革试点实施方案》等,统筹全市数字政府建设发展目标和规划布局。设立××数字城市研究中心,加强数字政府各领域的理论和政策研究。深化数字政府整体建设和改革,启动全市统一数据资产管理、统一云资源管理、统一安全管理、统一信息系统和基础运维管理改革。推动××数据交易所落户我市并挂牌交易,制定发布数据交易"1+5"规则体系。健全首席数据官组织体系和工作机制,举办多期全市首席数据官队伍数字化能力素养系列培训。建设××城市大数据平台,编制平台总体规划和建设指导意见。擦亮"×××""×××"两大特色品牌,"×××"App提供3200多项服务一站式指尖办,实名注册用户超1500万,服务量超200万宗,"×××"城市运行管理中枢汇聚数据超76.1亿条。

四、坚持提质增效,以数字化服务助力优化营商环境

深化一体化政务服务模式创新,构建以"×××"为总入口的四级政务大厅统一预约体系,实现城市码和政务大厅智能设备设施等协同融合服务。强化为企服务,整合分散的涉企服务资源,利用大数据等推动实现已有信息自动填充、电子证照自动匹配、材料复用免提交等秒办快办体验。逐步形成"一企一档""一人一档",不断提升智慧化精准化全生命周期服务水平。新推20个高频政务服务事项"一件事一次办",构建全市统一的城市码管理服务平台,实现与省内外40个城市实现跨域通办合作。全面实行"适老化"升级改造,在××市政府门户网站、12345热线等推出帮办代办、智能搜索、智能问答等服务。市政府门户网站"长者助手"适老化与无障碍改造获评2022年"×××"数字治理优秀案例。

五、坚持担当创新,积极探索国家治理体系和治理能力现代化新路子

全面落实营商环境创新试点任务,推动政府数据资源在政务服务、城市治理等方面发挥作用。全力以赴推进党建引领城中村治理工作,梳理专项数据资源目录,完善综合治理平台,依托"×××"建设"两图一端",为基层提供基础支撑平台。

××市政务服务服务数据管理局

20××年××月××日

【例文评析】这是一份综合性工作总结,总结的内容全面、详细。标题清晰明了,准确概括了总结的主题。在内容上,详细描述了该局在2022年的工作成果和各项活动的具体情况,包括党建引领、热线服务、数字政府建设、优化营商环境和担当创新等五个方面的工作,每个方面都列举了具体的措施和成果,数据翔实,具有很强的说服力。主体部分的内容在结构上采用了横式结构,在表达形式上采用了分点列举的方式,使内容条理清晰,易于阅读和理解。每个部分都以小标题的形式进行概括,使读者能够快速了解该部分的主要内容。综合来看,这份总结写得非常出色,全面、详细、有条理地展示了××市政务服务数据管理局在2022年的工作成果和各项活动的具体情况,具有很强的可读性和说服力。

【例文思考】

1. 本文在材料运用上采用了哪些经典方法?

2. 总结写作需从感性上升为理性,试以本文为例,谈谈你对此的理解。

拓展训练

1. 什么是经济总结？它有哪些特点？
2. 经济总结写作的内容要素包括哪些？
3. 经济总结正文主体行文结构有哪几种典型的结构模式？它们分别适用于哪种情况的总结？
4. 修改下列病句
①实践证明，哪个工厂走在了前面，哪里的技术革新和生产量就高。
②到年底，上级规定的任务，我商店已基本上全部完成了。
③去年以来，我商店销售额增长幅度之大，上缴利润之多，都是空前少有的。
④××市今年平均每个农业人口生产一千多斤粮食，交售给国家一亿多斤，猪、水果等也普遍增产。
5. 试根据总结写作格式与要求，写一篇以《本学期学习〈经济应用文写作〉总结》为题的个人学习总结。内容应包括如下方面：学习时限、背景、内容、做法、收获以及不足与今后改进措施。要求：(1)根据自己的实际情况和亲身感受，实事求是地撰写；(2)材料真实；(3)结构完整，有层次感，条理性强；(4)语言通顺；(5)1000字以上。

任务三 经济简报

> 经济简报是商业智慧的结晶，它能够让我们更好地了解市场和商业环境，从而作出更明智的决策。
>
> ——彼得·德鲁克

任务情景

经济简报的力量——张经理的成功之道

在一个全球知名的金融公司里，张经理是一位备受尊敬的经济分析师。他以精准的市场预测和独到的经济见解而著称，每当公司面临重大决策时，他的经济简报总是成为高层领导的重要参考。

一天，公司面临一个重大的投资决策，需要在两个潜力巨大的市场中选择一个进行投资。这是一个关乎公司未来发展方向的关键决策，因此，领导层非常重视，他们需要一个可靠的决策依据。

张经理开始准备经济简报。他首先从全球、区域和行业的角度出发,对市场进行了全面深入分析。然后,他收集了大量的历史数据,并运用先进的经济模型进行了预测。在这个过程中,他不仅考虑了宏观经济因素,还深入研究了市场微观结构、消费者行为、竞争格局等细节。

经过几天的努力,张经理完成了经济简报。这份简报详细阐述了两个市场的现状、趋势、风险和机会,并结合公司的战略目标和资源能力,给出了明确的投资建议。这份简报逻辑严密、数据翔实、分析深入,为公司的决策提供了有力的支持。

当领导层看到张经理的经济简报时,他们被深深地打动了。这份简报不仅提供了全面的市场分析和预测,还揭示了市场的内在逻辑和规律,让他们对市场的认识更加深入。最终,公司根据张经理的建议作出了投资决策,并取得了巨大的成功。

任务设置

1. 在面临重大投资决策时,张经理的经济简报为什么能成为高层领导的重要参考?

2. 张经理在准备经济简报时,考虑了哪些方面的因素?他是如何运用这些因素进行分析和预测的?

3. 通过张经理的经济简报,领导层对市场有了更深入的认识。这对公司的决策和未来发展有何重要意义?

知识要点

简报是党政机关、企事业单位编发,用于汇报工作、反映情况、交流经验、报道动态的内部刊物。简报不是文体,而是载体。一份简报,可以只登一篇文章,也可以登多篇文章。这些文章,可能是报告、总结、领导讲话、消息等。简报是个统称,"动态""简讯""信息""内部参考""情况交流""情况反映"等都属简报。

经济简报是简报的一个分支,在经济工作中发挥着十分重要的作用。呈送给上级便于上级了解下情,指导工作;送给平级便于沟通经济信息、交流经济工作经验;发给下级便于开展和推动经济工作。

一、基础知识认知

(一)特点

1. 新颖性

编发经济简报的目的是向上级作汇报、对下级作指导、向同级通报情况,从所反映的新情况、新经验、新动态中获得新认识。因此,经济简报的内容必须具有新颖性,否则就难以发挥其效用。

2. 快捷性

经济简报用于传达经济工作信息,只有迅速及时地反映经济工作动态,汇集情况快、撰写成文快、编印制发快,才有时效性。

3. 简明性

经济简报要简明扼要、短小精悍,只需概括事实和意义就行,不必面面俱到。

4. 规范性

经济简报要求和其他简报一样也由报头、报体、报尾三部分构成,各部分都有规范的格式,因此具有规范性。

(二)种类

经济简报按照不同的标准,可划分为不同类型。

(1)经济简报按时间分,有定期简报和不定期简报。定期简报是按一定时限(如月度、季度等)编发的简报;不定期简报是没有固定的编发时限,而是有了内容就编发一期的简报,编发的时间和期数都较灵活,没有确定性。

(2)经济简报按性质分,有综合性简报和专题性简报。综合性简报是由各种不同性质的内容编辑而成的简报;专题性简报是就某一专门问题或某个项目编辑而成的简报。

(3)经济简报按内容分,有工作简报、生产简报、会议简报、动态简报等。工作简报是反映最近工作情况的简报,也叫"工作动态"或"情况反映";生产简报是反映企业生产、经营情况的简报;会议简报是专为某个大型会议而编发的简报;动态简报是报道本系统、本部门、本单位最新动态或某个领域最新变化的简报。

二、经济简报写作

(一)经济简报的内容

办经济简报的宗旨是促进自身的工作。因此,凡本单位、本系统新近发生的、有价值的经济事件,或对推动本单位、本系统当前经济工作有价值的情况,都可以成为经济简报报道的内容。

(二)经济简报的格式

经济简报由报头、报体和报尾三部分构成(见图3-3-1)。

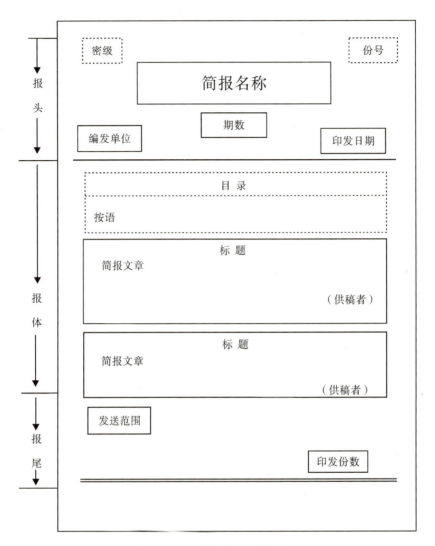

图 3-3-1　经济简报的格式

(三)经济简报的编制

1. 报头

报头须具备简报名称、期数、编发单位和印发日期四要素,若是保密性简报则还需编出密级、份号两个要素。

(1)简报名称。简报名称位于报头上方正中位置,为了醒目用大号字套红印刷。

(2)期数。在简报名称的正下方空一行标明期数"第×期",可用阿拉伯数字,也可用汉字小写数字。一般是按年度依次排列期数,有的简报还同时用统编的累积期数,如"总第×期"。属于增刊的期数,要单独编排,不能与正刊期数混编。

(3)编发单位。编发单位位于期数左侧下方,一般是顶行书写,如××单位办公室编发、××会议秘书处编印等。

(4)印发日期。印发日期位于期数右侧下方,与编发单位左右对称,要求写全年月日。若是签发的,以领导签发日期为准。

保密性简报应在报头的左上角标明密级或者注意事项,如"机密★""秘密★"或"内部资料,注意保存"等。在报头的右上角编份号。

报头一般占简报首页的1/3或2/5。报头与报体之间用一条红线隔开。

2. 报体

报头以下、报尾以上的部分为报体。报体是简报的主体部分,可包括目录、按语和简报文章三项内容。

(1)目录。如简报编发多篇文章,可编排目录,标注在报头下方,居中排列。目录一般不标序码和页码,只需将按语、各篇标题排列即可,为避免混淆,可在每项前加一个"★"作标志。若只刊一篇文章,则此项内容不需要。

(2)按语。按语也称编者按,它不是简报必备要素,只有当编者认为有必要加按语时才由编者写出。按语的写法有三种形式:一是评价性按语,表明编者对简报文章的态度;二是说明性按语,介绍文章材料的来源、转发目的和转发范围等;三是提示性按语,提示简报文章的内容,帮助读者理解。按语不宜过长,短者三五行,长者半页即可。

编者编完一期简报后,若感到意犹未尽,还有话要说,也可写"编后"。编后可单独成篇,置文章之后,可以有题目,也可以无题目。按语较正规,不可盲目使用;编后较灵活、随意,可触景生情、借题发挥,但仍需有的放矢,短小精悍。如果编者觉得没有必要写按语或编后,则可不要,切不可生搬硬套,勉强而为。

(3)简报文章。简报是一种载体,而非文体。因此,简报文章由刊发目的和题材性质所决定。如果是报道本单位、本系统新闻动态,就要按新闻(消息)方式写作;如果是介绍经验,就要按经验总结方式写作;如果是调查情况或问题,就要按调查报告方式写作;如果是领导讲话,就要按讲话方式写作。总之,刊登什么文章,就要按什么文章写作,没有固定的文体。此外,按行文需要可注明供稿者,位于简报文章的右下方。

3. 报尾

报尾位于简报末页底部两条黑色横线隔开的区间,由以下两个要素组成。

(1)发送范围。在左上方退一字位置注明报、送、发单位。"报"是呈报上级单位;"送"是送给不相隶属单位;"发"是发给下级单位。注明报送,可避免漏报漏发或重复报送,也有利于入档备查。

(2)印发份数。位于右下方,写明"共印×份"。

三、写作注意事项

在编写经济简报时,务必做到精、准、快、简。

(一)"精"即选材要精

在编写经济简报时要善于精心挑选材料,把能够说明问题、解释事物本质规律或表明事物发展趋势的材料用到简报中,无关紧要的材料要大胆舍去。

(二)"准"即事实准确

在编写经济简报时一定要实事求是、客观地写明事实,既不可夸大也不可缩小,对所用的事例、数据、引文等要认真核对,确保准确无误。

(三)"快"即及时快速

经济简报具有新闻(消息)的特点,讲究时效性。只有快速反映工作中出现的新问题、新情况,才能及时为领导的决策及问题的解决提供依据,发挥其作用。

(四)"简"即简明扼要

经济简报必须突出一个"简"字,它一般应是"千字文",最多也不要超过两千字。因此,在编写时,一要注意提炼观点,防止罗列现象;二要开门见山,不写大话、空话、套话;三要字斟句酌,用语精炼。

四、例文

【例文 3.3.1】

工　作　简　报
第 7 期

××市招募招商办公室　　　　　　　　　　　　　　20××年 2 月 13 日

[编者按] 2 月 12 日,市政府派出三个督导组深入各县区了解协助×××科技集团招募培训员工情况,一组组长胡××、张××,督导××区、××县;二组组长陈××,督导×县、×县;三组组长王××,督导××区、××县。从督导情况看,市工作会议后,各县区认识到位、部署迅速、计划周密,开创了今年招募招商工作的新局面。特别是××县,不仅认识、部署、计划都很给力,关键是他们措施过硬、行动迅速、注重实效,为全面完成今年的招募招商任务提供了有益的经验。现特作推荐,以供借鉴。

××县科学运作　细化目标　招募工作取得新突破

市政府协助×××科技集团招募培训员工工作会议后,××县县委、县政府高度重视,迅速部署,完善措施,狠抓落实,招募培训员工工作取得了新突破。截至2月14日下午5时,全县共报名510人,面试310人,合格259人,近期将派专人护送合格人员到×××科技集团。

一、高度重视,加强领导

××县委、县政府高度重视协助×××科技集团招募培训员工工作,为了确保此项工作任务落到实处,成立了以常务副县长为组长,以县政府办、县政府督查室、县人社局、县财政局、县教体局、县农业局、县商务局等相关单位主要负责同志为副组长,以各乡镇、县直属有关单位分管领导为成员的××县协助×××集团招募培训员工工作领导小组。

二、迅速行动、层层部署

市政府专题会议之后,县委常委、常务副县长杨××同志在××立即召集县人社局、县教体局、县财政局参会的主要负责同志,对此次招募工作提出了具体的要求。当天下午,杨副县长又召集县政府办和县人社局的有关同志安排部署下一步的工作。1月31日上午,县政府召开了由各乡镇、县直属有关单位分管领导参加的招募工作专题会议,传达了市政府专题会议精神,对此次招募工作任务进行了分解、量化,要求各乡镇和县直各有关单位要提高认识、明确工作责任,必须按时完成任务。2月10日上午和2月11日下午县政府又连续召开了专项工作会,给招募工作再加压。各乡镇也及时召开了乡镇班子成员、包村干部和村支部书记会议,对县政府下达的目标任务进行分解,实行主要领导亲自抓,分管领导具体抓,包村干部作为第一责任人,村支部书记作为直接责任人,一级抓一级、层层抓落实的工作机制。

三、完善措施,狠抓落实

一是实行联席办公会议制度。(略)

二是制定工作方案,明确工作目标任务。(略)

三是设立18个专门招募点。(略)

四是加大宣传力度,营造良好的舆论氛围。(略)

五是严格奖惩措施,提高工作的积极性。(略)

六是强化督导,实行日通报制度。(略)

(供稿:×××)

发送:×××、×××;××××××、××××××。

(共印××份)

【例文评析】这是一份经验简报。其中所载文章就是一篇经济工作经验总结,这种经验介绍的简报总结,在写法上,一是要注重做法(经验)的归纳提炼;二是行文要比一般工作总结更加概括简明。为了以点带面,促进工作,编者还为其编写了按语。

【例文思考】
1. 经验简报所载文章具有怎样的性质?这种简报能起到什么作用?
2. ××县在完成为×××集团招募培训员工工作中,总的经验是什么?具体经验又是什么?
3. 分析本文的结构,指出其正文主体部分的结构方式。

拓展训练

1. 经济简报的报头部分包括哪些要素?
2. 经济简报可以登载哪些内容?经济简报有何作用?
3. 一份完整的经济简报包括哪些部分?
4. 试结合学习内容,自定主题,自选材料,编写一份综合性经济简报。要求格式及编排规范,简报中至少有一篇文章为自己撰写。

任务四　经济消息

> 经济消息是商业的灵魂。
>
> ——亚当·斯密

任务情景

经济消息的笔力与影响

在一个金融街的摩天大楼里,有一家名为"财经之声"的新闻机构,这家机构以其准确、及时和深入的经济新闻报道而备受业界尊重。其中,一位年轻而才华横溢的记者,名叫小杨,尤其擅长经济消息写作。

一天,小杨得知了一个关于国家即将出台重大经济政策的消息。她意识到这个消息对市场有着巨大的影响,于是决定立即进行深入的调查和研究。经过几天的努力,小杨收集了大量相关的数据和信息,并进行了详细的分析。她发现这项政策将对多个行业产生深远的影响,尤其是房地产业和制造业。于是,她开始了经济消息写作。

小杨以清晰、准确和生动的语言描述了政策的背景和目的,分析了可能对市场和经济产生的影响,并提供了相关的数据和案例支持她的观点。她的文章不仅具有深度,而且易于理解,让读者能够快速抓住重点。文章发布后,立即引起了广泛的关注和讨论。各大媒体纷纷转载,投资者和企业家们纷纷表示受到了启发,政策制定者和分析师们也开始关注这个话题。小杨撰写的经济消息不仅传递了重要的信息,还引发了社会的思考和行动。

然而,经济消息的写作并非总是如此顺利。有一次,小杨在匆忙中发布了一篇未经核实的经济消息,结果导致市场的混乱和投资者的损失。她深感内疚和自责,并决定更加谨慎地对待经济消息写作。

从此以后,小杨在每次写作之前都会进行充分的调查和核实,确保信息的准确性和完整性。她还学会了如何平衡消息的正面和负面影响,以及如何以客观、公正的态度呈现事实。

她的故事传遍了金融界和新闻界,成为了一个关于经济消息写作的经典案例。人们从中明白了经济消息写作的重要性和责任,也学会了如何运用笔力传递智慧和价值。

在小杨的故事中,我们看到了经济消息写作的力量和影响。一篇好的经济消息不仅能够传递信息,还能够引导思考、改变观念、影响决策。因此,对学习经济消息写作的人来说,不仅要掌握写作技巧和方法,更要培养责任感和专业精神。

任务设置

1. 经济消息写作应该具备哪些特点?
2. 在经济消息写作中,如何确保信息的准确性和客观性?
3. 如何运用经济消息的写作技巧来吸引读者的注意力?

知识要点

消息,亦称新闻,是以简明的文字快速报道新近或即将发生的具有新闻价值的事实的新闻体裁。经济消息是消息的一个分支,是指以简明文字,对经济领域新近发生的有新闻价值的事实进行快速报道。其内容包括工业、农业、商业、财政、金融、消费以及国内外市场各个方面的经济活动、经济信息、经济政策、经济管理、经济现象、经济观念等。

在现代经济社会,经济消息的使用频率很高。它既是人们及时了解经济领域各种新情况、新动向、新成就的窗口,又是党和政府宣传经济政策、指导经济工作、进行经济调控的一种便捷有力的工具。

一、基础知识认知

(一)特点

消息具有真实性、时效性、公开性、简明性和可读性等特点,作为从属于消息的经济消息,除了具备消息上述共性特点外,由于其与经济工作、经济活动、经济生活密切相关,因而还具有如下个性特点。

1. 政策性

许多经济消息是为了配合党和政府在一定时期内的经济政策所进行的解释和宣传工作,其内容本身就带有很强的政策性。一些报道经济工作动态、经济战线新人新事的经济消息,虽然不直接阐释政策,但也渗透着政策精神,间接体现着政策。

2. 专业性

经济消息是一种专业性很强的报道。在对经济领域发生的新情况、新经验、新政策进行报道时,往往要涉及一些业务性和技术性的内容,譬如成本核算、经济效益、产值、利润、措施方案等,同时,还需使用经济专业术语表达,这就要求作者必须具备一定的经济专业知识。

3. 指导性

高水平的经济消息善于从与群众生活密切相关的经济现象入手,用科学、辩证的思维,简明通俗的语言来审视现象,揭示本质,预测发展趋势,帮助人们认清形势,明确方向,认识经济发展的障碍,引导人们的经济行为与国民经济的健康发展相协调,从而满足人们更高的需求。

(二)种类

根据不同的角度,经济消息有多种分类方法。按消息领域可分为工业消息、农业消息、财贸消息、房地产消息、旅游业消息等;按消息内容可分为政策性消息、信息性消息、人物性消息、问题性消息、生活消费性消息,以及边缘性消息。下面着重介绍按消息性质划分的几种经济消息。

1. 经济动态消息

其报道的是国内外经济领域中发生的重大事件、最新情况和最新动向的消息。它着眼于事物的快速变动,以最快的速度传递最新信息。这种消息迅速及时、短小精悍、生动活泼,使用频率最高,最具消息代表性。简讯、要闻、快讯、动态、市场行情等均属于此类。

2. 经济经验消息

其报道的是经济部门及企业在某项经济工作中成功的做法、措施、经验的消息。这类消息旨在用典型的经验推动全局、指导局部，使党和政府的经济方针和政策具体化。在写法上要注意突出经验的普遍性和可操作性。

3. 经济综合消息

其报道的是带有全局性的经济情况、动向的消息。其特点是围绕一个主题，将发生在不同地区、行业、部门的同类经济现象或同一地区、行业、部门的侧重点各异的经济现象进行集中报道，从而发挥报道面广、声势大、立体感强的宣传效应。

4. 经济述评消息

经济述评消息也叫经济述评，报道的是以经济新闻事件、新闻人物、新闻现象、经济新政为评议对象的消息。它实际上是一篇叙议结合的经济时论，通常用于报道新闻价值高、政策性强、矛盾突出的经济事件、现象、问题等。作者通过分析形势、研究动向、揭示矛盾来对某种典型新闻加以评议，以帮助读者加深理解，从而发挥经济消息的导向作用。

二、经济消息写作

经济消息的内容包括六要素，即 what（何事）、when（何时）、where（何地）、who（何人）、why（何故）、how（如何），简称 5W1H。一般而言，具备了这六个内容要素，就基本能满足受众对事件了解的需要。

一则完整的经济消息通常由标题、导语、主体、结尾四个部分构成。此外，还有背景材料的灵活运用。

(一)标题

标题是经济消息主要内容或要旨的提要，用以吸引读者或者帮助读者阅读。标题有以下几种形式。

1. 直接式标题

此种标题直接揭示经济消息的内容，在经济消息中运用较广，如《住在涵洞为讨薪》(×××广播电视台"经济生活频道"20××年 11 月 15 日 19 时 10 分)。

2. 提问式标题

此种标题通常由经济消息报道的对象及问句构成，问而不答，旨在吸引读者注意，从主体中寻找答案，如《"电商"与"店商"谁能争锋？》(××卫视"新闻×××"2014 年 12 月 19 日 19 时 4 分)。

3. 综合式标题

此种标题采用多行标题来揭示消息的内容。多行标题可由引题加正题组成，也可由正题加副题组成，还可由引题、正题、副题组成。这些标题虚实相间、互为补充，既可以准确表达信息内容，又能吸引读者，给人留下深刻印象，举例如下。

(1) 引题＋正题

水在城内 山在城中 人在绿中

××发展休闲观光农业，成为"全国生态魅力县"

(《×××报》20××年6月17日)

(2) 正题＋副题

九万里风鹏正举

——海上新丝路东盟万里行

(××新闻网，20××年9月)

(3) 引题＋正题＋副题

我国企业技改工作进入新时期

国债技改项目成效显著

近三年共安排国债专项资金二百六十五点四亿元，技改项目八百八十项

(《×××报》20××年11月16日)

(二)导语

导语是消息的第一句语或第一段话，是一则消息的窗口，要用简明、生动的语言概述消息中最重要、最精粹、最新鲜的事实，以达到先声夺人的效果。对于采用"倒金字塔式"结构的消息而言，导语是消息最重要的内容。导语的常见写法有叙述式、根据式、引语式、提问式和评述式几种。

1. 叙述式

叙述式导语是用直述方法简要报道消息中最新鲜、最重要事实的导语，如"12月18日上午9时正，随着网上商城销售信息的发布，拥有地理标志认证和溯源认证的×××羊肉，创造了在48小时之内摆上全国各地消费者餐桌的奇迹"。

2. 根据式

根据式导语是在报道经济消息事实之前，交代信息的来源以显示其消息真实性的导语。如"×××1月24日电(记者 梁××)经国家统计局核定，××××年××地区生产总值39 081.59亿元，人均GDP 40 748元，折合近6 000美元，达到5 965美元"。

3. 引语式

引语式导语是引用消息中重要人物的话或说法揭示新闻特点、进程或意义,从而给人留下深刻印象的导语。如"正如国家统计局×××局长所言,××××年我国实行积极的财政政策和宽松的货币政策,很快扭转了经济下滑的局面,在全球率先实现了国民经济总体回升向好"。

4. 提问式

提问式导语是先把问题鲜明地提出来,再用事实简要回答,从而引起读者注意的导语。如"去冬今春,全国苹果滞销,亏损严重,但是×××果品公司不仅不亏,还有盈余,这是为什么?"

5. 评述式

评述式导语是对新闻事实发表评议,以加深读者对新闻意义的认识的导语。

此外,还有描写式导语、综合式导语等。

(三)主体

主体是消息的主干部分是用具体、典型的材料对导语展开陈述,使导语的内容得到阐释、补充乃至深化,使导语中所提到的信息更为详细确凿、丰满清晰。

主体部分由于内容较多,材料安排要层次分明、条理清晰,常用的结构形式有时间顺序、逻辑顺序、并列顺序三种。时间顺序即以时间先后为序来安排材料;逻辑顺序即以事物的内在联系为序来安排材料,它有递进式、因果式、主次式等;并列顺序即将时间顺序和逻辑顺序两种方法交叉运用来安排材料。主体部分在写作上要注意点面结合,既要有概括性的材料,也要有生动典型的具体事例。

(四)结尾

结尾是消息的最后一句话或一段话,一般是对报道内容进行概括式小结或指出事物的发展趋势,有的是提出希望。好的结尾可以起到耐人寻味、发人深省、加深读者印象的作用。

对于采用"倒金字塔式"结构的消息来说,由于重点在前,相比之下结尾就显得不那么重要,有些消息没有结尾,是否需要结尾要服从于全篇的需要。

此外,还有背景材料。背景材料是指新闻事件发生的历史条件和环境。背景材料包括对比性材料、说明性材料和注释性材料。一般来说,消息写作往往用背景材料来烘托、深化主旨,帮助读者认识所报道事实的性质和意义,但背景材料在消息文本中并非必要内容,也没有固定的结构位置,需根据所报道的内容和表现主旨的实际需要,穿插于标题、导语、主体和结尾之中或免用。

三、写作注意事项

(一)材料精当,主旨集中

要写出有价值的经济消息,首先要求作者广泛收集经济领域的各种数据资料,密切关注经济活动的发展态势。同时要善于从众多的信息中提炼出最能体现本质特征和消息"个性"的材料。在掌握了充分的真实、典型材料后,对其进行科学分析,确定明确的写作主旨。

(二)写清六要素

经济消息作为一种新闻文体,其写作要求与新闻完全相同,首先要写清六个基本要素(5W1H),使人们明确知道何人在何时、何地,因何发生了何事,结果如何等。

(三)事实真实准确

真实、准确是经济消息的生命所在。经济消息是通过事实来说明问题、论述主张,为经济决策者提供决策依据的。因而必须用事实说话,报道需有根据,确有其事,人物、地点、时间、数据、引语、细节都要准确无误,客观存在。

(四)语言表达简明规范

经济消息在表达方式上以说明为主,即以客观、科学的说明,把经济消息的内容解说清楚,很少细叙与议论;在语言上,强调文字简洁、准确,表达明白无误,应力避含糊其辞的语言,努力达到文字的简约化,语言的规范化和程式化。

(五)保守经济秘密

经济消息写作经常需引用国家经济部门的一些情况、数据和动态,必须严守经济秘密,做到内外有别,有关外贸的新闻更要注意保密。对于物价、税收以及工业生产等有关国内经济的报道,同样要注意保密,以防止一些不法分子钻宣传报道的空子,哄抬物价、抢购、套款、偷税、漏税等。

四、例文

【例文 3.4.1】

×××牧民:赶着羊群上电商

×××　×××

12月18日上午9时正,随着××商城鼠标点击,拥有地理标志认证和溯源认证的×××羊肉,创造了在48小时之内摆上全国各地消费者餐桌的奇迹。

世世代代逐水草而居、祖祖辈辈在草原天然牧场放牧的×××牧民×××,坐在自家电脑前时刻关注着开业情况。当他了解到,消费者当天就在北京火锅店品尝到他家牧场的新鲜羊肉时,他兴奋不已地对记者说:"我们家羊肉营养丰富、口感柔滑、味美多汁,无膻味,一定会受到首都人民青睐。"

羊肉销路越广,卖得越多,牧民的收入就越高,牧民都知道这个理儿。在网上买卖东西,×××以前只是听说。他从没想到,这么好的事儿竟然和牧民及他们的羊肉扯上关系。"××商城销售的羊肉产品,必须具备地理标志认证和溯源认证,两者缺一不可。"参与推进网络销售平台建设的×××财政局副局长×××说。

今年春天,在×××有15万只小羊羔出生1个多月就被打上了耳标,有了可追溯身份证,约占×××羊总出栏数的五分之一。羊戴上耳标,其产品就拥有了溯源认证。"品名:手工肉馅;重量:2.5kg;养殖户:×××;品种:×××羊;地理标志:×××;水质:河流2条,大小湖泊1363个,其中淡水湖672个;饲草种类:饲用植物671种……"在×××肉食品有限公司,记者拿起一袋冷冻饺子馅,用手机扫描一下二维码,产品的信息便一览无余。

独特的地理环境,赋予了×××羊肉"肉中人参"的美誉。"全国羊肉看×××,×××羊肉看××,××羊肉数×××。"在×××,每个牧民对自己的羊肉都有这样的自信。×××说:"咱们×××羊是幸福的,从小就有了身份证,每天在辽阔的草原上散步。它们的身价也比普通羊高。"打了耳标的×××羊肉,在品种、产地等各方面都有了保障,企业收购时每公斤比市场价高出2元。今年,×××卖了400只羔羊,在羊肉价格整体下跌的形势下,他却得到了不少补偿。他说:"一只羊能多卖二三十块钱,这样过冬的草料钱就基本解决了。"

目前,×××已与××速运公司达成合作协议,××商城销售的羊肉产品,在呼和浩特、北京、上海、成都等地区实现同城配送,外地48小时内到货。

12月18日上午9点,×××羊肉在××商城的"放心食品专营店"刚一亮相,就引起不少网民关注,截至当天17点,点击量达到1800多人次。

【例文评析】该新闻及时报道了世世代代在草原上生活的牧民,在政府指导下,转变观念,积极转变经营方式,采用耳标和二维码可溯源认证及显示地理标志,运用网络功能,让全国消费者认可并放心食用无污染×××草原羊肉消息。对当地政府的工作、企业的经营、牧民的养畜积极性,都起到了很大促进作用,并对遏止羊肉价格走低的势头起到了有效的舆论引导作用。文章标题醒目、主题突出、结构严谨、语言流畅、阐述到位,事实数据权威,具有很高的新闻感染力、传播力、公信力和影响力。

【例文思考】

1.指出该则消息的新闻价值在哪里?

2.分析该则消息的结构构成,并指出各部分的行文特点。

拓展训练

一、填空题

1. 经济消息的特点是：_____、_____、_____、_____。

2. 经济消息可分为_____、_____、_____、_____四类。

3. 一篇经济消息通常由_____、_____、_____和结尾部分组成。

4. 经济消息导语的常见表达方式有：_____、_____、_____、_____、_____。

二、判断改错题（请在题后的括号内正确的打√，错误的打×，错误的请改正。）

1. 经济述评就是经济评论。（　　）

2. 经济消息与通讯写法没有区别。（　　）

3. 经济消息对于时效性要求不高。（　　）

4. 经济消息可以采用议论或抒情手段。（　　）

5. "倒金字塔式"结构是以事实的重要性程度或受众关心程度依次递增的次序安排材料。（　　）

三、选择题

1. 选出下列各组中最好的标题，并说明理由。（　　）

   A. 中国科学院工作会议在京隆重召开

   B. 中国科学院实施跨世纪发展战略

   C. 中国投资20亿元建设新一代大科学装置

   D. 中国科学院确定"九五"重大项目

   E. 中国科学院确定跨世纪的四大任务

2. 选出你认为最好的一组标题，并说明理由。（　　）

   A. 全市昨天起开展统一灭蚊活动（引）将登革热拒之门外（主）

   B. 登革热探头探脑防御战不打不行（引）要把蚊子全杀光（主）

3. 选出下面你认为最有新闻性的导语，并说明理由。（　　）

   A. 昨天，××大学校长宣布，由于上一季度数以千计的球迷没有座位，学校的足球场将扩大50％，工程费用将靠增加学费解决。

   B. ××大学校长昨天宣布，由于上一季度数以千计的球迷没有座位，学校的足球场将扩大50%,工程费用将靠增加学费解决。

C."××大学将通过增加学费筹集资金,把足球场扩大50%,这是因为数以千计的球迷上一季度没有座位。"该校校长昨天宣布。

D."××大学学校的足球场将扩大50%,因为上一季度数以千计的球迷没有座位",大学校长宣布说,"工程费用将靠增加学费解决。"

四、简答题

1.简述经济消息的含义和作用。

2.经济消息有哪些写作要求?

3.经济消息导语写作的基本要求是什么?提出这些要求的理由是什么?

4.写好经济消息主体需要注意哪些问题?

五、写作题

深入商场、市场或经济部门进行采访、调查,就采访调查到的材料,写一篇经济消息。

思政 小课堂

马氏"兄弟"跨越二十年的诚信

项目四 常用党政机关公文

思政目标

1.注重贯彻党的教育方针,培养学生的党性修养和忠诚意识,强调党政机关公文对于党的工作和政务管理工作的重要性。

2.引导学生树立正确的公文写作观念,遵守公文的行文规则和格式规范,保证公文的合法性、规范性和有效性。

知识目标

1.掌握党政机关公文的概念、特点、种类及作用,了解公文在行政管理工作中的重要性和必要性。

2.熟悉党政机关公文的行文规则和拟制程序,了解公文的起草、审核、签发、收文、发文、归档等环节。

3.熟悉党政机关公文的结构和格式,包括标题、编号、主送机关、正文、附件、落款等要素,能够正确填写公文表格和插图。

4.掌握通知与通报、请示与报告、批复与函的基本概念、写作方法和格式要求。

能力目标

1.能够根据实际工作需要,运用公文写作的基本知识和技能,撰写符合规范的党政机关公文。

2.能够根据实际工作需要,运用请示、报告、批复、函等文书的基本知识和技能,撰写符合规范的文书。

3.熟练掌握党政机关公文的结构和格式,正确填写公文表单。

4.熟练掌握党政机关公文的行文规则和拟制程序,能够独立完成公文的起草、审核、签发等环节的工作。

素质目标

1.培养学生具有提炼有效信息、认真写作、规范行文的写作习惯。

2.培养学生具有科学严谨的态度和坚持实事求是的工作作风。

任务一 党政机关公文基本认知

> 文所以载道也。轮辕饰而人弗庸,徒饰也,况虚车乎。
>
> ——周敦颐

任务情景

青年是祖国的未来。党的二十大报告指出:"青年强,则国家强。当代中国青年生逢其时,施展才华的舞台无比广阔,实现梦想的前景无比光明。"为了引导广大学生学习理解习近平总书记对中国梦的深刻阐释,了解鸦片战争以来中国人民持续奋斗的伟大历程,畅想中华民族伟大复兴的中国梦,激发大学生的爱国情感和社会责任感,广东××学院团委拟在全校开展"我的中国梦"读书征文活动。为了圆满完成活动,决定在9月15号下午4点召开筹备会议,要求各二级学院团支部书记、宣传委员参加,会议地点定在16号楼一楼会议室。

任务设置

1. 请你根据以上材料确定文种,掌握党政机关公文的行文规则与拟制。
2. 系统学习2012年4月16日中共中央办公厅、国务院办公厅联合印发的《党政机关公文处理工作条例》(以下简称条例),掌握党政公文的特点和写作规范。

知识要点

党政机关公文是指用于各级党政机关依法实施党政决策、常态管理的公文,即条例所规定的15种党政机关公文。它们常被制作成套红文件,因而也称"红头文件"或简称"文件"。

一、党政机关公文的含义

条例第三条指出:"党政机关公文是党政机关实施领导、履行职能、处理公务的具有特定效力和规范体式的文书,是传达贯彻党和国家方针政策,公布法规和规章,指导、布置和商洽工作,请示和答复问题,报告、通报和交流情况等的重要工具。"这一定义,从公文的适用主体、效用效力、体式、性质等方面作了明确的界定。

二、党政机关公文的特性

党政机关公文是党政系统用于实现党政管理及处理日常党政事务,讲究规范的公务文书,其特性体现在下面几个方面。

(一)域指性

党政机关公文是党政系统各级党政机关及其部门、基层组织用以管理和处理党政事务的公文。其域指性非常明确,既区别于人大、政协系统机关公文,也区别于军队系统机关公文。对于这些相区别的机关和单位公文的处理要求,条例第四十条的规定是:"其他机关和单位的公文处理工作,可以参照本条例执行。"

(二)权威性

党政机关公文须以法定的党政机关名义或其法人代表名义制发,体现发文者的意志。在法定的时空内对受文者的行为产生强制性影响,具有法定权威性和约束力。

(三)政治性

党政机关公文是现代社会政治生活的产物,是发文者意志的表达。在我国,它是传达贯彻党和政府路线方针政策,处理机关公务的工具。在内容上,它必须与党和政府的政治、政策保持高度的一致,始终代表着党、国家和人民的根本利益,为巩固和发展中国特色社会主义服务。

(四)现实性

党政机关公文是为了解决在党政管理工作中出现的问题和矛盾而制发的,或传达意图、联系事务、商洽事项、交流情况、传播经验、推动工作,或颁布法规规章制度,并且在实际执行过程中往往具有很强的时间性。即使有些是对历史问题作出结论,也往往是为了澄清人们对其在认识上的混乱。显然,党政机关公文始终面对现实,为现实服务。

(五)工具性

党政机关公文是党和国家意志的重要载体,是各级党政机关传达党的路线、方针、政策和政府法令法规,有效实施党政管理的重要工具。

(六)规范性

党政机关公文的规范性是针对其体式规范而言的,这种规范来自条例的法定,行文时必须严格遵守和遵循。

三、党政机关公文的种类

(一)党政机关公文的文种及其适用职能

条例第八条规定,党政机关公文文种主要有15种,其适用职能如下。

1. 决议

其适用于会议讨论通过的重大决策事项。

2. 决定

其适用于对重要事项作出决策和部署,奖惩有关单位和人员,变更或者撤销下级机关不适当的决定事项。

3. 命令(令)

其适用于公布行政法规和规章,宣布施行重大强制性措施,批准授予和晋升衔级,嘉奖有关单位和人员。

4. 公报

其适用于公布重要决定或者重大事项。

5. 公告

其适用于向国内外宣布重要事项或者法定事项。

6. 通告

其适用于在一定范围内公布应当遵守或者周知的事项。

7. 意见

其适用于对重要问题提出见解和处理办法。

8. 通知

其适用于发布、传达要求下级机关执行和有关单位周知或者执行的事项,以及批转、转发公文。

9. 通报

其适用于表彰先进、批评错误、传达重要精神和告知重要情况。

10. 报告

其适用于向上级机关汇报工作、反映情况,回复上级机关的询问。

11. 请示

其适用于向上级机关请求指示、批准。

12. 批复

其适用于答复下级机关请示事项。

13. 议案

其适用于各级人民政府按照法律程序向同级人民代表大会或者人民代表大会常务委员会提请审议事项。

14. 函

其适用于不相隶属机关之间商洽工作、询问和答复问题、请求批准和答复审批事项。

15. 纪要

其适用于记载会议主要情况和议定事项。

(二)党政机关公文分类

上述15种党政机关公文,从不同的视角划分,可得出不同的划分结果。

(1)其根据使用系统可分为党务机关公文和政务机关公文。党务机关公文是指由党的各级机关发出的公文;政务机关公文是指由各级行政机关发出的公文。

(2)其根据行文关系或行文方向可分为上行文、下行文、平行文。上行文是指下级机关向上级机关呈送的行文,如报告、请示等;下行文是指上级机关向下级机关下达的行文,如决议、决定、命令(令)、批复、公报、公告、通告等;平行文是指不相隶属机关之间的相互行文,如函。

此外,议案虽是一种行政机关公文,却是政府向同级人大提请审议事项的专用公文。目前其归类存有异议,主要有平行文和上行文两种说法。

下行文也存在两种情况:一是行文者之间是直接的上下级关系,这是典型的下行文,如批复;二是行文者之间并非严格意义上的党政隶属关系,而是党政机关面向全体社会成员或有关方面人员的行文,这类行文也被称作"泛行文",如公报、公告、通告。命令、决定既可作典型下行文,也可作泛行文。

值得注意的是,有些文种可以兼行,它们在不同情况下可充当不同的行文。如意见可以用于上行文、下行文和平行文;通知常用于下行文,但用于"知照"信息、情况时,也可作平行文;通报用作"通报情况"时,既可作下行文,也可作平行文;纪要也要视发文机关和发送对象的具体情况而定。不过,这些兼行文种,一旦与具体的内容、行文对象相联系,其行文关系就被确定。

当然,党政机关公文还可以根据其他标准进行划分,在此不作赘述。

四、党政机关公文的作用

党政机关公文作为党和国家实施管理工作的重要工具,在体现党和政府意志的执行职能,依法对党政事务和社会公共事务的管理上发挥着重要作用,具体表现为以下几个方面。

(一)领导和指导作用

党政机关公文是传达政策政令的工具,各级党政机关通过制发各种公文来传达党和国家的方针政策,贯彻上级领导意图,有针对性地解决实际工作中的具体问题,有效地实施领导和指导。

(二)规范和准绳作用

党和国家需要有各种纪律、法令、法规及规章制度来规范党政管理的职责和全体党员、社会成员的行为,这些纪律、政令、法规等虽然不一定全是法律条文,但都要求党员或社会成员或下级机关遵守或执行,并产生强制性和准则性作用。

(三)宣传和教育作用

党政机关公文尤其是上级机关制发的指挥性公文,其重点是阐明党和国家的政治路线、方针、政策和措施,以作为下级机关或者个人的规范。有的还直接表彰奖励先进、批评惩处错误,具有鲜明的宣传教育作用。

(四)组织和协调作用

党政管理的实质就是使社会各方面有序化运行,而这种有序化运行则是通过有效组织和协调来完成的。党政机关公文作为党政管理的重要工具,其中多数文书都有组织、协调作用,如通知、意见、决定等都最具组织作用,而报告、通报、通告、通知、函等又都最具协调作用。有些具有法规性的公文表面上是起规范行为的作用,但实质上起到使社会变得和谐有序的作用。

(五)联系和知照作用

上级与下级之间,部门与部门之间,非隶属机关之间,因工作关系经常需要交流信息、互通情况、商洽工作、协调步伐等,它们之间的联系沟通常常是依靠制发公文来实现的,因而公文具有联系和知照作用。

(六)依据与凭证作用

党政机关公文反映制发机关的意图,具有法定的效力,受文机关都要以此作为处理事务、开展工作、解决问题的凭证与依据,因而具有依据与凭证作用。

五、党政机关公文的行文规则与拟制

(一)党政机关公文的行文规则

掌握并遵守行文规则是写好党政机关公文的前提。条例规定的行文规则如下。

(1)行文应当确有必要,讲求实效,注重针对性和可操作性。

(2)行文关系根据隶属关系和职权范围确定。一般不得越级行文,特殊情况需要越级行文的,应当同时抄送被越级的机关。

(3)向上级机关行文应当遵循的规则。①原则上主送一个上级机关,根据需要同时抄送相关上级机关和同级机关,不抄送下级机关。②党委、政府的部门向上级主管部门请示、报告重大事项,应当经本级党委、政府同意或者授权;属于部门职权范围内的事项应当直接报送上级主管部门。③下级机关的请示事项,如需以本机关名义向上级机关请示,应当提出倾向性意见后上报,不得原文转报上级机关。④请示应当一文一事。不得在报告等非请示性公文中夹带请示事项。⑤除上级机关负责人直接交办事项外,不得以本机关名义向上级机关负责人报送公文,不得以本机关负责人名义向上级机关报送公文。⑥受双重领导的机关向一个上级机关行文,必要时抄送另一个上级机关。

(4)向下级机关行文应当遵循的规则。①主送受理机关,根据需要抄送相关机关。重要行文应当同时抄送发文机关的直接上级机关。②党委、政府的办公厅(室)根据本级党委、政府授权,可以向下级党委、政府行文,其他部门和单位不得向下级党委、政府发布指令性公文或者在公文中向下级党委、政府提出指令性要求。需经政府审批的具体事项,经政府同意后可以由政府职能部门行文,文中须注明已经政府同意。③党委、政府的部门在各自职权范围内可以向下级党委、政府的相关部门行文。④涉及多个部门职权范围内的事务,部门之间未协商一致的,不得向下行文;擅自行文的,上级机关应当责令其纠正或者撤销。⑤上级机关向受双重领导的下级机关行文,必要时抄送该下级机关的另一个上级机关。

(5)同级党政机关、党政机关与其他同级机关必要时可以联合行文。属于党委、政府各自职权范围内的工作,不得联合行文。党委、政府的部门依据职权可以相互行文。部门内设机构除办公厅(室)外不得对外正式行文。

(二)党政机关公文的拟制

党政机关公文拟制包括公文的起草、审核、签发等程序。条例中对公文拟制各程序都作了具体要求。

（1）公文起草应当做到以下几点。①符合国家法律法规和党的路线方针政策，完整准确体现发文机关意图，并同现行有关公文相衔接。②一切从实际出发，分析问题实事求是，所提政策措施和办法切实可行。③内容简洁，主题突出，观点鲜明，结构严谨，表述准确，文字精炼。④文种正确，格式规范。⑤深入调查研究，充分进行论证，广泛听取意见。⑥公文涉及其他地区或者部门职权范围内的事项，起草单位必须征求相关地区或者部门意见，力求达成一致。⑦机关负责人应当主持、指导重要公文起草工作。

（2）公文文稿签发前，应当由发文机关办公厅（室）进行审核。审核的重点如下。①行文理由是否充分，行文依据是否准确。②内容是否符合国家法律法规和党的路线方针政策；是否完整准确体现发文机关意图；是否同现行有关公文相衔接；所提政策措施和办法是否切实可行。③涉及有关地区或者部门职权范围内的事项是否经过充分协商并达成一致意见。④文种是否正确，格式是否规范；人名、地名、时间、数字、段落顺序、引文等是否准确；文字、数字、计量单位和标点符号等用法是否规范。⑤其他内容是否符合公文起草的有关要求。

需要发文机关审议的重要公文文稿，审议前由发文机关办公厅（室）进行初核。

（3）经审核不宜发文的公文文稿，应当退回起草单位并说明理由；符合发文条件但内容需作进一步研究和修改的，由起草单位修改后重新报送。

（4）公文应当经本机关负责人审批签发。重要公文和上行文由机关主要负责人签发。党委、政府的办公厅（室）根据党委、政府授权制发的公文，由受权机关主要负责人签发或者按照有关规定签发。签发人签发公文，应当签署意见、姓名和完整日期；圈阅或者签名的，视为同意。联合发文由所有联署机关的负责人会签。

六、党政机关公文办理与管理

(一)党政机关公文办理

党政机关公文办理包括收文办理、发文办理和整理归档。

1. 收文办理

收文办理包括签收、登记、初审、承办、传阅、催办、答复等程序。

2. 发文办理

发文办理包括复核、登记、印制、核发等程序。

3. 整理归档

需要归档的公文及有关材料，应当根据有关档案法律法规以及机关档案管理规定，及时收集齐全、整理归档。两个以上机关联合办理的公文,原件由主办机关归档,相关机关保存复制件。机关负责人兼任其他机关职务的,在履行所兼职务过程中形成的公文,由其兼职机关归档。

(二)党政机关公文管理

(1)各级党政机关应当建立健全本机关公文管理制度,确保管理严格规范,充分发挥公文效用。

(2)党政机关公文由文秘部门或者专人统一管理。设立党委(党组)的县级以上单位应当建立机要保密室和机要阅文室,并按照有关保密规定配备工作人员和必要的安全保密设施设备。

(3)公文确定密级前,应当按照拟定的密级先行采取保密措施。确定密级后,应当按照所定密级严格管理。绝密级公文应当由专人管理。公文的密级需要变更或者解除的,由原确定密级的机关或者其上级机关决定。

(4)公文的印发传达范围应当按照发文机关的要求执行;需要变更的,应当经发文机关批准。涉密公文公开发布前应当履行解密程序。公开发布的时间、形式和渠道,由发文机关确定。经批准公开发布的公文,同发文机关正式印发的公文具有同等效力。

(5)复制、汇编机密级、秘密级公文,应当符合有关规定并经本机关负责人批准。绝密级公文一般不得复制、汇编,确有工作需要的,应当经发文机关或者其上级机关批准。复制、汇编的公文视同原件管理。复制件应当加盖复制机关戳记。翻印件应当注明翻印的机关名称、日期。汇编本的密级按照编入公文的最高密级标注。

(6)公文的撤销和废止,由发文机关、上级机关或者权力机关根据职权范围和有关法律法规决定。公文被撤销的,视为自始无效;公文被废止的,视为自废止之日起失效。

(7)涉密公文应当按照发文机关的要求和有关规定进行清退或者销毁。

(8)不具备归档和保存价值的公文,经批准后可以销毁。销毁涉密公文必须严格按照有关规定履行审批登记手续,确保不丢失、不漏销。个人不得私自销毁、留存涉密公文。

(9)机关合并时,全部公文应当随之合并管理;机关撤销时,需要归档的公文经整理后按照有关规定移交档案管理部门。

工作人员离岗离职时,所在机关应当督促其将暂存、借用的公文按照有关规定移交、清退。

(10)新设立的机关应当向本级党委、政府的办公厅(室)提出发文立户申请。经审查符合条件的,列为发文单位,机关合并或者撤销时,进行相应调整。

拓展训练

1. 填空题

(1)对重要事项作出决策和部署时,所使用的文种是_____,而记载会议主要情况和议定事项时,使用的文种则是_____。

(2)向上级机关请求指示、批准时,使用的文种是_____,而向有关主管部门请求批准时,使用的文种则是_____。

(3)按照行文关系,下级机关送给上级机关的行文称为_____,而非隶属机关之间的相互行文,则称为_____。

2. 判断题

(1)学校批评违纪学生可用公告行文。 (　　)

(2)《××学院关于李××等200名学生退学的通告》。 (　　)

(3)布置重要工作或重大的行动用"决定"行文,布置日常具体工作用"通知"行文。 (　　)

(4)报告可以夹带请示事项。 (　　)

(5)《××供油站关于扩建油库的请示报告》。 (　　)

3. 问答题

(1)党政机关公文有哪些文种?

(2)党政机关公文具有哪些特点?哪些功能?

(3)党政机关公文的写作和处理应遵循哪些文件的规定?

(4)党政机关公文的行文关系应依据什么来确定?按照行文关系,党政机关公文可分为哪几类?

任务二　党政机关公文格式

> 不以规矩,不能成方圆。
>
> ——孟子

任务情景

小李上大学时学的是国际贸易专业,虽然在学校也学过应用文写作,但很少实际运用过。大学毕业后,小李应聘到一家公司工作,部门领导经常让他起草文件。小李将当年的应用文写作课本都翻了出来,但写出来的东西,领导还是不满意。于是小李就去找老前辈请教。前辈告诉他,应用文和小说、诗歌、散文、戏剧等文学作品不同,不能想象、虚拟、夸张,而是要以记叙、说明、论述的方法,有针对性地表述主旨观点,反映具体的生活实际,揭示社会生活某些方面的规律,解决社会生活中的实际问题。正在为写作犯难的小李,突然接到上级通知,让他去参加公文写作培训会,主要学习2012年颁布的《党政机关公文处理工作条例》和《党政机关公文格式》国家标准。小李系统学习了公文处理工作条例及相关业务知识之后,终于弄明白了最新的公文种类、写作格式、行文规则,以及公文拟制、办理、管理等方面的内容。回到公司以后,小李的文书工作渐渐做得得心应手了,领导也越来越放心把文书工作交给他。

任务设置

1. 你如何看待上述案例所反映出来的情况?
2. 系统学习《党政机关公文格式》国家标准,掌握党政公文的格式、要素和标注要求。

知识要点

党政机关公文格式是指党政机关公文的版面样式。它包含构成其版面样式各部分区域的划分及其各构成要素的排序和位置等,是党政机关公文合法性、规范性、有效性的重要手段与保障。

一、党政机关公文格式及其样式

党政机关公文的格式包括发文稿纸格式和发文成文格式。

(一)发文稿纸格式的含义及其样式

发文稿纸格式,也称拟文格式,是在草拟党政机关公文过程中传递使用,最后作为原始凭证存档于发文单位的文稿样式。拟稿完成后需填写发文稿纸,作为发文机关内部存档备查使用。

1989年国家技术监督局发布了《发文稿纸格式》(GB 826—1989)。该国标格式除对稿纸幅面尺寸、页边、图文区的尺寸和划分作技术性说明外,还重点确定了图文区的构成及栏目的填写规范。发文稿纸格式样式见图4-2-1。

```
┌─────────────────────────────────────┐
│                                     │
│          XXXX发文稿纸                │
│                                     │
├──────────────────┬──────────┬───────┤
│ 发〔 〕第   号   │ 密级：   │缓急： │
├──────────────────┼──────────┴───────┤
│ 签发：           │ 会签：           │
│                  │                  │
│                  │                  │
├──────────────────┴──────────────────┤
│ 主送                                │
├─────────────────────────────────────┤
│ 抄送                                │
├──────────────┬──────────┬───────────┤
│ 拟稿单位：   │ 拟稿：   │ 核稿：    │
├──────────────┼──────────┼───────────┤
│ 印制：       │ 校对：   │ 份数：    │
├──────────────┴──────────┴───────────┤
│ 附件：                              │
├─────────────────────────────────────┤
│ 主题词：（此项现已取消）            │
├─────────────────────────────────────┤
│ 标题：                              │
├─────────────────────────────────────┤
│ （正文）                            │
│                                     │
│                                     │
│                          共    页   │
└─────────────────────────────────────┘
```

图 4-2-1　发文稿纸格式

（二）发文成文格式的含义及其样式

发文成文格式，也称行文格式，即外发文件的格式。文件其实是由格式与文种文本相匹配构成的，所以，成文格式是承载文种文本的体式。2012年6月29日，原国家质量监督检验检疫总局、中国国家标准化管理委员会重新发布了党政统一的《党政机关公文格式》（GB/T 9704—2012）。

成文格式与拟文格式的内容相比只少了记录参与拟稿、核稿、审批、印制人员等内部工作情况的内容，其他基本相同，但排序略有不同。从《党政机关公文格式》中可看出，党政机关公文成文格式有上行文格式、下行文格式、信函格式、命令格式和纪要格式等。其中上行文格式、下行文格式为一般格式，信函格式、命令格式和纪要格式为特定格式。这些格式，根据发文者的构成情况，又存在单独行文格式和联合行文格式。下面列举几种常用的行文格式样式。

1. 单独行文文件格式样式（见图4-2-2至图4-2-6）

图4-2-2　单独行文下行文首页格式

图4-2-3　单独行文用印尾页格式

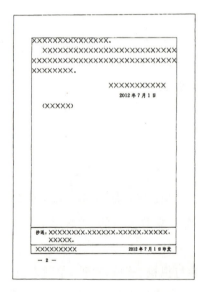

图4-2-4　单独行文不用印尾页格式

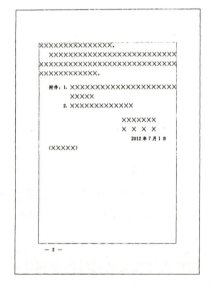

图4-2-5　附件说明页不用印无版记尾页格式

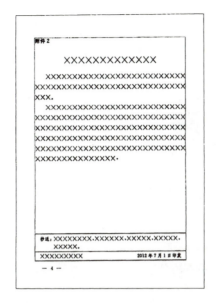

图 4-2-6　附件、正件合订尾页格式

2. 联合行文文件格式样式（见图 4-2-7 至图 4-2-10）

 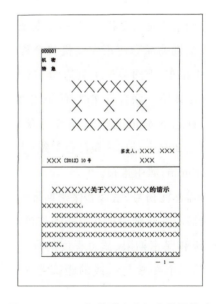

图 4-2-7　三机关联合下行文首页格式　　图 4-2-8　三机关联合上行文首页格式

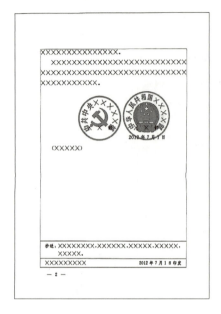

图 4-2-9　党政两机关联合行文尾页格式　　图 4-2-10　五行政机关联合行文尾页格式

3. 信函格式（见图 4-2-11）

信函格式是特定格式之一，主要适用于平行文和处理日常事务的下行文。

发文机关标志使用发文机关全称或者规范化简称，居中排布，上边缘至上页边为 30mm，推荐使用红色小标宋体字。联合行文时，使用主办机关标志。发文机关标志下 4mm 处印一条红色双线（上粗下细），距下页边 20mm 处印一条红色双线（上细下粗），线长均为 170mm，居中排布。

如需标注份号、密级和保密期限、紧急程度，应当顶行居版心左边缘编排在第一条红色双线下，按照份号、密级和保密期限、紧急程度的顺序自上而下分行排列，第一个要素与该线的距离为 3 号汉字高度的 7/8。

发文字号顶行居版心右边缘编排在第一条红色双线下，与该线的距离为 3 号汉字高度的 7/8。

标题居中编排，与其上最后一个要素相距二行。

第二条红色双线上一行如有文字，与该线的距离为 3 号汉字高度的 7/8。

版记不加印发机关和印发日期、分隔线，位于公文最后一面版心内最下方。首页不显示页码。

图 4-2-11　信函格式首页样式

4.命令(令)格式(见图4-2-12)

命令格式也是特定格式之一,主要适用于行政机关公布行政法规和规章、批准授予和晋升衔级等命令。

发文机关标志由发文机关全称加"命令"或"令"字组成,居中排布,上边缘至版心上边缘为20mm,推荐使用红色小标宋体字。发文机关标志下空二行居中编排令号,令号下空二行编排正文。

签发人职务、签名章和成文日期的编排是:当单一机关制发的公文加盖签发人签名章时,在正文(或附件说明)下空二行右空四字加盖签发人签名章,签名章左空二字标注签发人职务,以签名章为准上下居中排布。在签发人签名章下空一行右空四字编排成文日期。当联合行文时,应当先编排主办机关签发人职务、签名章,其余机关签发人职务、签名章依次向下编排,与主办机关签发人职务、签名章上下对齐;每行只编排一个机关的签发人职务、签名章;签发人职务应当标注全称。签名章一般用红色。

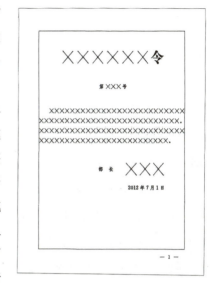

图4-2-12 命令(令)格式样式

5.纪要格式(见图4-2-13)

纪要格式亦为特定格式之一,用于各种重要会议。

纪要标志由"××××××纪要"构成,居中排布,上边缘至版心上边缘距离为35mm,推荐使用红色小标宋体字。

标注出席人员名单一般用3号黑体字,在正文或附件说明下空一行左空二字编排"出席"二字,后标全角冒号,冒号后用3号仿宋体字标注出席人单位、姓名,回行时与冒号后的首字对齐。

标注请假和列席人员名单,除依次另起一行并将"出席"二字改为"请假"或"列席"外,编排方法同出席人员名单。

图4-2-13 纪要格式

纪要格式可以根据实际制定。

二、党政机关公文格式要素及标注要求

条例第九条规定:"公文一般由份号、密级和保密期限、紧急程度、发文机关标志、发文

字号、签发人、标题、主送机关、正文、附件说明、发文机关署名、成文日期、印章、附注、附件、抄送机关、印发机关和印发日期、页码等组成。"

《党政机关公文格式》则将版心内的公文格式各要素划分为版头、主体、版记三部分。

(一)版头

公文首页红色分隔线以上的部分称为版头,一般包括以下要素。

1.份号

份号是指公文印制份数的顺序号。标注份号是便于对公文进行登记、管理、回收及丢失追查。涉密公文应当标注份号。公文如需标注份号,一般用6位3号阿拉伯数字,顶格编排在版心左上角第一行。编虚位号,即"1"编为"NO:000001"。

2.密级和保密期限

密级和保密期限是针对涉密公文而言的。密级是秘密等级的简称,根据国家保密法规定,密级分"绝密""机密""秘密"三级。保密期限是指保密的具体时间,公文若有具体保密期限而不注明,除另有规定外,绝密级不超过三十年,机密级不超过二十年,秘密级不超过十年。涉密公文应当根据涉密程度和实际情形分别标注密级和保密期限。

公文若需同时标注密级和保密期限,用3号黑体字,顶格标注在版心左上角第二行,密级与保密期限之间用"★"隔开,保密期限中的数字用阿拉伯数字标注,如"机密★5年"。

3.紧急程度

紧急程度是针对紧急公文而言的,是对紧急公文送达和办理的时限要求。根据紧急程度,紧急公文应当分别标注"特急""加急",电报应当分别标注"特提""特急""加急""平急"。

公文如需标注紧急程度,用3号黑体字,顶格编排在版心左上角;如需同时标注份号、密级和保密期限、紧急程度,按照份号、密级和保密期限、紧急程度的顺序自上而下分行排列。

4.发文机关标志

发文机关标志是指公文发出机关(作者)的名称标注。从《党政机关公文格式》提供的式样可知:下行文件格式的发文机关标志由发文机关全称或者规范化简称加"文件"二字组成;上行文件格式和信函格式的发文机关标志只用发文机关全称或者规范化简称;特定的命令格式和纪要格式的发文机关标志则用发文机关全称或者规范化简称加文种组成。联合行文时,发文机关标志可以并用联合发文机关名称,也可以单独用主办机关名称。如需同时标注联署发文机关名称,一般应当将主办机关名称排列在前;同级或相应的党、政、军、群机关联合发文时,应按党、政、军、群的先后排序。如有"文件"二字,应当置于发文机关名称右侧,以联署发文机关名称为准上下居中排布。如联合行文机关过多,必须保证公文首页至少显示一行正文。

《党政机关公文格式》对发文机关标志的位置提出了三种规定:一是文件格式与纪要格式发文机关标志上边缘至版心上边缘的距离均为35mm;二是信函式格式发文机关名称上边缘距上页边的距离为30mm;三是命令格式发文机关标志上边缘至版心上边缘为20mm。

发文机关标志居中排布,推荐使用小标宋体字,颜色为红色,以醒目、美观、庄重为原则。

5. 发文字号

发文字号是指发文机关为了便于登记、管理、引用所编制的公文序号。发文字号由发文机关代字、年份、发文序号组成。"机关代字"有习惯而规范的用法,不能随意编改。如"国发""国办发""粤府"等,它居三者之首;"年份"是公文发出当年的年份,用阿拉伯数字标识全称,不简写,也不加"年"字,且外用六角括号"〔〕"括起来,位居三者之中;"发文序号"是按年度以发文先后为序从"1"开始编的流水号,不编虚位(即 1 不编为 01),不加"第"字,位居三者之末。三者的位置不能随意交换。联合行文时,使用主办机关的发文字号。

行政发布令、授衔晋升令,还有行政公告的文号则只使用序号,即"第×号"。

发文字号的位置,编排在发文机关标志下空二行位置,居中排布。上行文的发文字号居左空一字编排,与最后一个签发人姓名处在同一行。发文字号之下 4mm 处印一条与版心等宽的红色分隔线;用"信函格式"行文的平行文或处理日常事务的下行文,发文字号顶格居版心右边缘编排在第一条红色双线下,与该线的距离为 3 号汉字高度的 7/8。若是报刊上刊发或在公众场所张贴的公文,发文字号一般位于标题下方偏右的位置。行政发布令、授衔晋升令、行政公告的文号则在标题下空 2 行,居中编排。

6. 签发人

签发人是指发文机关批准公文发出的领导人,即党政机关的正职或主持工作的负责人以及经授权的办公厅(室)秘书长(主任)。

由"签发人"三字加全角冒号和签发人姓名组成,居右空一字,编排在发文机关标志下空二行位置。"签发人"三字用 3 号仿宋体字,签发人姓名用 3 号楷体字。如有多个签发人,签发人姓名按照发文机关的排列顺序从左到右、自上而下依次均匀编排,每行排两个姓名,回行时与上一行第一个签发人姓名对齐。

党政机关公文都需经领导签发或会签才能发出。但不是所有公文都需把签发人或会签人的姓名印在外发文件上,只有上行文才在"发文机关标志"右下方、红色分隔线右上方印出签发人或会签人姓名,以便上级查询。其余党政机关公文的签发人、会签人及签署意见只写在发文稿纸的相应栏目里,而不标注在外发文件上。联合行文的会签,一般由主办机关首先签署意见,协办机关依次会签。一般不使用复印件会签。

7. 版头分隔线

版头分隔线是指发文字号之下 4mm 处居中所印的与版心等宽的红色分隔线。

(二)主体

公文首页红色分隔线(不含)以下、公文末页首条分隔线(不含)以上的部分称为主体。其主要作用是承载文种文本,内容包括从"标题"以下至"附注"的八个要素。

1. 标题

标题是指公文文本的题目,由发文机关名称、事由和文种组成。它是公文内容的高度概括,要求准确而简明。

公文标题一般用 2 号小标宋体字,编排于红色分隔线下空二行位置,分一行或多行居中排布。回行时,要做到词意完整,排列对称,长短适宜,间距恰当,排列应当使用梯形或菱形。公文标题中除法规、规章名称加书名号外,一般不使用标点符号。但当可能影响表意时,也是可以使用标点符号的,如《教育部关于浙江大学毕(结)业证书、学位证书使用名章的批复》。

2. 主送机关

主送机关是公文的主要受理机关,用全称或规范化简称或者同类型机关统称。明确主送机关是为了明确办事的责任,这在公文中很重要。

主送机关在标题下空 1 行居左顶格,用 3 号仿宋字标识,回行时仍顶格,最后一个主送机关名称后标全角冒号。如主送机关名称过多而使公文首页不能显示正文,需将主送机关移至版记时,除将"抄送"二字改为"主送"外,编排方法同抄送机关。当既有主送机关又有抄送机关时,应当将主送机关置于抄送机关之上一行,之间不加分隔线。

3. 正文

正文是公文文本的主体和核心。不同文种在写法上有所不同,但一般应体现开头、主体和结尾三个层次。

公文首页必须显示正文。一般用 3 号仿宋体字,编排于主送机关名称下一行,每个自然段左空二字,回行顶格。文中结构层次序数依次可用"一、""(一)""1.""(1)"标注,一般第一层用黑体字、第二层用楷体字、第三层和第四层用仿宋体字标注。

正文表达的总体要求是段落或层次所表达的内容要单纯,语言表意准确明了,文字精练简洁。

4. 附件说明

附件说明是对公文正文的说明、补充,或者是对参考材料(即"附件")的序号和名称的标识。附件是附于正文随文发送的文件、报表和有关材料等,是公文的组成部分,对正件具有说明、补充、印证和参考作用。

值得注意的是,转发、印发某一公文时,不能将被转发、印发的公文视作附件。因为转发、印发公文的主体内容就是被转发、印发的文件,转发、印发公文只起按语或说明、批准、发布的作用。

公文如有附件,在正文下空一行左空二字编排"附件"二字,后标全角冒号和附件名称。如有多个附件,使用阿拉伯数字标注附件顺序号(如"附件:1.×××××"),附件名称后不加标点符号。附件名称较长需回行时,应当与上一行附件名称的首字对齐。

5. 发文机关署名

发文机关署名是指发文机关在文尾署上自己的全称或者规范化简称。署名的具体位置与要求分三种情况:一是加盖印章的公文。单一机关行文时,一般在成文日期之上、以成文日期为准居中编排发文机关署名,印章应端正、居中下压发文机关署名和成文日期,使发文机关署名和成文日期居印章中心偏下位置,印章顶端应当上距正文或附件说明的一行之内;联合行文时,一般将各发文机关署名按照发文机关顺序整齐排列在相应位置,并将印章一一对应、端正、居中下压发文机关署名,最后一个印章应端正、居中下压发文机关署名和成文日期,印章之间排列整齐、互不相交或相切,每排印章两端不得超出版心,首排印章顶端应当上距正文或附件说明的一行之内。二是不加盖印章的公文。单一机关行文时,在正文或附件说明下空一行右空二字编排发文机关署名;联合行文时,应当先编排主办机关署名,其余发文机关署名依次向下编排。三是加盖签发人签名章的公文。单一机关制发的公文加盖签发人签名章时,在正文或附件说明下空二行右空四字加盖签发人签名章,签名章左空二字标注签发人职务,以签名章为准上下居中排布;联合行文时,应当先编排主办机关签发人职务、签名章,其余机关签发人职务、签名章依次向下编排,与主办机关签发人职务、签名章上下对齐,每行只编排一个机关的签发人职务、签名章,签发人职务应当标注全称。

6. 成文日期

成文日期是指公文生效的具体时间。它以会议通过或者发文机关负责人签发的日期为准,联合行文则以最后签发机关负责人签发日期为准。电报以发出日期为准。成文日期用阿拉伯数字将年、月、日标全,年份应标全称,月、日不编虚位(即1不编为01)。

加盖印章和签名章时,成文日期从发文机关署名下一行右空4字的位置编排;不加盖印章时,成文日期在发文机关署名下一行编排,首字比发文机关署名首字右移二字,如成文日期长于发文机关署名,应当使成文日期右空二字编排,并相应增加发文机关署名右空字数。

7. 印章

印章即用印,是公文合法、有效、负责的标志,也是机关权威的象征。党政机关公文除

"纪要"、电报公文和在报刊刊登的外,均应加盖印章,方能生效。

公文的用印有三种情况:①单一机关发出的公文,盖发文机关的印章;②联合上报的公文,盖主办机关的印章;③联合下发的公文,盖各联合发文机关的印章。

印章用红色,不得出现空白印章。当公文排版后所剩空白处如不能容下印章位置时,应采取调整行距、字距的措施加以解决,务必使印章与正文同处一面,不得采取标识"此页无正文"的方法解决。

8. 附注

附注是对公文使用方法、传达范围、联系人姓名和电话等的说明和标识。公文如有附注,居左空二字加圆括号编排在成文日期下一行。

(三)版记

公文末页首条分隔线以下、末条分隔线以上的部分称为版记。版记属公文的尾部,其内容已不属"文本"范畴,而属"格式"范畴,主要用以标注与发文有关的事项,包括以下要素。

1. 版记分隔线

版记中的分隔线与版心等宽,首条分隔线和末条分隔线用粗线(推荐高度为0.35mm),中间的分隔线用细线(推荐高度为0.25mm)。首条分隔线位于版记中第一个要素之上,末条分隔线与公文最后一面的版心下边缘重合。

2. 抄送机关

抄送机关是指除主送机关以外需要执行或知晓公文内容的其他机关,应使用全称或规范化简称,或者同类型机关统称。

需要抄送的具体情况:①越级行文,须同时抄送被越级机关;②上行文原则上主送一个上级机关,根据需要同时抄送相关上级机关和同级机关,不抄送下级机关;③受双重领导的机关向一个上级机关行文,必要时抄送另一个上级机关;④下行文主送受理机关,根据需要抄送相关机关,重要行文应当同时抄送发文机关的直接上级机关;⑤上级机关向受双重领导的下级机关行文,必要时抄送该下级机关的另一个上级机关。

公文如有抄送机关,一般用4号仿宋体字,在印发机关和印发日期之上一行、左右各空一字编排。"抄送"二字后加全角冒号和抄送机关名称,回行时与冒号后的首字对齐。若有多个抄送机关名称,应根据其性质分别用顿号和逗号隔开,最后一个抄送机关名称后标句号。如需把主送机关移至版记,除将"抄送"二字改为"主送"外,编排方法同抄送机关;既有主送机关又有抄送机关时,应当将主送机关置于抄送机关之上一行,之间不加分隔线。

3.印发机关和印发日期

印发机关是指负责印制、发送公文的机关,通常是发文机关的办公厅或办公室。我国省、部级以上党政机关设置办公厅,省辖市、厅、局、区、县、乡镇和企事业单位设置办公室。印发日期指文件印制完成的时间。

印发机关和印发日期一般用4号仿宋体字,编排在末条分隔线之上,印发机关左空一字,印发日期右空一字,用阿拉伯数字将年、月、日标全,年份应标全称,月、日不编虚位(即1不编为01),后加"印发"二字。

版记中如有其他要素,应当将其与印发机关和印发日期用一条细分隔线隔开。

此外还有页码。页码是版记之外的要素。一般用4号半角宋体阿拉伯数字,编排在公文版心下边缘之下,数字左右各放一条一字线,一字线上距版心下边缘7mm。单页码居右空一字,双页码居左空一字。公文的版记页前有空白页的,空白页和版记页均不编排页码。公文的附件与正文一起装订时,页码应当连续编排。

三、与格式相关的其他规定

(一)公文用纸

《党政机关公文格式》规定,公文用纸采用国际标准A4型纸。它是国际标准化组织(ISO)在1975年制定的。ISO A4型纸幅面尺寸为210mm×297mm。张贴公文的用纸大小,根据实际需要确定。

(二)排印

公文用纸天头(上白边)为37mm±1mm,订口(左白边)为28mm±1mm,版心尺寸为156mm×225mm(不含页码)。公文排印一律从左至右横排、横写。正文使用3号仿宋体字,一般每面排22行,每行排28字,特定情况可以作适当调整。使用少数民族文字印制的公文,其用纸、幅面尺寸及版面、印制等要求按照本标准执行,其余可以参照本标准并按照有关规定执行。横排的公文在左侧装订。

(三)印刷字号

如无特殊说明,公文格式各要素一般用3号仿宋体字。发文机关标志推荐使用小标宋体字,红色;标题用2号小标宋体字;密级、紧急程度与正文中的第一级小标题用3号黑体字;发文字号、签发人、主送机关、正文、附件、附注均用3号仿宋体字;签发人姓名用3号楷体字;抄送机关、印发机关与印发日期用4号仿宋体字;页码用4号阿拉伯数码字。

(四)横排表格

公文 A4 纸型的表格横排时,页码位置与公文其他页码保持一致,单页码表头在订口一边,双页码表头在切口一边。

拓展训练

1．公文格式由哪些部分构成？它们各具有哪些要素？

2．公文格式中，你认为哪些要素是必备要素？

3．怎样确定和标注主送机关？

4．主送机关与抄送机关有何不同？

5．请在下列公文格式(见图 4－2－14、图 4－2－15)的空框内填写相应的要素名称，并指出其属于哪种行文格式。

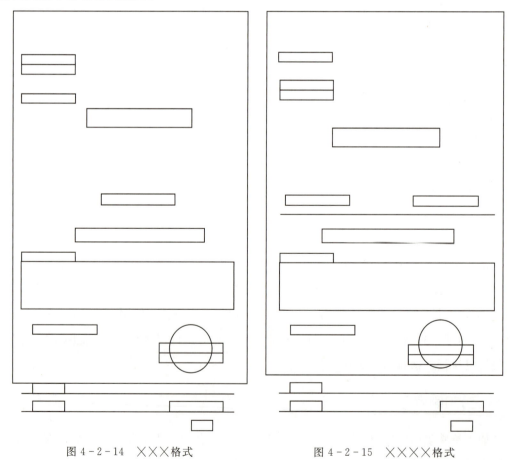

图 4－2－14　×××格式　　　　图 4－2－15　××××格式

任务三　通知与通报

> 公文是政府的喉舌,也是人民的镜子。
> ——鲁迅

任务情景

为进一步落实学校关于"学风,教风,校风"建设的相关要求,切实增强学生的诚信意识,以考风促学风,以学风促校风,完善校园诚信教育体系,建设诚实守信的校园文化,广东××学院学生工作部拟就加强学生诚信教育工作写一份通知。通知内容包括:加强对学生考试诚信教育;开展"一对一"结对帮扶活动;组织师生学习相关法律法规知识、《广东××学院学生手册》;加强学生考风考纪巡考工作等。

任务设置

1. 掌握通知的写作格式和写作要求,并代学生工作部写一份通知。
2. 说一说通知和通报的不同。

知识要点

通知是一种具有特定主送对象、用途广泛、职能丰富的党政机关公文文种,因而使用频率很高。通报则主要用于内部宣传教育、传达情况或精神。

一、通知

通知指的是"发布、传达要求下级机关执行和有关单位周知或者执行的事项,批转、转发公文"的公文,是一种知照性、指挥性下行文,当用于传达"要求有关单位周知或者执行事项"时,也可用作平行文。其主要职能有:①转发职能。一是上级批转下级机关公文;二是直转上级机关或者非隶属机关公文。②发布职能。一是向下级发布本机关公文;二是向下级发布有关事项。③传达职能。一是向下级传达需要执行的事项;二是向下级或者非隶属机关传达需要周知的信息。

(一)基础知识认知

1. 特点

(1)应用的广泛性。通知可以用来指导工作、转发公文、传达有关事项、知照情况,以及任免人员等,其应用相当广泛。

(2)法定的权威性。通知的精神往往是党的政策、国家法令的具体化,要求下级机关和有关人员贯彻执行和实施,因此具有较强的权威性。

(3)对象的专指性。通知是针对具体明确的机关或人员制发,因此具有专指性特点,不像公报、公告、通告那样具有对象的泛指性。

2.种类

根据功能,通知可分为转发通知、发布通知和传达通知三大类。

(1)转发通知。用于下发外来公文的通知,此类通知又分为"批转通知"和"直转通知"两种:①批转通知。其是指上级机关批转下级机关公文,要求有关部门或单位执行或参照执行的通知。这种通知是上级机关处理下级机关的公文,关键在于"批"后转发,也就是要对所转发公文作出"同意""原则同意""很好""很重要"等批示,并要求有关单位"认真贯彻执行""遵照执行""研究执行""参照执行"。有的不仅作出批示,还借机作出政策性规定或具体要求。②直转通知。其是指将上级机关或不相隶属机关的公文直接转发给下级机关的通知。这种通知是下级机关转发上级机关或不相隶属机关的公文,转发机关无权对其作批示,但可在直转通知中要求所属下级机关执行或参考,也可以结合本机关、本系统的实际情况作出具体要求、指示或补充规定。

此外,领导机关的办公厅(室)经常代替领导机关处理下级机关的公文,但不得用"批转",只能用"转发",因为它们之间是不相隶属关系,如《国务院办公厅转发商务部等部门关于扩大进口促进对外贸易平衡发展意见的通知(国办发〔2018〕53号)》,就是这种情况。

(2)发布通知。此种通知用于将本机关的规章制度、会议文件、领导讲话、计划总结等发给下级机关,具有公开性。这种通知又分为印发通知和公布通知两种:①印发通知。其是指将本机关公文发给下级机关执行的通知。单位规章制度用通知发布,是因为依法无权使用命令行文,如《××学院关于印发〈教职工报到路费、行李费以及探亲路费报销标准规定〉的通知》,故用通知印发。②公布通知。其是指向下级机关发布周知事项的通知。如《国务院办公厅关于公布山西太宽河等5处新建国家级自然保护区名单的通知》(国办发〔2018〕41号)。

(3)传达通知。其是指传达需要下级机关执行或有关单位周知事项的通知。这种通知可分为部署通知和知照通知:①部署通知。其是指传达要求下级机关执行或办理事项的通知,主要用于向下级机关部署工作、交办任务、处理问题和安排活动等,如《国务院关于开展第四次全国经济普查的通知》(国发〔2017〕53号)。②知照通知。其是指传达需要有关单位和人员周知事项的通知,如知照任免人员、设置或撤销机构、启用印章、迁址办公、更换作息时间、召开会议,以及停电停水等。这种通知可作下行文,也可作平行文,且通常用信函格式发出。

(二)通知的写作

通知由标题、主送机关、正文和文尾构成。

1. 标题

标题由"发文机关名称＋事由＋文种"构成,但转发、发布类通知标题在"事由"中应根据实际用"批转""转发""印发""发布""公布"等词标明其性质,同时应注意标题简化问题。

2. 主送机关

下行通知和平行通知的主送机关有所不同。下行通知一般有多个主送机关,且常为同类型统称,如国务院下发通知多用"各省、自治区、直辖市人民政府,国务院各部委、各直属机关"。平行通知则大多应写出具体的主送机关。

3. 正文

通知类别不同,正文写法有所不同。

(1)批转通知。首先对被转公文作出批示,其次交代转发,最后提出执行要求,作指示或政策性规定。

(2)转发通知、发布通知。二者的写法相同,首先指明转发或发布公文的目的、依据(有时省写),其次交代转发或发布什么,最后向下级提出要求或作出具体执行规定。

(3)部署通知。首先写所部署工作和任务的依据、目的、意义等,其次对具体工作、任务进行部署、指示,最后提出希望或执行要求。

(4)知照通知。首先写缘由、依据等,其次写知照事项,最后用"特此通知"结尾,或省略结尾。

(5)任免通知。首先写任免原因、依据,其次写清被任免人员的姓名、职务等,结尾用"特此通知"或省写。

4. 文尾

文尾即署名和注明成文日期。

(三)写作注意事项

1. 正确区别批转、转发、印发三种通知的用法

批转通知用于批转下级公文,转发通知用于直转上级或不相隶属机关公文,印发通知用于下发本机关公文。它们的写法基本相同,但用法不同。

2. 注意对转发、发布类通知标题进行规范、简化

其标题规范如下:①在"事由"中,根据实际情况,注明"批转""转发""印发""颁发""下

发"等显示其性质的字样。②当被转公文也是一个"通知"时,在转发通知的标题中,只保留一个"关于"及一个"的通知",以保证标题的简明。一般的做法是删除转发机关事由中的"关于"和转发机关的"的通知",如《民政部关于转发〈国务院安委会办公室关于切实做好2017年国庆节期间安全生产工作的通知〉的通知》,就应处理为《民政部转发〈国务院安委会办公室关于切实做好2017年国庆节期间安全生产工作的通知〉》。③若是多层转发,则省去中间桥梁单位的转发,直接写成本机关转发发文机关的公文,如"××市旅游事业管理局关于转发《××市财政局 税务局 人事局 总工会关于转发〈劳动部 财政部 全国总工会关于适当提高城镇职工生活困难补助费标准的通知〉的通知》的通知",应简化为"××市旅游事业管理局转发《劳动部 财政部 全国总工会关于适当提高城镇职工生活困难补助费标准的通知》"。④若被转发公文是几个单位(并列性质)联合行文,可保留主办单位名称,后再加"等单位""等部门"字样。因此,上述标题还可进一步简化为"××市旅游事业管理局转发《劳动部等部门关于适当提高城镇职工生活困难补助费标准的通知》"。

3. 注意勿将被转发、发布的公文当附件处理

转发、发布类通知的主体内容就是被转发、被发布的公文,而转发、发布通知仅起按语或说明、批准、发布的作用,因此被转发、发布的公文不可视为附件。

4. 注意通知与通告的使用区别

通知与通告同属知照类文种,但存在明显使用区别。首先是知照对象的区别。通知知照的对象具体而明确,有特定的主送机关或个人;而通告知照的对象是与通告内容有关的散布在一定区域的人员,无法直接用通知送达,故向社会通告。其次是行文要求的区别。通知的事项多为需要办理和贯彻执行,而通告的事项只需知晓和遵守。因此,写作时,一定要根据实际情况,准确地选用文种。例如,某铁路局为了加强安全管理,禁止旅客携带易燃、易爆危险物品上车,同时发出两份公文。一份发给所属各车站与各次列车,告知工作人员共同执行这一事项;另一份是告知乘客遵守这一事项。前者用通知,后者用通告,这才是正确的。

(四)例文

【例文 4.3.1】

国务院批转国家发展改革委关于2017年
深化经济体制改革重点工作意见的通知[①]

各省、自治区、直辖市人民政府,国务院各部委、各直属机构:

国务院同意国家发展改革委《关于2017年深化经济体制改革重点工作的意见》,现转

---

① http://www.gov.cn/zhengce/content/2017-04/18/content_5186856.htm.

发给你们,请认真贯彻执行。

国务院

2017 年 4 月 13 日

(此件公开发布)

【例文评析】批转通知是上级转发下级重要公文的通知。其标题常用"批转"二字标明其性质。其文本写作通常较简单,但标题、主送机关、正文、文尾照样齐全。标题仍需"三要素";正文多用"句段文合一式",但缘由、事项、要求三层次一般也都具备,如本文"国务院同意发展改革委《关于 2017 年深化经济体制改革重点工作的意见》"即批转缘由,"现转发给你们"即事项,"请认真贯彻执行"即要求;文尾写法与其他公文相同。

【例文思考】

1. 在什么情况下用批转通知行文？写法上有何要求？
2. 谈谈公文附注的标注与作用？

【例文 4.3.2】

国务院办公厅转发国家发展改革委、财政部
《关于规范实施政府和社会资本合作
新机制的指导意见》的通知[①]

国办函〔2023〕115 号

各省、自治区、直辖市人民政府,国务院各部委、各直属机构:

国家发展改革委、财政部《关于规范实施政府和社会资本合作新机制的指导意见》已经国务院同意,现转发给你们,请认真贯彻落实。

国务院办公厅

2023 年 11 月 3 日

(此件公开发布)

【例文评析】这是一份直转通知,适用于:①向下级转发上级公文;②向下级转发不相隶属机关公文。因转发机关是下级或不相隶属关系,无权批示,故这种转发是"直转"。其写法与"批转通知"完全相同,只是标题上改用"转发"二字。

【例文思考】

1. 你认为该通知的标题符合有关行文规范要求吗？
2. 按照行文规则,政府办公厅可直接向下一级政府发指令性公文吗？应怎样才可行文？本文中何处可看出？

---

① https://www.gov.cn/zhengce/content/202311/content_6914161.htm.

【例文 4.3.3】

教育部关于印发《大中小学劳动教育
指导纲要(试行)》的通知①

各省、自治区、直辖市教育厅(教委),新疆生产建设兵团教育局,有关部门(单位)教育司(局),部属各高等学校、部省合建各高等学校:

  为深入贯彻习近平总书记关于教育的重要论述,全面贯彻党的教育方针,落实《中共中央 国务院关于全面加强新时代大中小学劳动教育的意见》,加快构建德智体美劳全面培养的教育体系,我部组织研究制定了《大中小学劳动教育指导纲要(试行)》,现印发给你们,请认真贯彻落实。

教 育 部
2020 年 7 月 7 日

  【例文评析】印发通知属发布通知的一种。其写法与转发通知基本相同。本通知是教育部制定出了《大中小学劳动教育指导纲要(试行)》,印发给"各省、自治区、直辖市教育厅(教委)、新疆生产建设兵团教育局,有关部门(单位)教育司(局),部属各高等学校、部省合建各高等学校"要求认真贯彻落实。

  此类通知标题事由中除用"印发"二字显示其性质外,还可用"下发、颁发"等词来显示;主送机关常用同类型统称;正文也显示出缘由(目的)、事项和要求三层意思;文尾与其他公文相同。办公部门也可被授权印发,如:

国务院办公厅关于印发自然资源领域中央与地方
财政事权和支出责任划分改革方案的通知②

国办发〔2020〕19 号

各省、自治区、直辖市人民政府,国务院各部委、各直属机构:

  《自然资源领域中央与地方财政事权和支出责任划分改革方案》已经党中央、国务院同意,现印发给你们,请结合实际认真贯彻落实。

国务院办公厅
2020 年 6 月 30 日

  【例文评析】因国务院办公厅与"各省、自治区、直辖市人民政府,国务院各部委、各直属机构"是同级关系,按照条例的"行文规则"规定无权直接发布指令性公文,但经上级授权则可,所以本文是一份授权通知。

---

① http://www.moe.gov.cn/srcsite/A26/jcj_kcjcgh/202007/t20200715_472808.html.
② http://www.gov.cn/zhengce/content/2020-07/10/content_5525614.htm.

【例文思考】

1. 上述教育部通知的主送机关中用了哪些称谓？
2. 从上述国务院办公厅通知中何处可看出是被授权？

【例文 4.3.4】

**国务院关于公布第三批国家级
抗战纪念设施、遗址名录的通知**[①]

国发〔2020〕11号

各省、自治区、直辖市人民政府，国务院各部委、各直属机构：

  为隆重纪念中国人民抗日战争暨世界反法西斯战争胜利75周年，经党中央、国务院批准，现将第三批80处国家级抗战纪念设施、遗址名录予以公布。

  各地区、各有关部门要进一步加强抗战纪念设施、遗址的保护管理，做好抗战史料文物和英烈事迹的发掘整理、宣传陈展工作，广泛组织开展群众性拜谒、参观活动，教育引导广大群众特别是青少年充分认清日本法西斯侵略者犯下的罪行，牢记中华民族抵御侵略、奋勇抗争的历史以及中国人民为世界反法西斯战争胜利作出的巨大民族牺牲和重要历史贡献，学习宣传抗日英烈的英雄事迹，大力弘扬伟大的民族精神和抗战精神，进一步增强民族凝聚力、向心力，为实现中华民族伟大复兴的中国梦不懈奋斗。

国　务　院
2020年9月1日

  【例文评析】这是发布通知的另一种情形——向下级机关公布有关事项。其写法与前述通知的写法相同，但正文则采用"两段式"行文。当发文机关需强调事项的重要性或具体执行要求时，正文常会采用多段行文。一般首段先集中概述缘由、事项两层意思，再另段强调事项的重要性和具体贯彻执行要求。

  此种通知标题上除用"公布"显示其性质外，也可用"发布""宣布"等词来显示性质。

【例文思考】

1. 试给第一段划分层次？
2. 第二段写了什么内容？

二、通报

  通报指的是表彰先进、批评错误、传达重要精神和告知重要情况的公文。它属于机关或单位内部作宣传教育的下行文，但当用于情况通报时，也可作平行文，如《红山区人民政府关于红山区政协七届四次会议提案办理情况的通报》，就是红山区人民政府向红山区政协汇报区政协七届四次会议提案办理情况的一份平行情况通报。

[①] http://www.gov.cn/zhengce/content/2020-09/03/content_5540097.htm.

(一)基础知识认知

1. 特点

(1)知照性。通报的知照性体现在"通"字上,不管是表彰先进,还是批评错误或传达重要精神、情况,都是告知有关单位或人员,让人知晓,扩大影响。

(2)教育性。教育性是指通报具有鼓舞人、激励人、鞭策人、教育人的作用。

(3)典型性。典型性是指所通报的事件、情况必须有现实针对性和代表性。只有这样,它才会产生重要影响。

(4)政策性。政策性是指表彰先进、批评错误的通报都必须以法律法规、政策或制度为依据和准绳,不得随心所欲、不讲原则。

(5)时效性。时效性是指通报必须要及时,才能有效地发挥宣传教育作用。"马后炮""时过境迁"都不能使通报发挥应有作用、产生应有效果。

2. 种类

通报根据内容性质和写作目的,可分为三类。

(1)情况通报,即传达重要精神或者情况的通报,如《×××总局关于近年来电气焊动火作业引发事故情况的通报》(×××统计〔2017〕39号)。这种通报有时也可作平行文。

(2)表彰通报,即表彰先进典型的通报,如《××省人民政府关于表彰2017年××省专利奖获奖单位和个人的通报》(×府函〔2018〕78号)。

(3)批评通报,即批评错误的通报,也包括事故通报,如《×××总局关于给予××卫视和××卫视暂停商业广告播出处理的通报》(×广电发〔2014〕4号)。

3. 通报与决定用于"奖惩"的区别

通报与决定都有奖惩功能,都适用于表彰先进和批评错误,但它们在使用和写作上有区别。第一,针对的对象、写作的目的不同。决定是针对典型自身作出决定,给予表彰或处分;通报则是借典型扩大影响,激励、教育受众或有关人员。因此,决定一般是对当事者(即典型自身)提希望和要求,有时根据实际情况也可不提;通报则是对受众(受教育者)提出明确的要求,甚至发出号召。第二,典型的意义不同。虽然决定和通报所针对的人或事都应具有典型性,但决定只要符合某种规定就可以进行表彰或处分,据其当事本体而定,而通报应更具有广泛的(现实的或潜在的)代表性,以此来激励和教育受众或有关人员,更应视客体而定。因此,表彰先进或批评错误,是用决定行文,还是用通报行文,就要从上述两点细加斟酌,同时还要注意它们在写作上的区别。

(二)通报的写作

通报一般由标题、主送机关、正文和文尾构成。

1. 标题

通报的标题由"发文机关名称+事由+文种"构成,如《民政部关于实施惠民殡葬政策先行地区的通报》。

2. 主送机关

通报的主送机关通常是发文机关的下属单位,因为通报属于机关内部宣传教育性公文。通报一般又带有普发性,受文的下级机关往往较多,且常用统称,因此,要特别注意排列的顺序和标点符号的使用。通报有时也不写主送机关。

3. 正文

不同类型的通报,正文写法有所不同。

(1)情况通报。正文一般分三层:①交代情况来源和陈述具体情况;②分析情况产生原因;③提出希望和要求或处理意见等。

(2)表彰通报。正文一般分三层:①叙述表彰对象的基本情况和典型事迹及其事迹的本质意义和社会影响;②说明组织给予表彰的目的、依据和表彰的具体内容,包括物质和精神的奖励;③对受教育者提出希望或向大家发出学习号召。

(3)批评错误通报。正文一般分三层:①叙述批评对象的基本情况、所犯错误事实及其所犯错误的性质、影响与认错态度;②说明组织给予处理(处分)的目的、依据和处理的内容,包括精神和物质两方面;③向受教育者提出希望和要求。

(4)事故通报。正文内容一般应包括:①陈述事故经过和损失情况;②分析事故原因、责任及对有关责任人的处理;③总结事故应吸取的教训,并向相关单位和人员提出希望和要求。

4. 文尾

文尾即署名和注明成文日期。

(三)写作注意事项

1. 通报的内容必须具有典型意义

通报的内容须有代表性,能起到现实教育作用,否则就不能发挥通报的应有作用。如果典型意义不是很大,用决定即可,不必用通报。

2. 通报内容必须真实准确

虚假内容是难以令人信服的,不仅不能发挥激励人、教育人的作用,相反还会产生负面影响,造成不良后果。

3. 通报要注意政策性

通报无论是表彰先进还是批评错误,都必须以法律法规、规章制度、现行政策为依据,不能随心所欲。若不能以理服人,就达不到教育人的效果。

4. 通报要及时、迅速

通报的时效性较强，写作要及时、迅速，以指导当前工作，时过境迁就不能起到很好的宣传教育作用。

(四)例文

【例文 4.3.5】

关于表彰第二十二届中国专利奖嘉奖和第八届广东专利奖获奖单位及个人的通报[①]

粤府函〔2021〕336 号

各地级以上市人民政府，省政府各部门、各直属机构：

根据《广东省专利奖励办法》(广东省人民政府令第 258 号)规定，经广东专利奖评审委员会评审，省知识产权局审核，省政府决定对第二十二届中国专利奖嘉奖和第八届广东专利奖获奖单位及个人进行表彰。现通报如下：

一、对我省获得第二十二届中国专利金奖的"一种测量参考信号的信令配置系统及方法"等 6 项专利、获得第二十二届中国外观设计金奖的"汽车"等 2 项专利给予每项 100 万元奖励；对我省获得第二十二届中国专利银奖的"直流融冰的主回路设置方法"等 14 项专利、获得第二十二届中国外观设计银奖的"无线骨传导运动耳机"等 8 项专利给予每项 50 万元奖励；对我省获得第二十二届中国专利优秀奖的"一种抗流感病毒的中药有效部位及其制备方法"等 274 项专利、获得第二十二届中国外观设计优秀奖的"坐椅(低靠背)"等 22 项专利给予每项 30 万元奖励。

二、授予"一种抗磨用 ZrO2—Al2O3 复相陶瓷颗粒及其制备方法和应用"等 20 项专利第八届广东专利金奖，给予每项 30 万元奖励；授予"用于滤芯的中心管和具有其的过滤装置"等 40 项专利第八届广东专利银奖，给予每项 20 万元奖励；授予"空调器、空调器运行策略的调整方法及装置"等 60 项专利第八届广东专利优秀奖，给予每项 10 万元奖励；授予廉玉波等 10 位发明人第八届广东杰出发明人奖，给予每人 10 万元奖励。

希望受到表彰奖励的单位及个人珍惜荣誉、再接再厉，在新的起点上再创佳绩。全省各地、各部门要以习近平新时代中国特色社会主义思想为指导，深入贯彻落实习近平总书记关于知识产权工作的重要指示论述，锐意进取、开拓创新，大力推动知识产权高质量创造、高水平保护、高效益运用，为我省经济社会高质量发展作出新的更大贡献。

附件：第二十二届中国专利奖嘉奖和第八届广东专利奖获奖名单

广东省人民政府
2021 年 11 月 12 日

[①] http://www.gd.gov.cn/zwgk/gongbao/2021/34/content/post_3720133.html.

【例文评析】这是一份表彰通报。其主旨是"表彰2021年广东省专利获奖单位和个人"。文本由标题、主送机关、正文和文尾构成。正文写成三段:首段简述受表彰者获奖依据与获奖具体情况,是交代通报缘由与事项;末段向受表彰者提希望和向各地、各部门提要求。开头、主体、结尾层次完备清晰。

【例文思考】

1. 决定也可用来表彰先进,你认为它与用通报表彰先进有何区别?
2. 本文末段若只向受表彰者提希望行不行?为什么?

拓展训练

1. 通报与决定用于"奖惩"时,在用法与写法上有何区别?
2. 谈谈以下标题应该怎样规范?

(1)民政部关于转发《国务院安委会办公室关于切实做好2023年国庆节期间安全生产工作的通知》的通知。

(2)关于转发《中国质量协会关于开展2023年全国质量标杆活动的通知》(××经济和信息化委员会)。

(3)关于转发《关于2022年主题教育活动的通知》的通知(××大学关心下一代工作委员会)。

(4)关于转发《财政部关于开展2023年国有资产报告工作有关事项的通知》的通知(××市财政局)。

(5)关于转发×教办函〔2022〕1号文件的通知(××市××区教育体育局)。

(6)转发《关于转发〈关于印发〈2023年群众安全感调查工作方案〉的通知〉的通知》的通知(××市××区司法局)。

3. 指出下面通知行文的不妥之处,并加以修改。

县人民政府关于批转《××省人民政府关于学习宣传
〈中华人民共和国森林法〉的通知》的通知

各乡、镇人民政府,县直各单位:

现将《××省人民政府关于学习宣传〈中华人民共和国森林法〉的通知》印发给你们,请认真贯彻执行。

今年以来,我县连续发生森林大火,是由于生产用火造成的,各乡、镇要从中吸取教训,严格管理生产用火。如果再发生类似事情,要追究主要负责人的责任。

××县人民政府
××××年××月××日

4. 请以学校某项检查情况为例写一份情况通报,或以学校某个典型事件为例写一份表彰或批评通报。

任务四　请示与报告

> 一个革命干部,必须能看能写,又有丰富的社会常识与自然常识,以为从事工作和学习理论的基础,工作才有做好的希望,理论也才有学好的希望。
>
> ——毛泽东

任务情景

20××年××月××日,某省人民政府新闻办公室举行该省支持社会主义新农村建设新闻发布会。会上,有关负责人宣布了一系列支农、惠农好政策:除农村中小学生学杂费将于次年全免、农民看病补助标准将会提高外,该省将引导商业连锁企业和超市向农村延伸拓展业务,建立批零结合的综合服务性乡镇级"农家店"和农售服务性质的村级"农家店";引导大型流通企业与生产企业"工商联手",研发并生产适合当地消费特点的自有品牌消费品。

20××年,该省对以下几方面的投入将会加大:对建设和改造配送中心的中长期固定资产投资,银行贷款给予1年贷款贴息补助,贴息率不超过3%;对建设和改造乡镇级"农家店",每家补助2800元;对建设和改造村级"农家店",每家补助3800元。同时,继续安排农村市场体系建设,引进资金,引导农产品批发市场标准化、规范化建设,对边远和少数民族地区、国家级扶贫县及欠发达县的集贸市场建设给予补助。新农村建设蕴藏着无限商机,对一些企业而言,到农村"淘金"不失为良好选择之一。某商业企业决定抓住这一历史机遇,向乡镇延伸,建设一批"农家店"。在与集团公司有关领导沟通后,拟正式行文请示并决定付诸实施。

任务设置

1. 根据上述案例代拟一则请示。
2. 说说请示与报告的区别。

知识要点

请示与报告是党政机关公文中两种典型的上行文文种。

一、请示

请示指的是向上级机关请求指示、批准的公文,属呈请性、期复性上行文。

(一)基础知识认知

1. 特点

(1)现实性。发文机关在实际工作中遇到无力、无权或不知怎么解决的问题或事情时,便向上级机关请示,因此,请示的事项总是现实中存在的问题。向上级提出请示,就是为了解决现实问题。所以,请示的现实效用性表现得相当突出。

(2)请求性。下级在请示中必须提出明确的请示事项,这是请示文种的本质特性,没有请示事项就不是请示。

(3)期复性。请示事项在未获上级答复前不能实施,所以,下级都期望上级能及早批复。

(4)单一性。请示的主送机关要单一,以免互相推诿。请示的事项要集中,一文一事,便于处理。

2. 种类

根据对请求事项的不同要求,请示可分为两类。

(1)请求指示的请示。它用于解决认识问题,如下级机关对有些问题不知怎么处理,需要上级明确指示;有些新问题不知怎么解决,需要上级给予解决问题的对策;对上级的政策、文件不能准确理解,需要上级作出明确的解释说明等。向上级请求对以上情况的指示,都属于此类。

(2)请求批准的请示。它用于解决认可问题,是下级对拟办的事项已有了明确的意见,但无权或无力解决,请求上级机关同意、支持或帮助。如请求批准设置机构或增加经费等的请示,都属于此类。

(二)请示的写作

请示一般由标题、主送机关、正文和文尾构成。

1. 标题

请示标题用"发文机关名称+事由+文种"三要素形式。

2. 主送机关

请示只能有一个主送机关,不允许多头请示。这是为了避免几个主送机关之间相互推诿,影响下级工作效率。

3. 正文

请示的正文一般分"开头、主体、结尾"三层行文。开头写请示的缘由,缘由要写充分,是请示文本的重点部分;主体写请示的事项,它是从缘由推导出的必然结果,要写得具体明确;结尾通常用惯用语收尾,惯用语有"当否,请批示""妥否,请批复""以上请示,请审批""以上请示,请予批准"等,要根据写作意图选择最恰当的结语。请示不能省写结语,省写了结语就等于没提出明确的请求,也就不是请示了。

4. 文尾

文尾即署名和标注成文日期。

(三)写作注意事项

(1)必须事前请示,不得"先斩后奏"或者"边斩边奏"。

(2)严格遵守"一文一事",即一事一请示原则。

(3)注意文种的使用,不能将请示写成报告或请示报告。

(4)审准受文对象,即定准一个主送机关。不能多头、齐头主送,更不能将上级机关负责人列入主送。如需另一上级机关了解请示内容,应将其列入抄送机关,不得抄送下级机关。

(5)明确行文目的,即请示什么。

(6)以本机关名义代下级机关请示的,应注意表明倾向性意见。

(7)请示不能省写结语。

(8)请示应标注签发人姓名,还要附注联系人姓名和联系电话。

(四)例文

【例文 4.4.1】

××市工商分行××支行关于放贷进口长绒棉的请示[①]

市分行:

我行客户单位市纺织原料公司 3 月底长绒棉库存量已达××万担,该产品需从国外进口,成本较高,主要用于轮胎以及棉门帘的制造。在该公司今年二季度计划进口的长绒棉中,4 月份到港的有埃及长绒棉××万担,金额××万元,现要求我行放贷支持。

但是,目前因受"调整"影响,橡胶行业的轮胎生产减幅较大,按每年耗用×万担计算,市纺织原料公司现有库存量尚可供 1 年之用,若继续进货,库存量势必成倍增加。因此,该公司这笔贷款不符合我行放贷短期周转原则,我行拟不予考虑放贷。

妥否,请指示。

××市工商××分行××支行
20××年 3 月 25 日

(联系人:×××电话:×××××××××)

[①] 彭海河,谭春林.当代行政机关公文读写理论与实训[M].广州:暨南大学出版社,2013.

【例文评析】这是一份请求指示的请示,是下级银行单位在放贷中出现了两难情况,自己不能擅作主放贷,向上级请求明确指示的请示。本文主旨明确、结构完整、层次分明、详略得当、用语准确、行文规范,是一篇很好的请示。

【例文思考】
1. 你认为该支行在放贷问题上的两难情况是什么?
2. 请示为何要附注联系人姓名和联系电话?

二、报告

报告指的是向上级机关汇报工作、反映情况,回复上级机关询问的公文。属呈阅性上行文。

(一)基础知识认知

1. 特点

(1)汇报性。这是报告的本质特征。报告是下级机关向上级机关汇报情况的公文,其目的是使下情上达,让上级了解情况、掌握动态。

(2)沟通性。报告能使下情上达,向上级提供信息,使上级对下级有所了解,从而实现上下级沟通,加强上下级联系。

(3)陈述性。报告汇报工作、反映情况或答复上级有关询问时所用的表达方式是叙述和说明,因而具有陈述性。

2. 分类

报告按不同的依据可分为不同的类别。

(1)报告按性质划分,有综合报告和专题报告。用于汇报全面的或几个方面的工作或情况的报告是综合报告;用于汇报某项工作或者某一情况的报告是专题报告,或叫专项报告。

(2)报告按呈报的态度划分,有主动呈报报告和被动呈报报告。主动呈报报告是指下级机关主动向上级机关或部门呈送的汇报工作、反映情况的报告;被动呈报报告是指上级机关或部门先有询问,下级机关针对上级相关或部门的询问呈送的报告,如答复报告。

(3)报告按内容划分,有工作报告、情况报告、递送报告等。工作报告是指下级机关向上级机关或部门汇报工作的报告;情况报告是指下级机关向上级机关或部门反映情况的报告;递送报告是指下级机关向上级机关或部门报送文件或物件时随文随物呈送的报告。

3. 报告与请示的区别

报告与请示虽同属典型的上行文,却是两种用途不同的文种,应严格区分,其区别具体表现在四个方面。

(1)使用时间方面,请示在事前,报告在事后或事中。

(2)内容方面,请示带请示事项,报告不得夹带请示事项。

(3)写作方面,请示的重点是正文的开头部分,开头阐述的请示缘由必须充分;报告的重点则是正文的主体部分,是情况或工作的具体内容。

(4)处理方面,请示必须"批复"或"函复",报告不需"批复"或"函复"。

(二)报告的写作

报告文本包括标题、主送机关、正文和文尾。

1. 标题

报告的规范标题仍由"发文机关名称+事由+文种"三要素构成,如《河北省人民政府关于工业生产情况的报告》。

2. 主送机关

报告是上行文,一般只有一个主送机关。

3. 正文

报告正文通常由开头、主体和结尾三部分构成。

(1)开头。开头主要交代报告的缘由、依据、目的、意义等,末句一般用惯用语"现将……报告(汇报)如下"作过渡,承上启下引出主体内容。

(2)主体。主体是报告的主要部分,一般包括基本情况、主要成绩或经验体会、存在的问题和下一步的工作打算等内容。这部分内容要围绕主旨,突出重点,还要层次分明,条理清晰。综合报告一般采用横式并列结构,分点列项来写做法、体会、建议,习惯上还标明序码,并在段首设置段旨句,有时也将它们写成小标题;专题报告一般采用纵式递进结构,常分成具有递进关系的几个部分或几个小标题行文。

(3)结尾。通常用惯用语结尾。报告的惯用结语有"特(专)此报告""以上报告,如有不妥,请指正""以上报告,请审阅"等。

4. 文尾

文尾即署名和标注成文日期。

(三)写作注意事项

(1)不要错用文种,严格区分报告与请示在使用方面的区别,同时还要区分报告与意见在使用方面的区别,向上级提出建议或意见要用"意见",不要用"报告"。

(2)在陈述事实和情况时要简明、有序、完整。

(3)分析要精要、观点要鲜明。一般使用精要的小标题和段旨句来使观点鲜明。

(4)语言要朴实,格式要规范,惯用语要中肯。

(5)报告不得夹带请示事项。条例第十五条(四)规定"不得在报告等非请示性公文中夹带请示事项"。

(四)例文

【例文 4.4.2】

民航局政府网站 2022 年二季度检查工作有关情况报告①

根据国务院办公厅开展网站普查工作有关文件精神以及《国务院办公厅秘书局关于印发政府网站与政务新媒体检查指标、监管工作年度考核指标的通知》要求,民航局组织开展 2022 第二季度政府网站群抽查工作。

一、检查的总体情况

本次检查范围为民航局政府网站主站和 7 个地区管理局子站。抽查比例为民航局政府运行网站总数的 100%。检查主要围绕发布解读、办事服务、互动交流、功能设计四个方面。经检查,8 个站点信息发布及时,栏目可用性正常,信息更新率、互动栏目回应情况和服务实用情况均能达到政府网站普查要求。

本次政务新媒体检查范围为民航行政机关 27 个正在运行的政务新媒体,其中微信公众号 25 个,移动客户端 2 个,检查比例为 100%,未发现不合格的政务新媒体。

二、网站群栏目内容维护情况

栏目内容维护方面:本季度,民航局主站更新各类新闻信息 193 条,政府信息公开 69 条。7 个管理局子站(华北、东北、华东、中南、西南、西北、新疆管理局)更新各类信息 1000 条。

互动交流方面:本季度,民航局继续做好留言系统留言回复、转办工作。共受理有效留言 228 条,均已及时进行答复并在政府网站发布。

三、下一步工作计划

对照《中华人民共和国政府信息公开条例》《民航行政机关主动公开基本目录(2021年修订)》,全面梳理民航局门户网站上主动公开的事项和内容,做好查漏补缺、规范完善工作。

民航局综合司
2022 年 7 月 26 日

---

① https://www.gov.cn/xinwen/2022-07/27/content_5703057.htm.

【例文评析】这是一篇反映工作情况的报告,主旨为反映民航局政府网站 2022 年二季度检查工作情况。该报告由标题、正文和文尾构成。标题采用规范的三要素标题。发文机关为民航局综合司。正文开头、主体、结尾齐全。开头总体概括民航局组织开展 2022 第二季度政府网站群抽查工作情况。第二部分介绍网站群栏目内容维护情况,接着指出下一步工作计划。内容逐层深入,行文线索清晰。文尾署明报告者和成文日期。本文主旨鲜明、结构完整、层次分明、思路清晰、行文规范,是一篇写得较好的工作情况报告,值得借鉴。

【例文思考】

1.本文属于专题报告还是综合报告,它的主体行文属于哪种行文结构?

2.你认为报告中提出的建议应有哪些要求?并以本文为例具体说明?

【例文 4.4.3】

关于我省清理整顿公司工作的报告

国务院:

我省自××××年××月清理整顿公司以来,坚持既坚决又稳妥的方针,抓紧清理整顿方案的拟订和实施,积极查处了公司违法违纪案件,努力加强公司的建设和管理,基本完成了党中央、国务院赋予我们的任务,达到了预期的目的,现将这项工作情况报告如下:

一、撤并了一批流通领域的公司,解决了公司过多过滥的问题。(略)

二、查处了公司违法违纪案件,整顿了公司的经营秩序。(略)

三、认真做好撤并公司的各项善后工作。(略)

四、加强了公司管理和法规、制度建设。(略)

××省人民政府(章)
××××年××月××日

【例文评析】这是一份政府机关的工作报告,主要用于向上级机关汇报工作。它的特点是涉及的内容单一集中。本报告由标题、主送机关、正文和文尾构成。其突出特点是行文简明有序。开头概述工作依据、做法、效果,言简意赅,体现了公文语言的精练利落。随后用过渡句"现将这项工作情况报告如下"引入主体,使开头与主体两部分联系紧密、过渡自然。主体写成四段,每段开头用段旨句总领本段内容,四个段旨句恰当、准确而凝练;每段均有典型例证,既体现以事实说话的特点,又充分支持段旨。并且在各段结尾均采用贴切、自然、精短的评议,这些简明、精要的议论,起到了很好的点题与深化主旨的作用。

【例文思考】

1.说说工作报告和情况报告的相似点和不同点。

2.本文是怎样采用叙议结合的?文中哪些地方属于议论,这种议论起到了怎样的作用?

【例文 4.4.4】

广东××学院关于报送 2024 年学院工作计划的报告

省教育厅：

  现呈上《广东××学院 2024 年工作计划》一份，请审阅。

广东××学院
2023 年 12 月 25 日

  【例文评析】这是一份递送报告，写得非常简单但"五脏俱全"，公文的各项必要要素都具备。正文写明被呈材料的名称、数量，结尾用惯用语"请审阅"。

  【例文思考】

  1. 该报告的正文表述了几层意思？从公文正文结构构成来审视，它们分别属于什么要素？其中省略了什么要素？

  2. 为什么报送的计划在标题中不用书名号，而在正文中又使用书名号呢？

拓展训练

  1. "请示报告"这种说法为何不对？

  2. 报告为何不得夹带请示事项？

  3. 请示与报告同属上行文，在用法和写法上有哪些区别？

  4. 请从标题、主送机关、缘由、事项、结语、署名、成文日期，以及语言表达等方面评改下面的请示。

××区公安分局关于申请增设××派出所的请示报告

××市局领导：

  我分局下属的淮河派出所管辖战线长、地域广，近年来由于城市经济的快速发展，导致人口迅猛增多。该派出所所辖区又系城郊结合部，治安情况极为复杂。据此我分局向市局请示，拟增设××派出所，管辖原淮河派出所管辖的部分地段。这样可以加大管理力度，缓解淮河派出所警员的工作压力，从而提高工作效率，确保一方平安。请领导尽快研究，早日答复。

  当否？请批示。

××区公安分局（公章）
202×年 5 月 10 日

  5. 根据下面提供的材料，请以××市商务局的名义向××省商业厅草拟一份情况报告。

  (1) 202×年 2 月 20 日上午 9 点 20 分，××市××百货大楼发生重大火灾事故。

  (2) 事故未造成人员伤亡，但烧毁三层楼房一幢及大部分商品，直接经济损失 792 万元。

  (3) 施救情况：事故发生后，市消防队出动 15 辆消防车，经 4 个小时扑救，大火被扑灭。

(4)事故原因:直接原因是电焊工××违章作业,在一楼铁窗架电焊火花溅到易燃货品上引起火灾,但也与××××百货公司管理局及员工安全意识不够、与公司安全制度不落实、与许多安全隐患长期得不到解决有关。

(5)善后处理:市商务局副局长带领有关人员赶到现场调查处理;市人民政府召开紧急防火电话会议;市委、市政府对有关人员视情节轻重,做了相应处理。

任务五　批复与函

> 公文如镜,照人心;文字如水,清而明。
> ——茅盾

任务情景

××区规划局最近就城市违章建筑没收问题请示市规划局。市规划局拟作答复,对5种情况应予以没收:①以土地使用者或业主名义报建,进行非法交易或变相买卖的;②擅自兴建,对城市规划影响比较大的;③擅自缩小建筑间距或加层增加建筑面积的;④不按规划管理部门的审批规定,拒不提供给有关部门统一安排生活配套设施及其他指定用途的建筑部分的;⑤未经市规划局批准,擅自改变建筑物使用性质的。写作时不明要素可虚拟。

任务设置

1. 根据提供的材料,请代该市规划局起草一份批复。
2. 请指出批复和函的不同。

知识要点

批复是用以答复请示的下行文种,函是不相隶属机关之间相互行文的平行文种,它们都用于处理日常事务,都与"信函格式"匹配发文,而且都可用来答复"请示"。

一、批复

批复是指用于答复下级机关请示事项的公文。它属回复性、指示性下行公文,与请示构成上下对应的行文关系。一般来说,下级有请示,上级就得及时予以批复。因此,批复也被认为是"处理日常事务"的下行文。

(一)基础知识认知

1. 特点

(1)行文的被动性。批复以下级请示为行文前提,先有请示后有批复,有请示就得批复。

(2)批复的及时性。对下级的请示,上级须及时予以批复。为提高办事效率,改变工作作风,还可规定批复时限,在限期内,上级机关若未及时批复,下级机关可视作默认,上级机关则应对此负责。

(3)批复的针对性。批复的问题或事项必须有针对性,即下级请示什么,就批复什么,不得随意批复。

(4)效用的权威性。上级的批复就是指示,应遵照执行,即使执行有错,也由上级负责。

2. 种类

批复以请示为前提,没有请示,也就无所谓批复。因此,与请示相对应,批复也只有两种类型。

(1)指示性批复。指示性批复即对下级请求指示事项的批复。

(2)审批性批复。审批性批复即对下级请求批准事项的批复。

(二)批复的写作

批复文本也是由标题、主送机关、正文和文尾组成。

1. 标题

批复标题由"发文机关名称+事由+文种"组成。审批性批复若是"同意"的,一般在事由中显示意见,如《国务院关于同意郴州市建设国家可持续发展议程创新示范区的批复》。

2. 主送机关

批复与请示是对应关系,原则上主送机关就是请示机关,谁请示,就批复给谁。但有时也一同主送其他相关执行机关或部门。

3. 正文

批复正文一般由引叙(开头)、批复意见(主体)和结语(结尾)组成。引叙是正文开头的第一句话或第一个自然段。常用"你×(机关行政级称)《关于……的请示》(××〔201×〕×号)收悉"来引叙,然后针对请示事项或问题作批复。批复意见是上级机关或部门针对请示事项或问题经研究后作出的具体而明确的答复。这部分的写法大体分三种情况:①完全同意。对这种情况批复时,不仅要给出肯定意见,同时还要复述原请示事项的要点,不能笼统地说"同意"或"完全同意"了事。②部分同意与部分不同意。对这种情况批复时,除了叙述同意部分的内容外,还要说明不同意部分的理由。③完全不同意。对这种情况批复时,要委婉提出研究后的否定意见并说明理由。批复常用对下级提出的执行要求作结语,没有具体要求时,也可用惯用语"此复"作结语,甚至省写结语。

4. 文尾

(1)署名。署批复机关的全称或规范化简称。

(2)成文日期。成文日期要用阿拉伯数字完整地书写年月日。

(三)写作注意事项

(1)表态要明朗。是同意,还是不同意,或是部分同意,都必须表态明朗,不能含糊,否则下级就无法执行或无所适从。

(2)要有理有据。同意或不同意的原因和依据都要说清楚,这样才能让下级信服。

(3)批复对象(即受文单位)要明确。批复原则上是谁请示,就批复给谁。如果所请示的问题带有普遍性,或要告知其他机关,处理办法是:①具有普遍性的问题,可将有关意见,另用"通知"行文;②需要告知其他机关的,可采用一同主送有关单位或抄送有关单位的方式。

(4)批复务必及时。因为下级上呈请示后要等上级批复后,再按上级批复意见行事,因此,上级对下级的请示绝不可随便怠慢,而要及时批复。

(四)例文

【例文 4.5.1】

国务院关于在上海市创建"丝路电商"合作先行区方案的批复[①]

国函〔2023〕115 号

商务部、上海市人民政府：

《商务部、上海市人民政府关于呈请审批〈关于在上海市创建"丝路电商"合作先行区的方案(送审稿)〉的请示》(商电发〔2023〕197 号)收悉。现批复如下：

一、原则同意《关于在上海市创建"丝路电商"合作先行区的方案》(以下简称《方案》)。《方案》由商务部、上海市人民政府印发,并认真组织实施。

二、"丝路电商"合作先行区建设要坚持以习近平新时代中国特色社会主义思想为指导,全面贯彻落实党的二十大精神,立足新发展阶段,完整、准确、全面贯彻新发展理念,加快构建新发展格局,统筹发展和安全,发挥上海在改革开放中的突破攻坚作用,鼓励先行先试,对接国际高标准经贸规则,探索体制机制创新,扩大电子商务领域对外开放,打造数字经济国际合作新高地,在服务共建"一带一路"高质量发展中发挥重要作用。

---

① https://www.gov.cn/gongbao/2023/issue_10806/202311/content_6913821.html.

三、上海市人民政府要切实加强组织领导,按照《方案》明确的目标定位和重点任务,健全机制、明确分工、落实责任,加强风险防范化解,扎实有效推进"丝路电商"合作先行区创建工作。商务部要会同有关部门按照职责分工,加强对"丝路电商"合作先行区创建工作的统筹协调和督促指导,注重总结经验,切实维护国家安全。重大事项及时向国务院报告。

国务院
2023年10月17日

【例文评析】批复正文开头引述来文,其中"收悉"二字是"收到、知悉"的意思,这是惯用说法,其实这是在间接交代批复缘由,并引出批复事项。主体写批复意见,分三点行文:第一点对请示事项作出表态;第二点指示做法;第三点对有关单位提出实施要求。该批复意见明确,指示具体,便于执行。

【例文思考】

1. 批复为什么首先要用引叙来行文?怎样引叙?
2. 试指出本批复主体部分中的表态条文、指示条文、要求条文。

【例文4.5.2】

国务院关于同意在海南自由贸易港
暂时调整实施有关行政法规规定的批复①

国函〔2023〕122号

海南省人民政府:

《海南省人民政府关于报送调规事项的请示》(琼府〔2023〕3号)收悉。现批复如下:

一、为支持海南自由贸易港建设,按照《海南自由贸易港建设总体方案》,同意自即日起在海南自由贸易港暂时调整实施《中华人民共和国认证认可条例》《中华人民共和国市场主体登记管理条例》有关规定(目录附后),在海南自由贸易港仅开展出口产品认证业务的境外认证机构,无需取得认证机构资质和办理经营主体登记,向国务院认证认可监督管理部门备案后,即可开展出口产品认证业务,认证结果仅限出口企业境外使用。备案条件和程序由国务院认证认可监督管理部门制定。

二、海南省人民政府要建立健全相关工作协同机制,强化信息共享,加强对相关认证经营活动的监督管理,切实维护良好市场秩序。具体管理办法由海南省人民政府制定,经国务院认证认可监督管理部门同意后实施。

三、国务院将根据有关政策在海南自由贸易港的实施情况,适时对本批复的内容进行调整。

附件:国务院决定在海南自由贸易港暂时调整实施的有关行政法规规定目录

国务院
2023年10月27日

(此件公开发布)

---

① https://www.gov.cn/zhengce/content/202311/content_6913271.htm.

【例文评析】 这是一份审批性批复。正文采用"条文式"行文,结尾有附件。

【例文思考】

1. 批复标题事由中在什么情况下注明"同意"二字?
2. 正文引叙的"关于申请设立'中国农民丰收节'的请示"这个标题,你觉得规范吗?

二、函

函"适用于不相隶属机关之间商洽工作、询问和答复问题,以及请求批准和答复审批事项",是一种事务性平行文。函主要适用于两种情况:一是用于不相隶属机关之间商洽工作、询问和答复问题;二是用于不相隶属的有关主管部门请求批准和答复审批事项。

(一)基础知识认知

1. 特点

(1)适用面广。函在不相隶属机关之间发挥重要的桥梁作用。它适用面很广,可以知照说明情况,可以商洽讨论问题,可以咨询答疑,可以请求批准有关事项,也可以答复审批事项。

(2)事务性强。函多用于解决具体事务,内容实在,语言平和亲切。

2. 种类

(1)根据适用范围,函大致可以分为六类:①商洽函,即用于不相隶属机关之间商洽工作、讨论问题的函;②询问函,即向受函者提出询问,并要求对方予以答复的函;③答复函,即答复来函询问及上级机关的公文办理部门用来答复"请示"的函;④请批函,即请求不相隶属的有关机关或主管部门批准事项的函;⑤审批函,即机关或有关主管部门审批不相隶属单位有关请求批准事项的函;⑥知照函,即告知受函者有关情况的函。

(2)根据行文程序,可分为去函和复函。去函,也叫致函或发函,主要指询问函、请批函、知照函;复函主要指答复函、审批函。

3. 批复、函用于"答复请示"职能时的区别

批复是专用于答复下级机关请示事项的文种。通常情况下,下级上呈"请示",上级就须及时"批复"。但有时上级并不直接"批复",而是作出批示后,授权将"答复"任务交由其办公部门(厅或室)来完成。由于办公厅(室)也是上级机关的下设部门,与"请示"机关同属一级,故用"函"行文。但在写作这种"函"时,正文中必须明确交代所答复的意见是"经上级领导同意"的。值得注意的是,无论"批复"还是"函",在制作成文件时,都应与"信函格式"匹配。函与"信函格式"匹配比较好理解,但"批复"是典型的下行文,为何与"信函格式"匹配?这是因为下级有"请示",上级就得"批复",属"处理日常事务"性质,故也与"信函格式"匹配。

(二)函的写作

函虽然是处理公务的信件,但其毕竟是一种法定的公文,须按公文规范来行文,故其文本结构同样由标题、主送机关、正文和文尾构成。

1. 标题

函的标题用"发文机关名称+事由+文种"的规范形式。

2. 主送机关

函的主送机关是具体明确的,有确定的主送机关。因此,函与通知一样必须写主送机关。

3. 正文

正文一般包括缘由、事项和结语三层。在写法方面去函与复函略有区别。

去函正文开头扼要交代发函的缘由;再具体讲明要办什么事;最后针对内容和要求选择恰当的结语作结,如"请函复""请同意""请批准""是否同意,请研究后及时函复""特此函达"等。

复函正文开头引叙来文,常用"《××××关于……的函(请示)》(××〔201×〕×号)收悉"作引语;然后针对来函询问或请批的事项作出具体答复,若答复的事项较复杂,则应分点另段行文,同时在"缘由"部分的末句使用过渡语,使之上下衔接缜密,过渡自然;最后有针对性地选用"此复""特此函复""专此函复"等结语作结。

4. 文尾

文尾写明署名和成文日期两项内容。

(三)写作注意事项

函的写作必须注意以下三点。

1. 行文规范

函要符合法定公文的行文规范,要体现标题、主送机关、正文和文尾四大板块,且各板块又由规范要素构成,一定要完整而规范地体现,不能因其多为事务性和书信性质而随意为之。

2. 直陈其事、言简意赅

函的行文不能像写个人书信那样有问候、寒暄语句,搞情感投资,而要开门见山,直陈其事,力戒套话、空话。

3. 用语得体

函是平行文,用语既要表现出对对方的诚意和尊重,如一般称对方为"贵",与对方商量事情,需用商量口吻,不能强加于人,但又不能不讲分寸,用一些过分谦卑的虚假之辞。总之,语言要符合行文关系,既亲切自然,又有礼有节、不亢不卑。

(四)例文

【例文4.5.3】

广东××学院办公室关于联系秘书学专业教育教学调研的函

(×院办函〔2018〕15号)

××区人民政府办公室:

　　我院人文系2018年申办秘书学专业已获教育部批准,9月将正式首次招生。为了办好该专业,为社会输送应用型、高质量的合格人才,我们需在办学之前广泛深入地进行一些人才培养(教育、教学、需求)方面的社会调研。贵室是我区文秘人才的权威部门,专业性强、经验丰富,对秘书学专业人才的培养最有话语权。故拟派人文系主任×××、秘书学专业负责人×××两同志于4月14日(星期二)上午9:00许前来拜访、垂询(约90分钟)。恳望支持,予以接待。不知方便与否,特来函垂询,请商后及时函复。

广东××学院办公室
2018年4月10日

　　【例文评析】这是一份商洽函。标题已明确主旨:联系秘书学专业教育教学调研。因学院与区府办公室为非隶属关系,故用函行文。函有明确的行文对象,本文是与"××区人民政府办公室"商洽联系秘书学专业教育教学调研事宜,故主送机关为"××区人民政府办公室"。正文先简要说明来函调研缘由;然后提出派员于何时前来调研,恳望接待;最后以商洽口吻向对方提出函复要求。文章主旨鲜明、内容具体简明,层次清晰,表达有礼有节,值得借鉴。

　　【例文思考】
　　1.函为何总是由办公部门发出?
　　2.请给本文正文划分层次,并概括层意。

【例文4.5.4】

××区人民政府办公室关于联系秘书学专业教育教学调研的复函

(×府办函〔2018〕18号)

广东××学院办公室:

　　贵院《关于联系秘书学专业教育教学调研的函》(×院办函〔2018〕15号)收悉。欣悉贵院人文系今年申办秘书学专业已获教育部批准,这是我区教育事业发展的又一喜事。为了办好该专业,为社会共同培养高质量的合格人才,我们本当大力支持,欢迎前来调研。4月14日(星期二)上午9:00,我室将安排秘书科赵××科长、李××秘书两位同志在区政府503会议室恭候二位莅临。

专此函复。

×× 区人民政府办公室

2018年4月11日

【例文评析】这是一份商洽复函。其发文主旨是针对【例文4.5.3】来函"联系秘书学专业教育教学调研"作出答复。复函的写法首先应引述来文，本文"贵院《关于联系秘书学专业教育教学调研的函》（×院办〔2018〕15号）收悉"便是；然后针对来函事项作出答复。若答复的事项复杂，则通常用惯用语作过渡，引出答复的具体内容，并将其内容作为正文的主体部分，为使行文清晰明了，便于阅读，也通常把主体内容条理化分点另段行文。本文因答复事项单一，答复内容未另段行文，而是紧接开头一起行文，结尾用惯用语"专此函复"结束。文尾署明发文部门与发文日期。本文行文针对性强，行文规范，表达简明、雅致，可供借鉴。

【例文思考】

1. 复函为表达对对方的尊重，常以"贵"相称，批复也可用"贵"相称对方吗？为什么？
2. 复函与批复、答复报告在写法上有哪些异同？

拓展训练

1. 批复应怎样写"批复意见"？
2. 去函与复函在写法上有哪些不同？
3. 请示与函同用于请求批准时有何区别？
4. 根据下列事项的需要，遵循"隶属关系"和"职权范围"原则，选用合适文种和合理材料，草拟一份公文。

×× 中学的大门面对繁华街市，学校为了利用这一有利条件经商创收，决定把大门改建为商店，并将大门移建至面向弄堂的一侧。此事要得到主管上级区教育局的认同，还要得到主管规划建设的区城建办同意，然后才能进行其他一系列筹建工作并付诸实施。

5. 分析下文存在的问题并进行修改。

×× 学校办公室关于解决进修教师住宿的函

×× 大学办公室：

首先，我们以校方的名义向贵校致以亲切的问候。在此，我们冒昧地请求贵校帮助解决我校面临的一个难题。

最近，我校为了培养师资，选派了五名教师到贵校 ×× 学院进修。因该院基建工程尚未完工，学校住宿紧张，我校几位进修教师的住宿问题几经协商仍得不到解决。在进退维谷的情况下，我们情急生智，深晓贵校府高庭阔，物实人济，且有乐于助人之美德。因此，我们抱一线希望，冒昧地向贵校求援，请求贵校救人之危，伸出援助之手，为我校进修教师的住宿提供方便。为此，我们将不胜感激。有关住宿费用等事宜，统按贵校的有关规定办理。

以上区区小事，不值得惊扰贵校，实为无奈，望能谅解。最后，再次恳请予以关照！

××学校办公室
××××年××月××日

思政小课堂

我国历代公文体制、名称、用途简介

项目五 党政法制性文书

思政目标

1. 了解和认同中国共产党的领导地位,增强对社会主义制度的自信。
2. 培养遵守法律法规的意识和习惯,树立法制观念。
3. 培养社会责任感,积极参与社会公共事务,维护社会公平正义。

知识目标

1. 掌握党政法制性文书的基本概念、特点和分类。
2. 熟悉各类党政法规、规章和规范性文件的内容和适用范围。
3. 了解党政内部管理制度的构成和运作方式。

能力目标

1. 能够熟练地阅读、分析和撰写党政法制性文书。
2. 具备运用法律法规解决实际问题的能力。
3. 培养团队协作和沟通能力,能够有效地参与团队合作。

素质目标

1. 培养严谨的逻辑思维和批判性思维能力。
2. 提升信息收集、整理和归纳能力。
3. 增强应对复杂问题的应变能力和决策能力。

党的十八届四中全会审议通过的《中共中央关于全面推进依法治国若干重大问题的决定》指出,全面推进依法治国,总目标是建设中国特色社会主义法治体系,建设社会主义法治国家。全面推进依法治国,事关我们党执政兴国、事关人民幸福安康、事关党和国家长治久安。党的十九大提出,到2035年基本建成法治国家、法治政府、法治社会。党中央组建了中央全面依法治国委员会,从全局和战略高度对全面依法治国又作出了一系列重大决策部署,推动我国社会主义法治建设发生了历史性变革、取得了历史性成就,全面依法治国实践取得了重大进展。

建设中国特色社会主义法治体系,必须坚持立法先行,发挥立法的引领和推动作用。深入推进科学立法、民主立法,完善立法项目征集和论证制度,健全立法机关主导、社会各方有序参与立法的途径和方式,拓宽公民有序参与立法途径。作为当代大学生,学习党政法制性文书,对参与国家法治建设和依法治国都是必需的、有益的。

任务一　党政法制性文书概述

> 法律是治国之重器,纪律是治党之戒尺。
>
> ——习近平

任务情景

中国共产党廉洁自律准则①

中国共产党全体党员和各级党员领导干部必须坚定共产主义理想和中国特色社会主义信念,必须坚持全心全意为人民服务根本宗旨,必须继承发扬党的优良传统和作风,必须自觉培养高尚道德情操,努力弘扬中华民族传统美德,廉洁自律,接受监督,永葆党的先进性和纯洁性。

党员廉洁自律规范

第一条　坚持公私分明,先公后私,克己奉公。

第二条　坚持崇廉拒腐,清白做人,干净做事。

第三条　坚持尚俭戒奢,艰苦朴素,勤俭节约。

第四条　坚持吃苦在前,享受在后,甘于奉献。

党员领导干部廉洁自律规范

第五条　廉洁从政,自觉保持人民公仆本色。

第六条　廉洁用权,自觉维护人民根本利益。

第七条　廉洁修身,自觉提升思想道德境界。

第八条　廉洁齐家,自觉带头树立良好家风。

任务设置

1. 这篇准则序言表达的是什么内容?
2. 分析本准则条文表达的特点。

---

① http://news.12371.cn/2015/10/22/ARTI1445481444215144.shtml.

知识要点

一、党政法制性文书的概念

党政法制性文书即党政法律制度性文书。根据《中华人民共和国宪法》(以下简称宪法)和有关法律的规定,我国只有全国人大及其人大常委会才有立法权。除授权外,党政系统无立法权,但有制定法规、规章和规范性文件、内部管理制度的权力。

本任务所讲的党政法制性文书,是指党政各级机关制定的,用以调整或规定国家、党政组织及个人社会关系和行为规范,实现有序化、强制性管理,具有相对稳定性、约束性和规范体式的文书。其内涵包括党政法规、规章,以及各级党政机关、单位、社会组织制定的规范性文件和内部管理制度。

二、党政法制性文书的作用

党政法制性文书的适用范围广泛,大到党和国家机关、社会团体、企事业单位,小到班组都适用。它是宪法、法律、法令及党的方针、政策的具体化,是人们行为的准则和规约。其作用显而易见,具体如下。

(一)执行依据作用

党和国家的方针、政策及法律、法令是从宏观角度制定的,是一种原则性的规定。为了便于领导、管理及实施相关规定,党政机关、军事机关、社会团体、企事业单位须制定相应的法制性文书分解方针、政策及法律、法令,使之具体化。所以,党政法制性文书体现了方针、政策及法律、法令的原则和要求,具有执行依据作用。

(二)制约和规范作用

党政法制性文书在一定范围内要求人们共同遵守,是人们办事的准则和行动的规约。由于它约束了人们的行为,规范了人们的行动,因而具有制约和规范作用。

(三)科学管理作用

党政法制性文书能够明确相关人员的责任,协调人们的工作,严肃组织纪律,从而提高工作效率和管理水平,因而具有科学管理作用。

三、党政法制性文书的特点

党政法制性文书有些是国家法律体系的一部分,如行政法规、规章,有些虽然未进入国家法律体系,但也是国家法律、法规的有益补充,体现法律的精神,所以它们既有法律文书的特点，也有自身的特点。

(一)效力的稳定性

党政法制性文书的稳定性表现在两方面：一方面其以宪法、法律和党章为制定依据，是所依据法令、条例的具体说明和辅助规定，其不能超越所依据法令、条例的相关规定，因而具有相对稳定性；另一方面，其适用的对象和时间相对稳定，修订和更新的周期较长，所以具有相对稳定的效力。

(二)实施的强制性

党政法制性文书是为了维护党的组织和社会秩序，加强管理，推进工作而制定的。它是国家党政机关意志的体现，一经公布实施，在其所管辖的范围内具有约束力和强制力，有关机构和人员必须遵守和执行，若违反将受到相应的处罚。

(三)制发的程序性

党政法制性文书的制发有严格的程序性，即通过严格法定程序后才能获得法定效力。一般而言，党政法制性文书的制发都需经过立项、起草、审查、决定及公布的程序，而且，不同级别的党政法制性文书的制定机关与发布机关不同。

(四)内容表述的周密性

党政法制性文书表述的周密性表现为三个方面：一是党政法制性文书的内容与外部法律系统保持一致与协调，具体表现为下位的党政法制性文书必须服从上位的党政法制性文书，不得与上位法、法规等相抵触；二是党政法制性文书自身内容表述上逻辑严密、条理清晰、具体明确，不得存在考虑不周或自相矛盾的问题；三是党内法规必须与党章的精神保持高度一致。

(五)行文格式的规范性

党政法制性文书的行文方式大致有章条式、条款式和序条式三种，但写法都是逐章逐条列出的。条款层级由大到小，依次分为章、节、条、款、项、目。在具体的党政法制性文书中，可根据内容的繁简程度决定条款的层级，多则用五级，少则用"条""项"或"目"一级。一般"章"都标有章题。正文整体上体现"总则""分则""附则"三个内容层次，"分则"可以根据其内容性质分列成若干章节，但在党政法制性文书中"章"下再置"节"的较少。"章""节""条"一般用汉字小写序数词标注，如"第二章""第一节""第一条"；"项"和"目"分别用汉字小写数字和阿拉伯数字，如用"一、二、三"和"1、2、3"等标注；"款"不冠数字，以自然段的形式列出，有几款，就写成几个自然段。党政规范性文件的"规定""规则""办法""细则"

等根据其内容的复杂程度可选用上述三种方式行文,而"决议""决定""命令""意见""通知"等则采用党政机关公文写作的方式行文。

(六)发布的公开性

党政法制性文书的内容须公开发布才能生效和实施。它的适用范围是明确的,应让适用范围内的所有机关及其有关人员知晓,并遵守执行。党的法制性文书经批准后,根据各级各类党的组织分别采用中共中央文件、中共中央办公厅文件、中央纪律检查委员会文件、中央各部门文件,以及省、自治区、直辖市党委文件、党委办公厅文件的形式公开发布,其文种使用印发通知。行政法制性文书的发布有两种情况:一是行政法规和行政规章由国务院总理和国务院各部门、各省市自治区政府行政首长签署政府或部门令公开发布;二是内部管理制度用发文机关印发通知发布。

四、党政法制性文书的种类

党政法制性文书大致包括以下几类。

(一)党政法规

党政法规是中央党内法规与行政法规的合称。党的中央组织制定的党内法规称中央党内法规。中央党内法规主要有党章、准则和条例三类。党章对党的性质和宗旨、路线和纲领、指导思想和奋斗目标、组织原则和组织机构、党员义务和权利,以及党的纪律等作出根本规定。党章在党内法规中具有最高效力,由党的全国代表大会制定、修改并发布。准则对全党政治生活、组织生活和全体党员行为作出基本规定。准则由中央委员会全体会议或者中央政治局会议审议批准,以中共中央名义发布。条例对党的某一领域重要关系或者某一方面重要工作作出全面规定。条例由党的中央组织制定,以中共中央名义发布。

行政法规是指国务院为了领导和管理国家各项行政工作,根据宪法和法律,按照《行政法规制定程序条例》制定的有关政治、经济、教育、文化、外事等各方面有强制执行力的各类法规的总称。行政法规是国家法律体系的重要组成部分,其制定主体是国家最高行政机关——国务院及其授权机构。行政法规的文种有条例、规定、办法和决定。

(二)党政规章

党内规章是由中央纪律检查委员会,中央各部门和省、自治区、直辖市党委制定的党内法规,其主要有规则、规定、办法、细则四类。

行政规章是由国务院各部门和省、自治区、直辖市及设区的市、自治州人民政府按照《规章制定程序条例》制定发布的,在全国或者相应的行政区域内具有法定效力的法制性文书。其主要有规定、办法、细则、决定等。

(三)党政规范性文件

党的规范性文件是指"党组织在履行职责过程中形成的具有普遍约束力、在一定时期内可以反复适用的文件"[①],如《中共中央关于加强党内法规制度建设的意见》《中共中央办公厅关于开展党内法规和规范性文件清理工作的意见》《关于党政机关停止新建楼堂馆所和清理办公用房的通知》等。

行政规范性文件是指地方县(市、区)级人民政府和县级及以上政府部门,根据法律、法规、规章授权以及上级政府的决定和命令,依照法定权限和程序制定,在本地区、本部门或其所辖区域内普遍适用的规范性文件。

(四)党政内部管理制度

党政内部管理制度是指党政机关、社会团体、企事业单位等为建立、维持各种正常秩序或为完成某项特定的任务和目标而制定的,要求所辖成员或相关人员共同遵守的行为准则或办事规程。它适用于党政机关、团体、企事业单位等的内部管理。其文种有制度、规则、规范、守则、规程、办法、细则、决定,以及须知和规定。

任务二 党政法规

> 一切国家机关和武装力量,各政党和社会团体、各企业事业组织都必须遵守宪法法律,一切违反宪法和法律的行为,必须予以追究。
> ——宪法

任务情景

国务院关于修改《建设工程勘察设计管理条例》的决定[②]

国务院决定对《建设工程勘察设计管理条例》作如下修改:

增加一条,作为第四十条:"违反本条例规定,勘察、设计单位未依据项目批准文件,城乡规划及专业规划,国家规定的建设工程勘察、设计深度要求编制建设工程勘察、设计文件的,责令限期改正;逾期不改正的,处10万元以上30万元以下的罚款;造成工程质量事故或者环境污染和生态破坏的,责令停业整顿,降低资质等级;情节严重的,吊销资质证

---

① 中共中央办公厅印发,自2012年7月1日起施行,2013年5月27日公开发布。
② 出自2015年6月21日中华人民共和国令第662号。

书;造成损失的,依法承担赔偿责任。"

此外,将第二十五条第一款中的"城市规划"修改为"城乡规划",并对条文顺序作相应调整。

本决定自公布之日起施行。《建设工程勘察设计管理条例》根据本决定作相应修改,重新公布。

任务设置

1. 本决定是补充性行政法规,从中我们可以看出补充性行政法规应写明哪些内容?
2. 本决定与党政机关公文中的决定在写法上有哪些异同?

知识要点

党政法规是党的中央党内法规与国务院制定的行政法规的合称。中央党内法规对全体党组织的工作、活动和全体党员行为起规范作用,如《中国共产党章程》《中国共产党纪律处分条例》。

行政法规是国家各项方针、政策、法律和法令的具体化,具有在全国范围内起依据、制约、规范和管理的重要作用。

一、基础知识认知

(一)特点

1. 制定机关的唯一性

中央党内法规由党的中央组织依据党章,按照《中国共产党党内法规制定条例》制定,其他党组织不能制定中央党内法规。行政法规由国务院根据宪法和法律,按照《行政法规制定程序条例》制定。这是宪法赋予国务院的权力,其他任何行政机关都无权制定行政法规。

2. 制定的程序性

党政法规的制定均有法定程序。党内法规制定要经过规划与计划、起草、审批与发布。行政法规的制定要经过立项、起草、审查、决定与公布。当条文需要进一步明确界限或者作出补充规定时,还须由国务院解释。

3. 行文的规范性

党政法规行文使用的文种高度规范,党内法规的文种有党章、准则、条例、规则、规定、办法、细则;行政法规的文种有条例、规定、办法和决定。此外,党政法规行文体现法律文书行文的高度规范性,它们往往根据内容需要,严格按照章、节、条、款、项、目的层次行文,逻辑严密,不可随意发挥或创新。

4. 实施的法力性

党政法规是国家法律体系的重要组成部分,其法定效力仅次于宪法和法律,高于党内规章或者部门规章及地方规章,在全党或全国范围内普遍适用,违反者则将受到纪律或法律的严惩。

(二)分类

按照不同的分类标准,党政法规可以分为以下几类。

(1)按系统分,有党内法规和行政法规。

(2)按法规性质分,有法规、补充法规、实施法规和特别法规。

(3)按管理权限分,有授权性法规、直发性法规和批准性法规。

(4)按内容分,有事项性法规和职权性法规。

(5)按文种分,党内法规的文种有党章、准则、条例、规则、规定、办法、细则;行政法规的文种有条例、规定、办法和决定。

二、党政法规写作

党政法规文本由标题、题注和正文三部分构成。

(一)标题

党政法规的标题有三项式和两项式,具体如下。

1. 三项式

(1)由"适用范围/对象+事项+文种"构成,如《中国共产党党内法规制定条例》《中华人民共和国政府采购条例》。

(2)由"制定机关名称+事由+文种"构成,如《国务院关于〈建设工程勘察设计管理条例〉的决定》。

2. 两项式

(1)由"组织+文种"构成,如《人民调解委员会组织条例》。

(2)由"事项+文种"构成,如《存款保险条例》。

根据《行政法规制定程序条例》第四条内容,国务院根据全国人民代表大会及其常务委员会的授权决定制定的行政法规,标题称"暂行条例"或者"暂行规定"。如果是试行、补充、特别的法规,也应在文种前表明其性质,或在文种后面用括号注明其性质。

(二)题注

题注是对党政法规有关情况的说明,包括制定、发布、批准机关(或会议)名称,批准

(或通过)日期、修订和补充的情况,等等。题注写在标题下方,有的用括号,有的不用括号。如《建设工程勘察设计管理条例》的题注为:

(2000年9月25日中华人民共和国国务院令第293号公布。根据2015年6月12日《国务院关于修改〈建设工程勘察设计管理条例〉的决定》修订)

该题注对公布的机关、公布的日期以及修订的情况作了说明。

新制定的行政法规伴有发布令,新制定的党内法规伴有通知,所以都不需要写题注。

(三)正文

在内容上,正文部分往往对制定的目的、依据、适用范围、主管部门、具体规定、法律责任、奖惩办法、解释权、施行日期等作出详尽的规定。

(1)内容复杂的党政法规一般采用章条式行文,如《行政法规制定程序条例》。其一般包括总则、分则和附则三部分。第一章为"总则";中间部分为"分则",且根据内容不同性质分章行文,各章以小标题形式明确其具体内容;最后一章为"附则",对制定机关名称、解释权、施行日期等作出说明。

(2)内容相对简单的党政法规可采用条文式。条文式行文虽然没有写明"总则""分则"和"附则",但是在行文上还是按照"总则""分则"和"附则"的内容逻辑排序,只不过不分"章"行文,而是按照"条序"行文。如果有需要,"条"下可以按"款、项、目"的层序依次行文。内容层级简单的党政法规,一般不采用"项"或"目"的层次。

三、写作注意事项

(一)合乎立法原则

制定党政法规,必须符合宪法、法律和党章的规定,并遵循立法法确定的立法原则。任何违反立法原则的党政法规都是无效的。

(二)合乎行文规范

党政法规行文要根据实际需要采用章条式或条文式,在结构层次上,要注意章、节、条、款、项、目的规范使用;条文要具体明确,用语简洁规范,逻辑严密,备而不繁,具有很强的可操作性。

(三)正确使用文种

党政法规文种的针对性与适用性是不同的,必须根据实际情况准确使用。另外,修订党内法规用"决议",修订行政法规用"决定",不可使用其他文种。

四、例文

【例文 5.2.1】

行政法规制定程序条例[①]

(2001年11月16日中华人民共和国国务院令第321号公布　根据2017年12月22日《国务院关于修改〈行政法规制定程序条例〉的决定》修订)

第一章　总则

第一条　为了规范行政法规制定程序,保证行政法规质量,根据宪法、立法法和国务院组织法的有关规定,制定本条例。

第二条　行政法规的立项、起草、审查、决定、公布、解释,适用本条例。

第三条　制定行政法规,应当贯彻落实党的路线方针政策和决策部署,符合宪法和法律的规定,遵循立法法确定的立法原则。

第四条　制定政治方面法律的配套行政法规,应当按照有关规定及时报告党中央。

制定经济、文化、社会、生态文明等方面重大体制和重大政策调整的重要行政法规,应当将行政法规草案或者行政法规草案涉及的重大问题按照有关规定及时报告党中央。

第五条　行政法规的名称一般称"条例",也可以称"规定""办法"等。国务院根据全国人民代表大会及其常务委员会的授权决定制定的行政法规,称"暂行条例"或者"暂行规定"。

国务院各部门和地方人民政府制定的规章不得称"条例"。

第六条　行政法规应当备而不繁,逻辑严密,条文明确、具体,用语准确、简洁,具有可操作性。

行政法规根据内容需要,可以分章、节、条、款、项、目。章、节、条的序号用中文数字依次表述,款不编序号,项的序号用中文数字加括号依次表述,目的序号用阿拉伯数字依次表述。

第二章　立项

第七条　国务院于每年年初编制本年度的立法工作计划。

第八条　国务院有关部门认为需要制定行政法规的,应当于国务院编制年度立法工作计划前,向国务院报请立项。

国务院有关部门报送的行政法规立项申请,应当说明立法项目所要解决的主要问题、依据的党的路线方针政策和决策部署,以及拟确立的主要制度。

国务院法制机构应当向社会公开征集行政法规制定项目建议。

……

第三章　起草

第十一条　行政法规由国务院组织起草。国务院年度立法工作计划确定行政法规由

---

① http://www.gov.cn/zhengce/content/2018-01/16/content_5257039.htm.

国务院的一个部门或者几个部门具体负责起草工作,也可以确定由国务院法制机构起草或者组织起草。

……

第四章　审查

第十八条　报送国务院的行政法规送审稿,由国务院法制机构负责审查。

国务院法制机构主要从以下方面对行政法规送审稿进行审查:

(一)是否严格贯彻落实党的路线方针政策和决策部署,是否符合宪法和法律的规定,是否遵循立法法确定的立法原则;

(二)是否符合本条例第十二条的要求;

(三)是否与有关行政法规协调、衔接;

(四)是否正确处理有关机关、组织和公民对送审稿主要问题的意见;

(五)其他需要审查的内容。

……

第五章　决定与公布

第二十六条　行政法规草案由国务院常务会议审议,或者由国务院审批。

国务院常务会议审议行政法规草案时,由国务院法制机构或者起草部门作说明。

第二十七条　国务院法制机构应当根据国务院对行政法规草案的审议意见,对行政法规草案进行修改,形成草案修改稿,报请总理签署国务院令公布施行。

签署公布行政法规的国务院令载明该行政法规的施行日期。

第二十八条　行政法规签署公布后,及时在国务院公报和中国政府法制信息网以及在全国范围内发行的报纸上刊载。国务院法制机构应当及时汇编出版行政法规的国家正式版本。

在国务院公报上刊登的行政法规文本为标准文本。

第二十九条　行政法规应当自公布之日起30日后施行;但是,涉及国家安全、外汇汇率、货币政策的确定以及公布后不立即施行将有碍行政法规施行的,可以自公布之日起施行。

第三十条　行政法规在公布后的30日内由国务院办公厅报全国人民代表大会常务委员会备案。

第六章　行政法规解释

第三十一条　行政法规有下列情形之一的,由国务院解释:

(一)行政法规的规定需要进一步明确具体含义的;

(二)行政法规制定后出现新的情况,需要明确适用行政法规依据的。

国务院法制机构研究拟订行政法规解释草案,报国务院同意后,由国务院公布或者由国务院授权国务院有关部门公布。

行政法规的解释与行政法规具有同等效力。

第三十二条　国务院各部门和省、自治区、直辖市人民政府可以向国务院提出行政法规解释要求。

第三十三条　对属于行政工作中具体应用行政法规的问题，省、自治区、直辖市人民政府法制机构以及国务院有关部门法制机构请求国务院法制机构解释的，国务院法制机构可以研究答复；其中涉及重大问题的，由国务院法制机构提出意见，报国务院同意后答复。

第七章　附则

第三十四条　拟订国务院提请全国人民代表大会或者全国人民代表大会常务委员会审议的法律草案，参照本条例的有关规定办理。

第三十五条　国务院可以根据全面深化改革、经济社会发展需要，就行政管理等领域的特定事项，决定在一定期限内在部分地方暂时调整或者暂时停止适用行政法规的部分规定。

第三十六条　国务院法制机构或者国务院有关部门应当根据全面深化改革、经济社会发展需要以及上位法规定，及时组织开展行政法规清理工作。对不适应全面深化改革和经济社会发展要求、不符合上位法规定的行政法规，应当及时修改或者废止。

第三十七条　国务院法制机构或者国务院有关部门可以组织对有关行政法规或者行政法规中的有关规定进行立法后评估，并把评估结果作为修改、废止有关行政法规的重要参考。

第三十八条　行政法规的修改、废止程序适用本条例的有关规定。

行政法规修改、废止后，应当及时公布。

第三十九条　行政法规的外文正式译本和民族语言文本，由国务院法制机构审定。

第四十条　本条例自2002年1月1日起施行。1987年4月21日国务院批准、国务院办公厅发布的《行政法规制定程序暂行条例》同时废止。

【例文评析】这份《行政法规制定程序条例》文本由标题、题注和正文构成。标题由内容和文种构成；题注对其发布、修订情况作有关说明；正文对行政法规制定的立项、起草、审查、决定、公布、解释等程序作了全面系统的规定，因内容较复杂而采用"章条式"行文。"章条式"行文是根据内容的性质和逻辑联系，分章设项，各章又根据内容需要分设若干条，各条以整个正文统一排序，章断条连。这样，既体现每章内容在性质上的相对独立性，又体现全部内容的整体性。这是内容复杂的法制性文书的通用行文方式之一。

【例文思考】

1.该条例"第一章总则"和"第七章附则"的条文分别明确了哪些具体内容？

2.该条例的行文用到了哪些层级？最高的层级是什么？最低的层级是什么？请分别举例说明。

拓展训练

1.何谓党政法规？它有什么作用？

2.党政法规主要有哪些文种？

3. 党政法规有什么特点？

4. 怎样写党政法规的标题？

5. 党政法规正文部分行文有哪两种方式？它们各自适用哪种情况？

任务三　党政规章

> 任何组织或者个人都不得有超越宪法和法律的特权。
>
> ——宪法

任务情景

广州市革命遗存保护办法①

第一条　为了加强对革命遗存的保护管理和合理利用，弘扬革命精神，根据《中华人民共和国文物保护法》《中华人民共和国英雄烈士保护法》《广东省革命遗址保护条例》《广州市历史文化名城保护条例》等有关法律、法规，结合本市实际，制定本办法。

第二条　本办法所称革命遗存，是指革命遗址以及可移动革命实物。

革命遗址依照《广东省革命遗址保护条例》第三条所规定的范围确定。

可移动革命实物是指近代以来，革命历史事件、人物遗留下来的，具有重要纪念意义、教育意义或者史料价值的可以移动并且不会在移动中改变其原来形态的物质。

第三条　本办法适用于本市行政区域内革命遗存的调查、认定、保护、管理和利用等活动。

属于文物、历史建筑、烈士纪念设施和档案的革命遗存，法律法规对其保护管理另有规定的，从其规定。

……

第二十八条　鼓励革命遗址保护管理人和可移动革命实物的收藏者利用革命遗存资源，通过合作、授权、独立开发等途径开发文化创意产品。文化广电旅游部门应当为相关的文化创意产品开发提供指导。

鼓励和引导社会资本投入与革命遗存相关的文化创意产品开发，形成多渠道投入机制。

国有革命遗址保护管理人和国有可移动革命实物的收藏单位应当将取得的文化创意

---

① https://www.gz.gov.cn/zwgk/fggw/zfgz/content/post_9243577.html。

产品收入按照相关规定用于加强革命遗存的保护利用。

第二十九条　任何组织和个人有权对违反革命遗存保护有关法律、法规、规章的行为进行阻止，并可以通过政府服务热线、信箱、电子邮箱进行投诉举报，受理单位应当及时调查处理并答复投诉举报人。

第三十条　本办法自2023年5月10日起施行。

任务设置

1. 党政规章包含哪些文书类型？
2. 试对本文进行文本分析。

知识要点

党政规章是指由中央纪律检查委员会、中央各部门，以及各省、自治区、直辖市党委就其职权范围内有关事项制定的党内法规，国务院各部门及各省、自治区、直辖市及设区的市、自治州人民政府按照《规章制定程序条例》制定发布的，在全党或全国或相应的行政区域内具有法定效力的法制规章文书。

党政规章是实现党的方针、政策和国家法律法规规定的得力工具，同样具有依据、制约、规范和科学管理的作用。

一、基础知识认知

(一)特点

因制发机关级别不同，党政规章与党政法规的适用范围和法定效力不同，但两者制定机关的法定性、制定的程序性，行文的高度规范性是一致的。在规章中，细则相对其他规章具有一定的特殊性，下面谈谈党政规章"细则"的特点。

1. 诠释性

为便于法规的实施与执行，往往使用细则对法规的全部或部分内容作权威性的具体诠释与说明，因而具有诠释性。如《〈深圳经济特区欠薪保障条例〉实施细则》就是对《深圳经济特区欠薪保障条例》如何实施作出详细的诠释，使其意思表达更明确具体，以便执行。

2. 依附性

细则往往依附某一法律、法规而制定。细则依附的法律、法规是其制定的基础，没有原有法律或法规，就没有实施细则。所以，细则的内容不能超越原有法律、法规的范围，更不能违背原有法律、法规的精神。如《〈珠海经济特区预防腐败条例〉实施细则》的第一条规定："根据《珠海经济特区预防腐败条例》(以下简称条例)，制定本细则。"由此可见，细则具有依附性。

3. 可操作性

细则常常对有关法律、法规的概念进行界定,并规定具体适用的范围和执行的程序,从而使实施主体便于操作和执行。

4. 补充性

法律和法规往往是比较精要的条文,在实施中具有伸缩性。因而,为了更切合实际,往往需要通过细则作出补充规定和辅助性的说明。如《个人外汇管理实施细则》就是对《个人外汇管理办法》的补充规定和说明。

(二)分类

按不同的分类方式,党政规章可分为以下几类。

(1)按系统分,有党内规章和行政规章。

党内规章虽然也统称党内法规,但实际上它与党内中央法规在适用范围、权威性与法定效力方面是有区别的,因此只可当作党内规章看待,党内规章有规则、规定、办法、细则四个文种。行政规章是指国务院各部门、地方各省、自治区、直辖市或者设区的市、自治州人民政府依法或被授权制定的规章,行政规章有规定、办法、细则、决定四个文种。

(2)按制定机关性质分,有部门规章和地方规章。

由国务院各部门依法或被授权制定的规章称为部门规章。由地方各省、自治区、直辖市或者设区的市、自治州人民政府依法或被授权制定的规章称为地方规章。另外,依法不具有规章制定权的县(市、区)人民政府制定、发布具有普遍约束力的法制性公文,一般称之为规章性公文。

(3)按规章性质分,有正式规章、暂行规章、实施规章、补充规章。

正式规章即比较成熟的规章,由暂行规章而来。暂行规章是指从制定开始就被认定为不成熟,需要实践检验,只作暂用、试用或急用的规章。实施规章是指为实施某一法规而制定的具体细化且便于执行的规章。补充规章是根据新情况与新形势,对正在生效实施的规章的部分内容进行补充的规章。

二、党政规章的写作

党政规章的写法与党政法规的写法几乎一致,仍由标题、题注和正文构成。其标题也有三项式和两项式的写法,新发布的党政规章往往没有题注。在行文方式上,党政规章也有章条式和条文式两种写法,正文部分亦由总则、分则与附则构成。拟写党政规章时,我们可以参照上一节党政法规的写法,此处不再赘述。

需要注意的是,补充性规定由于内容简易单一,宜采用"序条式"行文——开头以自然段形式写序,接着主体以"条"的形式行文,或者开头以自然段的形式写序,然后主体以"项"或"目"的形式行文。

三、写作注意事项

(一)合乎立法原则

制定党政规章时,制定机关须遵循立法法确定的立法原则,条文内容须符合宪法、法律、党政法规和其他上位法的规定。

(二)符合规范

党政规章用语要准确简明,内容要明确、具体,具有可操作性。另外,法律、法规已明确规定的内容,党政规章原则上不作重复规定。

(三)正确使用文种

首先,依据《中国共产党党内法规制定条例》第五条规定"党内法规的名称为党章、准则、条例、规则、规定、办法、细则",但同时,该条也规定"中央纪律检查委员会以及党中央工作机关和省、自治区、直辖市党委制定的党内法规,可以使用规定、办法、规则、细则的名称",可见党内规章是不可用"党章、准则、条例"文种的。依据《规章制定程序条例》第七条规定:"规章的名称一般称'规定''办法',但不得称'条例'。"可见行政规章是不可使用"条例"文种的。

其次,要正确使用"规定"与"办法"。"规定"强调对特定范围内的工作和事务制定相应措施,"办法"是为了贯彻法令或者做好某方面的党政工作而制定具体详细的规定,两者有显著区别。

最后,"细则"是依附性公文,若无原法律、法规可依附,不得使用"细则"文种。

(四)注意标题拟写

党政规章标题一般由"制发机关+规范内容+文种"或"适用范围+事项+文种"构成,也可以由"内容(或事项)+文种"构成。但是,特定党政规章还应在文种前或者文种后用括号注明其性质,如"暂行""试行""特别"等字样。

(五)选用恰当行文方式

党政规章视内容复杂程度选用不同的行文方式。一般而言,内容较复杂的党政规章采用章条式行文,内容相对简单的采用条文式行文。

四、例文

【例文 5.3.1】

广西壮族自治区党内规范性文件制定办法[①]

第一章 总 则

第一条 为规范我区党内规范性文件制定工作,推进党的建设制度化、规范化、程序化,提高我区党内规范性文件制定科学化水平,根据《中国共产党党内法规制定条例》《中共广西壮族自治区委员会党内法规制定细则》,结合我区实际,制定本办法。

第二条 党内规范性文件,是指自治区、市、县(市、区)党委及纪委、党委各部门在履行职责过程中形成的具有普遍约束力、可以反复适用的文件,包括贯彻执行上级和本级党委决策部署、指导推动经济社会发展、涉及人民群众切身利益、加强和改进党的建设等方面的重要文件。

第三条 党内规范性文件的名称一般为决议、决定、意见、通知等。自治区纪委、自治区党委各部门和市、县(市、区)级党内规范性文件的名称可以使用规则、规定、办法、细则等。

决议用于对自治区、市、县(市、区)党代表大会、党委全委会会议、纪委全会等会议讨论通过的重大决策事项作出规定。

决定用于对贯彻执行中央决策部署和涉及自治区、市、县(市、区)全局性工作的重要事项作出决策和部署。

意见用于对自治区、市、县(市、区)经济、政治、文化、社会、生态文明和党的建设的重要问题提出见解和处理办法。

通知用于发布、传达要求自治区、市、县(市、区)各级党组织周知或者执行的事项。

规则、规定、办法、细则对党的某一方面重要工作或者事项作出具体规定。

第四条 采用决议、决定、意见、通知作为名称的党内规范性文件的内容一般不用条款形式表述。

第五条 制定自治区党内规范性文件由自治区党委统一领导,自治区党委办公厅承担党内规范性文件制定的统筹协调工作,自治区党委办公厅法规工作机构承办具体事务。

各市、县(市、区)党委及纪委、党委各部门负责职权范围内的党内规范性文件制定工作,其所属负责法规工作的机构承办具体事务。

第六条 制定党内规范性文件应当遵循党规与国法相衔接、相协调,职权与职责相一致、精简与效能相适应的原则。

---

① http://www.gxcounty.com/zhengwu/zhwj/20150120/102900.html.

第二章 起草与报送

第七条 党内规范性文件按其内容一般由自治区、市、县(市、区)纪委、党委各部门起草;综合性党内规范性文件由自治区、市、县(市、区)党委办公厅(室)协调本级纪委、党委有关部门起草或者成立专门起草小组起草。

第八条 党内规范性文件一般应当包括名称、制定目的和依据、指导思想、基本原则、总体要求、具体规范和保障措施等内容。

第九条 党内规范性文件应当名称正确、格式规范,内容明确、逻辑严密,表述准确、文字精炼,切实可行、操作性强。

第十条 起草党内规范性文件一般经过以下5个环节:一是准备工作;二是调查研究;三是拟出草案;四是征求意见;五是报审草案。

第十一条 起草党内规范性文件,应当深入调查研究,全面掌握情况,认真总结经验,充分听取意见。必要时,调查研究可以吸收相关专家学者参加或者委托专门机构开展。

第十二条 起草党内规范性文件的部门和单位,应当就涉及其他部门和单位工作范围的事项,同有关部门和单位协商一致。经协商未能取得一致意见的,应当在报送党内规范性文件草案时对有关情况作出说明,并给出倾向性意见。

第十三条 起草党内规范性文件,应当与现行党内法规和规范性文件相衔接。对同一事项,如需作出与现行党内规范性文件不一致的规定,应当在草案中作出废止或者如何适用现行党内规范性文件的规定,并在报送草案时说明情况和理由。

第十四条 党内规范性文件草案形成后,应当广泛征求意见,征求意见范围根据草案的具体内容确定。涉及全局工作特别是涉及全体党员利益的党内规范性文件,要在相应党组织范围内征求意见;涉及面广、比较重要的党内规范性文件,应当征求党代表大会代表意见;专业性、技术性较强的党内规范性文件,应当征求有关部门和专家学者的意见;涉及群众切身利益的党内规范性文件,应当充分听取群众意见。

征求意见可以采取书面形式,也可以采取座谈会、论证会、网上征询等形式。

第十五条 部门单独或联合起草需以自治区、市、县(市、区)党委或党委办公厅(室)名义印发的党内规范性文件应向自治区、市、县(市、区)党委办公厅(室)送审,送审稿应由部门主要负责人签署;联合起草的,经参与部门主要负责人会签后由牵头起草部门主要负责人签署;以领导小组名义起草的送审稿须经领导小组会议审议通过。

报审时应当同时报送制定说明和其他有关材料。制定说明内容应当包括制定必要性、制定过程、主要内容、征求意见情况、同有关部门和单位协商情况以及建议发文方式、密级和范围等。应当明确联系人和联系方式,党内规范性文件送审稿和制定说明均要报送纸质版和电子版。

第三章　审批与发布

第十六条　自治区、市、县（市、区）党委办公厅（室）法规工作机构负责对以党委或党委办公厅（室）名义印发的党内规范性文件送审稿进行审核。主要审核以下内容：

（一）是否同党章和党的理论、路线、方针、政策相抵触；

（二）是否同宪法、法律和地方性法规不一致；

（三）是否同中央和上级党委、本级党委决策部署相违背；

（四）是否同党内法规和上位规范性文件相抵触；

（五）是否与其他同位党内规范性文件对同一事项的规定相冲突；

（六）是否就涉及的重大政策措施、原则性问题与相关部门和单位协商一致；

（七）是否符合制定权限和程序；

（八）其他需要审核的内容。

……

第二十条　党内规范性文件，按照以下职权审议批准：

（一）涉及贯彻执行中央重大决策部署和自治区、市、县（市、区）党代表大会决议、决定以及涉及自治区、市、县（市、区）党的建设和其他全局性重大问题的党内规范性文件，由自治区、市、县（市、区）党委全委会会议审议批准；

（二）涉及组织实施中央和自治区党内法规和规范性文件，自治区、市、县（市、区）党委全委会会议决议以及涉及自治区、市、县（市、区）党的建设等方面经常性工作的党内规范性文件，由自治区、市、县（市、区）党委常委会会议审议批准；

（三）涉及其他方面内容专项性较强的党内规范性文件，报请自治区、市、县（市、区）党委主要负责同志签批；必要时，报请同级党委常委会会议审议批准；

（四）自治区、市、县（市、区）纪委、党委各部门制定的党内规范性文件，由自治区、市、县（市、区）纪委、党委各部门审议批准；必要时，报请同级党委主要负责同志签批或同级党委常委会会议审议批准。

第二十一条　经审议批准的自治区、市、县（市、区）党内规范性文件送审稿，由起草部门修改完善后，送自治区、市、县（市、区）党委办公厅（室）法规工作机构审核，按照规定程序报请自治区、市、县（市、区）党委主要负责同志或者受其委托的党委负责同志签发。

经审议批准的自治区、市、县（市、区）纪委、党委各部门党内规范性文件送审稿，按照规定程序报请自治区、市、县（市、区）纪委、党委各部门主要负责同志签发。

第二十二条　自治区、市、县（市、区）党内规范性文件一般采用自治区、市、县（市、区）党委文件、党委办公厅（室）文件的形式发布。内容属于全局性、综合性的，以自治区、市、县（市、区）党委文件形式发布；内容属于专题性、单项性的，以自治区、市、县（市、区）党委办公厅（室）文件形式发布。

自治区、市、县(市、区)纪委或党委各部门制定的党内规范性文件,原则上自行发布。

党内规范性文件的密级和发布范围应当根据有关规定和实际情况确定。

第四章 适用与解释

第二十三条 同一机关制定的党内规范性文件,一般规定与特别规定不一致的,适用特别规定;旧的规定与新的规定不一致的,适用新的规定。

第二十四条 各级纪委、党委各部门制定的党内规范性文件对同一事项规定不一致的,提请同级党委处理。

第二十五条 党内规范性文件解释工作由起草部门具体负责。解释内容涉及其他单位的,由起草部门商有关单位具体负责。

第五章 备案、清理与评估

(略)

第六章 附 则

第三十条 乡(镇)党委党内规范性文件制定、备案等工作参照本办法执行。

第三十一条 本办法由自治区党委办公厅负责解释。

第三十二条 本办法自发布之日起施行。

【例文评析】这是一份地方党内规章,其文种是办法。办法适用于对某项工作做具体、详细规定,操作性、实施性很强的法制性文种。该办法只适用于广西壮族自治区各级党组织;内容上只涉及广西壮族自治区各级党组织党内规范性文件的制定,事项单一;行文采用章条式,表述具体、详细、周全,规定性、操作性很强。

【例文思考】

1.本办法与党内法规中的办法有何区别?

2.本办法对规范性文件文种的使用是怎样规定的?

【例文5.3.2】

市场监督管理执法监督暂行规定

(2019年12月31日国家市场监督管理总局令第22号公布)

第一条 为了督促市场监督管理部门依法履行职责,规范行政执法行为,保护自然人、法人和其他组织的合法权益,根据有关法律、行政法规,制定本规定。

第二条 本规定所称执法监督,是指上级市场监督管理部门对下级市场监督管理部门,各级市场监督管理部门对本部门所属机构、派出机构和执法人员的行政执法及其相关行为进行的检查、审核、评议、纠正等活动。

市场监督管理部门开展执法监督,适用本规定;法律、法规、规章另有规定的,依照其规定。

第三条 执法监督应当坚持监督执法与促进执法相结合、纠正错误与改进工作相结合的原则,保证法律、法规、规章的正确实施。

第四条 各级市场监督管理部门应当加强对执法监督工作的领导,建立健全执法监督工作机制,统筹解决执法监督工作中的重大问题。

第五条 各级市场监督管理部门内设的各业务机构根据职责分工和相关规定,负责实施本业务领域的执法监督工作。

各级市场监督管理部门法制机构在本级市场监督管理部门领导下,具体负责组织、协调、指导和实施执法监督工作。

第六条 执法监督主要包括下列内容:

(一)依法履行市场监督管理执法职责情况;

(二)行政规范性文件的合法性;

(三)公平竞争审查情况;

(四)行政处罚、行政许可、行政强制等具体行政行为的合法性和适当性;

(五)行政处罚裁量基准制度实施情况;

(六)行政执法公示、执法全过程记录、重大执法决定法制审核制度实施情况;

(七)行政复议、行政诉讼、行政执法与刑事司法衔接等制度落实情况;

(八)行政执法责任制的落实情况;

(九)其他需要监督的内容。

第七条 执法监督主要采取下列方式:

(一)行政规范性文件合法性审核;

(二)公平竞争审查;

(三)行政处罚案件审核、听证;

(四)重大执法决定法制审核;

(五)行政复议;

(六)专项执法检查;

(七)执法评议考核;

(八)执法案卷评查;

(九)法治建设评价;

(十)依法可以采取的其他监督方式。

第八条 本规定第七条第(一)项至第(五)项所规定的执法监督方式,依照法律、法规、规章和有关规定执行。

本规定第七条第(六)项至第(八)项所规定的执法监督方式,由市场监督管理部门内设的各业务机构和法制机构单独或者共同实施。

本规定第七条第(九)项所规定的执法监督方式,由市场监督管理部门法制机构实施。

第九条 市场监督管理部门主要针对下列事项开展专项执法检查:

（一）法律、法规、规章、行政规范性文件的执行情况；

（二）重要执法制度的实施情况；

（三）行政执法中具有普遍性的热点、难点、重点问题；

（四）上级机关和有关部门交办、转办、移送的执法事项；

（五）社会公众反映强烈的执法事项；

（六）其他需要开展专项执法检查的事项。

市场监督管理部门应当加强对专项执法检查的统筹安排，统一制定专项执法检查计划，合理确定专项执法检查事项。

第十条 市场监督管理部门主要针对下列事项开展执法评议考核：

（一）执法主体是否合法；

（二）执法行为是否规范；

（三）执法制度是否健全；

（四）执法效果是否良好；

（五）其他需要评议的事项。

市场监督管理部门开展执法评议考核，应当确定执法评议考核的范围和重点，加强评议考核结果运用，落实评议考核奖惩措施。

第十一条 市场监督管理部门主要针对下列事项开展行政处罚案卷评查：

（一）实施行政处罚的主体是否合法；

（二）认定的事实是否清楚，证据是否确凿；

（三）适用法律依据是否准确；

（四）程序是否合法；

（五）自由裁量权运用是否适当；

（六）涉嫌犯罪的案件是否移送司法机关；

（七）案卷的制作、管理是否规范；

（八）需要评查的其他事项。

市场监督管理部门主要针对下列事项开展行政许可案卷评查：

（一）实施行政许可的主体是否合法；

（二）行政许可项目是否有法律、法规、规章依据；

（三）申请材料是否齐全、是否符合法定形式；

（四）实质审查是否符合法定要求；

（五）适用法律依据是否准确；

（六）程序是否合法；

（七）案卷的制作、管理是否规范；

(八)需要评查的其他事项。

市场监督管理部门对其他行政执法案卷的评查事项,参照前款规定执行。

第十二条 市场监督管理部门应当根据法治政府建设的部署和要求,对本级和下级市场监督管理部门法治建设情况进行评价。

法治市场监督管理建设评价办法、指标体系和评分标准由国家市场监督管理总局另行制定。

第十三条 市场监督管理部门在开展执法监督时,可以采取下列措施:

(一)查阅、复制、调取行政执法案卷和其他有关材料;

(二)询问行政执法人员、行政相对人和其他相关人员;

(三)召开座谈会、论证会,开展问卷调查,组织第三方评估;

(四)现场检查、网上检查、查看执法业务管理系统;

(五)走访、回访、暗访;

(六)依法可以采取的其他措施。

第十四条 下级市场监督管理部门应当及时向上级市场监督管理部门报送开展执法监督工作的情况及相关数据。

上级市场监督管理部门可以根据工作需要,要求下级市场监督管理部门报送开展执法监督工作的情况及相关数据。

各级市场监督管理部门应当加强执法监督的信息化建设,实现执法监督信息的互通和共享。

第十五条 市场监督管理部门应当对开展执法监督的情况及时进行汇总、分析。相关执法监督情况经本级市场监督管理部门负责人批准后,可以在适当范围内通报。

第十六条 上级市场监督管理部门在执法监督工作中发现下级市场监督管理部门在履行法定执法职责中存在突出问题的,经本级市场监督管理部门负责人批准,可以约谈下级市场监督管理部门负责人。

第十七条 市场监督管理部门发现本部门所属机构、派出机构和执法人员存在不履行、违法履行或者不当履行法定职责情形的,应当及时予以纠正。

第十八条 上级市场监督管理部门发现下级市场监督管理部门及其执法人员可能存在不履行、违法履行或者不当履行法定职责情形的,经本级市场监督管理部门负责人批准,可以发出执法监督通知书,要求提供相关材料或者情况说明。

下级市场监督管理部门收到执法监督通知书后,应当于十个工作日内提供相关材料或者情况说明。

第十九条 上级市场监督管理部门发出执法监督通知书后,经过调查核实,认为下级市场监督管理部门及其执法人员存在不履行、违法履行或者不当履行法定职责情形的,经本级市场监督管理部门负责人批准,可以发出执法监督决定书,要求下级市场监督管理部门限期纠正;必要时可以直接纠正。

下级市场监督管理部门应当在执法监督决定书规定的期限内纠正相关行为,并于纠正后十个工作日内向上级市场监督管理部门报告纠正情况。

第二十条　下级市场监督管理部门对执法监督决定有异议的,可以在五个工作日内申请复查,上级市场监督管理部门应当自收到申请之日起十个工作日内予以复查并答复。

第二十一条　上级市场监督管理部门发现下级市场监督管理部门行政执法工作中存在普遍性问题或者区域性风险,经本级市场监督管理部门负责人批准,可以向下级市场监督管理部门发出执法监督意见书,提出完善制度或者改进工作的要求。

下级市场监督管理部门应当在规定期限内将有关情况报告上级市场监督管理部门。

第二十二条　下级市场监督管理部门不执行执法监督通知书、决定书或者意见书的,上级市场监督管理部门可以责令改正、通报批评,并可以建议有权机关对负有责任的主管人员和相关责任人员予以批评教育、调离执法岗位或者处分。

第二十三条　市场监督管理部门在执法监督中,发现存在不履行、违法履行或者不当履行法定职责情形需要追责问责的,应当根据有关规定处理。

第二十四条　市场监督管理部门应当建立执法容错机制,明确履职标准,完善尽职免责办法。

第二十五条　药品监督管理部门和知识产权行政部门实施执法监督,适用本规定。

第二十六条　本规定自2020年4月1日起施行。2004年1月18日原国家质量监督检验检疫总局令第59号公布的《质量监督检验检疫行政执法监督与行政执法过错责任追究办法》和2015年9月15日原国家工商行政管理总局令第78号公布的《工商行政管理机关执法监督规定》同时废止。

【例文评析】这是一份部门规章,文种为规定。规定适用于对某一党政工作作部分规定的法制文书。该规章对市场监督管理部门的"执法监督"作暂时规定。其中"暂时"表明了该规定的性质,说明尚需经过一段时间的实践检验与补充完善后,才会最终上升为正式规章。其正文采用"条款式"行文,内容表述具体明晰,利于执行,便于操作。这是法制性公文中"章条式"行文的又一典型行文方式,值得借鉴。

【例文思考】

1.指出本规定哪些条文属于"总则"性质的内容,哪些条文属于"附则"性质内容?

2.怎样理解"规定"的适用性和该规定中的"暂时"二字?

拓展训练

1.何谓党政规章?它有什么作用?

2. 党政规章中的规定、办法、细则和决定分别适用于哪种情况？
3. 细则有哪些特点？
4. 制定党政规章须注意什么事项？
5. 上网查找《中国（广东）自由贸易试验区管理试行办法》一文，谈谈此文的结构方式。

任务四 党政规范性文件

> 中国共产党坚持依法执政，带领人民制定和实施宪法和法律，把党的主张贯彻到国家工作各方面全过程，实现全面有效依法治国。
> ——习近平

任务情景

全国人民代表大会常务委员会关于批准 2022 年中央决算的决议[①]

（2023 年 6 月 28 日第十四届全国人民代表大会常务委员会第三次会议通过）

第十四届全国人民代表大会常务委员会第三次会议听取了财政部部长刘昆受国务院委托作的《国务院关于 2022 年中央决算的报告》和审计署审计长侯凯受国务院委托作的《国务院关于 2022 年度中央预算执行和其他财政收支的审计工作报告》。会议结合审议审计工作报告，对 2022 年中央决算（草案）和中央决算报告进行了审查。会议同意全国人民代表大会财政经济委员会提出的审查结果报告，决定批准 2022 年中央决算。

任务设置

1. 决议的特点有哪些？
2. 撰写决议时应该注意哪些问题？

知识要点

党政规范性文件是指由各级党政机关发布的，对某一领域范围内法律范畴以外的具有普遍约束力的准法（或非立法）性文件。目前，我国法律法规对党政规范性文件的涵义、制发主体、制发程序和权限以及审查机制等，尚未作全面统一的规定。这类非立法性规范性文件的制定主体也比较多，如各级党组织、各级人民政府及其所属工作部门、人民团体、

---

① https://www.gov.cn/yaowen/liebiao/202306/content_6888920.htm.

社团组织、企事业单位、法院、检察院等都可制定。

党政规范性文件的作用主要体现在三个方面。第一,执行法律、法规和规章。实现上位法授权,实现上位法立法目的,细化上位法有关程序,解释、使用上位法。第二,履行法定职责,发挥党政管理效力,弥补法律不足。在现实管理中,对某一部门、某一领域出现的问题,若法律上出现空缺,或虽有法规、规章的原则规定但缺乏更细致的操作细则或办法,难以从根本上得到解决,可通过制定相应的党政规范性文件予以解决。第三,规范党政行为,约束党政机关自由裁量权,促进依法治党依法行政。自由裁量权的合法、合理、适当,需要通过规范性文件形式加以固定。

一、基础知识认知

(一)特点

党政规范性文件是抽象的党政管理行文,与具体的党政管理行为相比较,具有如下特点。

1. 规范性

其是指党政规范性文件的精神实质与法律、法规和规章一脉相承,是对法律、法规和规章贯彻执行的一种延伸或进一步具体化、细化,它同样对相关组织和人们的行为起规范和约束作用。

2. 外部性

其是指党政规范性文件的内容直接关系到公共利益、社会秩序和管理相对人的权利义务,具有普遍(不针对特定对象)适用性作用。

3. 反复适用性

其是指党政规范性文件在一定时期内的效用保持相对稳定,可以被同类事项反复适用,不像有些文件只针对某一特定对象或特定现实问题,问题解决了效用就消失了。

(二)分类

按照不同的分类标准,党政规范性文件可以分为以下几类。

(1)按适用系统分,有党内规范性文件和行政规范性文件。

党内规范性文件是指由各级党组织制发的规范性文件;行政规范性文件是指由各级行政机构制发的规范性文件。

(2)按中央和地方分,有中央规范性文件和地方规范性文件。

中央规范性文件包括党中央及其部门制发的规范性文件和国务院及其部门制发的规

范性文件;地方规范性文件是指地方县级(含县级)以上的各级政府及其部门制发的规范性文件。

(3)按制发主体性质分,党内法规可分为中央党内规范性文件和部门党内规范性文件;行政规范性文件可分为政府规范性文件和部门规范性文件。

二、党政规范性文件写作

党政规范性文件的写法可分两种情况:一种是以"决议""决定""命令""通知""意见""公告""通告""批复"等文种行文的,一般不分条款行文,而是基本按照党政机关公文的写作要求行文;另一种是以"规则""规定""办法""细则"等文种行文的,则基本按照法律、法规和规章的"章条式"或"条款式"或"序条式"行文。

三、写作注意事项

(一)内容合法合规

根据有关法律法规规定,行政规范性文件不得设定以下内容:①不得设定行政许可以及面向社会实施的非行政许可审批;②不得设定行政处罚;③不得设定行政强制;④不得设定行政事业性收费;⑤不得设定行政征用;⑥不得设定依法应当由法律、法规、规章或者上级机关设定的其他内容;⑦不得规定没有法律、法规、规章为依据的限制公民、法人和其他组织的权利或者增加公民、法人和其他组织的义务的内容。

(二)正确识别党政规范性文件

由于党政规范性文件制发主体多,文种复杂,很容易造成对党政规范性文件的模糊认识。因此,不能仅从文种上去识别是否是规范性文件,而要从文件内容特点去判断。《中国共产党党内法规和规范性文件备案审查规定》第二条明确将下列文件排除在党内规范性文件备案审查之列:①印发领导讲话、年度工作要点、工作总结等内容的文件;②关于人事调整、表彰奖励、处分处理,以及机关内部日常管理等事项的文件;③请示、报告、会议活动通知、会议纪要、情况通报等文件;④其他按照规定不需要备案审查的文件。同理,这些类型的行政文件也不能成为行政规范性文件。

(三)正确选用文种与行文体例

采用党政机关公文文种行文的应采用党政机关公文的规范写作行文,采取党政法规、规章性公文行文的应采取"章条式""条款式""序条式"行文。前述《广西壮族自治区党内规范性文件制定办法》第三条规定:"党内规范性文件的名称一般为决议、决定、意见、通知等;自治区纪委、自治区党委各部门和市、县(市、区)级党内规范性文件的名称可以使用规则、规定、办法、细则等。"《安徽省行政机关规范性文件制定程序规范》第六条规定:"规范性文件的名称一般称'规定''办法''细则'等。"我们可以从这两份地方规章的规范中获得启迪:具有制发法规和规章权限的党政机关与部门,根据法律、法规和其上位法的规定,在其法定权限内制发非法规和规章之外,具有规范党政管理事务,公开发布并反复适用的,具有普遍约束力的文件,就用决议、决定、意见、通知等文种,其行文体例也同党政机关公文写作;无制发法规和规章的党政机关及其部门,依法在其权限内制发具有规范党政管理事务,公开发布并反复适用的,具有普遍约束力的文件,就要用"规则""规定""办法""细则"等文种,其行文体例也如同法规、规章。

四、例文

【例文 5.4.1】

中共中央关于加强党的政治建设的意见[①]

(2019 年 1 月 31 日)

为深入贯彻落实习近平新时代中国特色社会主义思想和党的十九大精神,切实加强党的政治建设,坚持和加强党的全面领导,推进全面从严治党向纵深发展,不断提高党的执政能力和领导水平,确保全党统一意志、统一行动、步调一致向前进,现提出如下意见。

一、加强党的政治建设的总体要求

旗帜鲜明讲政治是我们党作为马克思主义政党的根本要求。党的政治建设是党的根本性建设,决定党的建设方向和效果,事关统揽推进伟大斗争、伟大工程、伟大事业、伟大梦想。

在革命、建设、改革各个时期,我们党都高度重视党的政治建设,形成了讲政治的优良传统。党的十八大以来,以习近平同志为核心的党中央把党的政治建设摆在更加突出位置,加大力度抓,形成了鲜明的政治导向,消除了党内严重政治隐患,推动党的政治建设取得重大历史性成就。同时,必须清醒看到,党内存在的政治问题还没有得到根本解决,一些党组织和党员干部忽视政治、淡化政治、不讲政治的问题还比较突出,有的甚至存在偏离中国特色社会主义方向的严重问题。切实有效解决这些问题,必须进一步加强党的政治建设。

加强党的政治建设,必须高举中国特色社会主义伟大旗帜,全面贯彻党的十九大精神,坚持以马克思列宁主义、毛泽东思想、邓小平理论、"三个代表"重要思想、科学发展观、习近平新时代中国特色社会主义思想为指导,坚持党的基本理论、基本路线、基本方略,落

---

① http://www.gov.cn/zhengce/2019-02/27/content_5369070.htm。

实新时代党的建设总要求,增强"四个意识",坚定"四个自信",坚决维护习近平总书记党中央的核心、全党的核心地位,坚决维护党中央权威和集中统一领导,把准政治方向,坚持党的政治领导,夯实政治根基,涵养政治生态,防范政治风险,永葆政治本色,提高政治能力,把我们党建设得更加坚强有力,确保我们党始终成为中国特色社会主义事业的坚强领导核心,为实现"两个一百年"奋斗目标和中华民族伟大复兴的中国梦提供坚强政治保证。

加强党的政治建设,目的是坚定政治信仰,强化政治领导,提高政治能力,净化政治生态,实现全党团结统一、行动一致。要以党章为根本遵循,把党章明确的党的性质和宗旨、指导思想和奋斗目标、路线和纲领落到实处。要突显党的政治建设的根本性地位,聚焦党的政治属性、政治使命、政治目标、政治追求持续发力。要以党的政治建设为统领,把政治标准和政治要求贯穿党的思想建设、组织建设、作风建设、纪律建设以及制度建设、反腐败斗争始终,以政治上的加强推动全面从严治党向纵深发展,引领带动党的建设质量全面提高。要坚持问题导向,注重"靶向治疗",针对政治意识不强、政治立场不稳、政治能力不足、政治行为不端等突出问题强弱项补短板。要把党的政治建设融入党和国家重大决策部署的制定和落实全过程,做到党的政治建设与各项业务工作特别是中心工作紧密结合、相互促进。

二、坚定政治信仰

加强党的政治建设,必须坚持马克思主义指导地位,坚持用习近平新时代中国特色社会主义思想武装全党、教育人民,夯实思想根基,牢记初心使命,凝聚同心共筑中国梦的磅礴力量。

(一)坚持用党的科学理论武装头脑

(略)

(二)坚定执行党的政治路线

(略)

(三)坚决站稳政治立场

(略)

三、坚持党的政治领导

党是最高政治领导力量,党的领导是中国特色社会主义最本质的特征,是中国特色社会主义制度的最大优势。加强党的政治建设,必须坚持和加强党的全面领导,完善党的领导体制,改进党的领导方式,承担起执政兴国的政治责任。

(四)坚决做到"两个维护"

(略)

(五)完善党的领导体制

(略)

(六)改进党的领导方式

(略)

四、提高政治能力

加强党的政治建设,关键是要提高各级各类组织和党员干部的政治能力。必须进一步增强党组织政治功能,彰显国家机关政治属性,发挥群团组织政治作用,强化国有企事业单位政治导向,不断提高党员干部特别是领导干部政治本领。

(七)增强党组织政治功能

(略)

(八)彰显国家机关政治属性

(略)

(九)发挥群团组织政治作用

(略)

(十)强化国有企事业单位政治导向

(略)

(十一)提高党员干部政治本领

(略)

五、净化政治生态

加强党的政治建设,必须把营造风清气正的政治生态作为基础性、经常性工作,浚其源、涵其林,养正气、固根本,锲而不舍、久久为功,实现正气充盈、政治清明。

(十二)严肃党内政治生活

(略)

(十三)严明党的政治纪律和政治规矩

(略)

(十四)发展积极健康的党内政治文化

(略)

(十五)突出政治标准选人用人

(略)

(十六)永葆清正廉洁的政治本色

(略)

六、强化组织实施

加强党的政治建设是一项重大艰巨的政治任务。各地区各部门要进一步增强推进党的政治建设的自觉性坚定性,把思想和行动统一到党中央部署要求上来,加强组织领导、强化责任担当,确保本意见提出的各项举措落到实处,确保党的政治建设取得成效。

（十七）落实领导责任

（略）

（十八）抓住"关键少数"

（略）

（十九）强化制度保障

（略）

（二十）加强监督问责

（略）

各地区各部门要紧密结合自身实际制定贯彻实施本意见的具体措施。中央军委可以根据本意见提出加强军队党的政治建设的具体意见。

【例文评析】这是一份中央党内规范性文件。它为"加强党的政治建设"提出了规范性、指导性意见，具有规范全党"政治建设"的指导作用。意见由标题、题注和正文构成。标题由发文机关名称、事由和文种构成；题注注明发文时间；正文的开头、主体和结尾三部分齐全。开头述明制发该意见的目的；主体首先阐明加强党的政治建设的总体要求，然后围绕"总体要求"，从"坚定政治信仰""坚持党的政治领导""提高政治能力""净化政治生态""强化组织实施"五个方面阐明实现"总体要求"的二十条具体措施；结尾分别向各地区各部门、中央军委提出贯彻落实本意见的要求。

【例文思考】

1. 该意见"加强党的政治建设总体要求"部分具体阐述了哪些方面的内容？
2. 试分析该意见行文的特点。

拓展训练

1. 何谓党政规范性文件？
2. 党政规范性文件有哪些特征？
3. 撰写党政规范性文件文本要注意哪些事项？
4. 怎样正确选择党政规范性文件的文本文种？
5. 怎样撰写党政规范性文件文本？

任务五　党政内部管理制度

> 盖天下之事，不难于立法，而难于法之必行。
> ——张居正

任务情景

中共广东××学院委员会
讲座、论坛、报告会等活动管理办法

(2020年6月19日××党〔2020〕12号通知印发)

第一条　为进一步规范和加强校内举办的各级各类讲座、论坛、报告会等活动的管理，落实高校政治安全工作的主体责任，根据中央和省委有关文件要求，结合我校实际，制定本办法。

第二条　本办法适用于学校各部门、二级学院、群团组织单独或与校外单位（个人）联合举办或线上举办，以及校外单位（个人）租借学校场地举办的各类讲座、论坛、报告会等活动。

第三条　组织开展讲座、论坛、报告会等活动，必须遵守宪法和相关法律法规，符合党和国家的教育方针政策，有利于引导师生树立社会主义核心价值观，不得涉及以下内容：

（一）违反宪法所确定的基本原则；

（二）危害国家安全，泄露国家秘密，煽动颠覆国家政权，破坏国家统一；

（三）损害国家的荣誉和利益；

（略）

第十六条　学校各部门各单位要牢固树立政治安全、意识形态安全意识和责任意识，对因审查不严、疏于管理造成不良社会政治影响的、发生群体性事件或人身伤亡事故的、不按审批备案程序擅自举办活动的、擅自租借学校场地影响安全稳定的、或造成其他严重后果的，将依据有关规定，严厉追责，严肃处理。违反国家法律法规的，移送司法机关依法处理。

第十七条　本办法由学校党委办公室负责解释。

第十八条　本办法自印发之日起实施。

任务设置

1．试指出该办法的总则条文与附则条文。
2．请理清分则条文的具体内容以及它们之间的逻辑关系。

知识要点

党政内部管理制度是指适用于党政机关、社会团体、企事业单位内部管理的规则、规程、办法、制度、须知等文书的总称。制度一经制定发布，就对所辖成员或从事某项工作的相关人员具有指导和约束作用。在当代管理中，制度是管理科学化、职责具体化与程序规范化的有力保证。

一、基础知识认知

(一)特点

1. 内部性与事务性

党政内部管理制度是党政机关、社会团体、企事业单位内部管理文书。它的制发旨在规范所辖内部成员或相关工作人员从事某项职业、某个岗位或完成某项工作的行为,而不像规范性文件具有外部性;而且其内容大多偏向于业务、事务,而非偏向于政治。

2. 针对性与指导性

党政内部管理制度在对党政机关、社会团体、企事业单位进行内部管理时,往往需要对所辖人员或某一具体事项作出详尽的规定,因而其适用对象与适用范围具有针对性。而其指导性体现为提示与指导相关人员如何开展工作和怎样遵守事项的细则。

3. 规定性与制约性

制定党政内部管理制度的目的与制定党政法规、党政规章的目的是相类似的,都是为了加强管理,规范有关人员的行为,只不过制定的主体、适用的范围和产生的约束力不同而已。规定性是法制性文书的基本属性,所以该制度也具有规定性。另外,制度一经制定颁布,有关人员就必须严格遵守,否则将受到相应的处罚,因而具有制约性。

4. 程序性与规范性

党政内部管理制度主要是为规范某项党政工作而制定的,而许多工作的操作讲究程序性,相关操作者只有遵循其程序性才能办好,特别是技术性强与高危性工作——强调一定要按规程进行,因而制度具有程序性的特点。此外,制度还具有规范性,体现在它规范化了工作的职责,使岗位职责明晰化,管理方法科学化。

5. 灵活性与鞭策性

制度的灵活性是指其行文不仅可以采用章条式,也可以采用条款式,还有其他变通的行文方式。有些制度往往会悬挂或张贴在工作场所,时刻鞭策相关人员遵守纪律,努力工作。

(二)分类

按照不同的分类标准,党政内部管理制度可以分为以下几类。

(1)按照其用途划分,有两大类:一类侧重约束行为、明确职责与规范道德,如守则、准则、规范、须知等;另一类侧重对工作的要求与规范,如规则、规程、制度等。

(2)按内容划分,有工作制度、学习制度、生产制度、财务管理制度等。

(3)按效用划分,有正式制度和非正式制度。

(4)按制定的主体划分,有社会团体制度、事业单位制度、企业制度、国家机关制度等。

二、党政内部管理制度写作

党政内部管理制度一般由标题、正文和文尾三部分构成。

(一)标题

标题的写法主要有以下两种。

(1)适用范围＋规范内容＋文种。如《盐田区发展和改革局(统计局)固定资产管理制度》。

(2)规范内容＋文种。如《固定资产管理制度》。

除了以上两种写法,党政内部管理制度的标题还有仿公文式。

(二)正文

党政内部管理制度的正文可根据其适用范围、具体内容与使用的特定场所决定行文方式。内容复杂的多用章条式、条文式,内容简易的,多用条文式、序条式。序条式制度的正文可以分两层表述。

(1)序言:交代制定制度的依据、指导思想,以及适用范围、目的与要求。

(2)主体:具体说明所辖成员或相关人员共同遵守的行为准则、办事规程或工作程序,一般分条项写。

(三)文尾

党政内部管理制度文尾一般包括两个内容:一是制定者;二是制发的日期,日期应写明具体的年、月、日。

三、写作注意事项

(一)合法求实

合法是指要依照国家的法律、法规与政策制定;求实则是指切合实情,实事求是,符合实际需要,行之有效。

(二)规范严谨

党政内部管理制度行文要符合规范,用语得体,同时,内容要彼此连贯、逻辑严密、结构严谨,避免前后重复或相互矛盾。

(三)简明清晰

党政内部管理制度的表述要简洁明了、准确通俗,便于理解和执行;不能深奥难懂,含糊不清,不利于遵守。

(四)与时俱进

社会在发展,新形势与新情况不断出现,因而制度也必须与时俱进,针对实际情况及时修订与补充,以适应时代的发展需要。

四、例文

【例文 5.5.1】

盐田区发展和改革局(统计局)固定资产管理制度[①]

为推进精细化管理,加强我局固定资产管理,维护资产的安全和完整,提高资产使用效益,根据党政机关固定资产管理有关规定,并结合我局实际情况,特制定本管理制度。

一、固定资产管理内容

本制度所指的固定资产是指使用年限在一年以上,单位价值在1000元以上,并在使用过程中基本保持原来实物形态,由我局财政资金购置,或者接受赠送、奖励等途径获得的各项资产,单位价值虽然未到规定标准,但是办公室认为有必要作为固定资产管理的物品,也视同固定资产管理。包括专用设备、一般设备、文物和陈列品、其他固定资产等。

二、固定资产管理主体

局机关及下属事业单位的固定资产统一由办公室管理,办公室负责固定资产的采购、使用分配、转移、报废和清查,同时做好固定资产台账的建立,指定专人负责管理固定资产。区前期办固定资产管理相对独立,区前期办需参照局固定资产管理办法制定前期办固定资产管理制度,并指定专人负责管理。

三、固定资产购置

固定资产购置须厉行节约,制止奢侈浪费,量入为出,注重资金使用效益。

(一)固定资产购置审批程序

1. 价值1000元(含1000元)以下的资产购置

各科室(中心)根据工作实际需要,填写《盐田区发改局财务支出审批单》,由科室负责

---

① http://www.sz.gov.cn/ytq/zcfggfxwj/qgfxwj/201506/t20150624_2930617.htm.

人出具意见后报办公室统筹考虑后安排实施。

2.价值1000元以上1500元(含1500元)以下的资产购置

各科室(中心)根据工作实际需要,填写《盐田区发改局财务支出审批单》后报办公室出具意见,再由办公室送分管局领导审批。

3.价值1500元以上的资产购置

各科室(中心)根据工作实际需要,填写《盐田区发改局财务支出审批单》后报办公室出具意见,再由办公室送分管局领导审批,局长审定后实施。

(二)固定资产购置的实施 固定资产购置原则上由办公室组织实施,办公室根据实际需要,可以委托科室(中心)实施采购,科室(中心)未通过办公室采购的固定资产,应到办公室登记备案,采购工作应符合市、区采购有关规定。

四、固定资产的使用、保管、转移

(一)固定资产购置后,领用人填写《盐田区发展和改革局固定资产领用表》,由办公室办理备案签收手续,同时登记固定资产台账。

(二)固定资产的保管以"谁使用谁保管"为原则,使用人是第一保管人和日常保养人。对于一人使用的设备、器材、工具一般由使用者负责保管;对于多人使用的物品、设备由使用保管科室指定专人负责;对于科室共同使用的资产由使用科室负责人负责并监管。对于全局共同使用的资产,由办公室指定专人负责保管,使用人借用全局共用资产应进行登记,使用完毕后应立即归还办公室保管。

(三)固定资产的转移权限在办公室,因工作岗位或工作任务发生变化需要转移固定资产时需填写《盐田区发展和改革局固定资产转移登记单》,并由接收人签字;因工作需要,需要临时调配使用各科室(中心)固定资产时,由办公室负责安排并登记,各科室(中心)要积极配合。

(四)使用人或使用科室因工作岗位或工作任务变化等情况造成的闲置固定资产,应及时报办公室,以便调剂使用,防止闲置造成浪费,不得自行交付给其他人使用。

五、固定资产的维修

固定资产发生损坏需要维修时,由使用人或使用科室向办公室提出申请,由办公室安排人员,或委托相关人员组织维修,如因私使用导致固定资产损坏,由使用人承担维修费用,如损坏无法维修,根据固定资产状况由使用人折价赔偿。

六、固定资产的报废

(一)固定资产报废条件

1.超出使用年限且继续使用存在安全隐患的;

2.已有新设备替代的,维修费用过高的陈旧设备;

3.因事故造成无法修复的或修复费用超出新购费用的。

(二)固定资产报废流程

固定资产需要报废时,应由使用人或使用科室填写《盐田区发展和改革局固定资产报废申请表》,报废资产经办公室查验后移交办公室,由办公室按有关程序办理报废手续,核销台账。

七、固定资产的清查

办公室定期组织进行清查,各科室(中心)积极配合,清查发生盘亏时,要使用人或科室负责人说明情况,查明原因并写出书面报告,经局长办公会议研究同意核销后,方可进行相应的账务处理。

八、本制度由办公室负责解释

九、本制度自印发之日起执行

【例文评析】这是盐田区发改局为加强固定资产的管理,严肃组织纪律而制定的办事程序和行为准则的制度。该制度标题部分明确了其适用范围、规范内容,正文部分对固定资产管理涉及的内容、主体和固定资产购置的使用、保管、转移、清查作了详尽的规定,既有实操性,也有强制性。该文写作规范,表述清晰,值得借鉴。

【例文思考】

1.结合本制度,谈谈部门管理制度一般包括哪些内容?

2.本制度正文部分采用何种方式行文?

拓展训练

1.什么是制度?它有什么作用?

2.制度有什么特点?写作制度时需要注意什么?

3.请根据你所在单位的实际情况,写一份《××××固定资产管理制度》。

思政小课堂

西安交通大学原校长王树国:传承西迁精神　争做民族脊梁

项目六 常用经济纠纷法律文书

思政目标

1.通过学习,让学生意识到经济纠纷法律文书是保护当事人的合法权益,保障社会主义市场经济健康发展的重要工具,同时,让学生理解建设社会主义法治国家,有赖于公民形成正确的法律价值理念。

2.通过学习,培养学生法治意识,树立通过合法途径维护自身合法权利的法律意识,做一名知法与守法,富有社会责任感的公民。

知识目标

1.了解经济纠纷解决的合法途径,包括调解、仲裁和诉讼等;掌握起诉状、上诉状、申诉状和答辩状的基本结构和写作要点。

2.了解经济纠纷案件的法律程序和相关法律法规。

能力目标

1.能够正确选择适用的经济纠纷解决方法,合理运用法律工具。

2.能够撰写符合法律要求的起诉状、上诉状、申诉状和答辩状。

3.能够理解并运用相关法律知识解决常见的经济纠纷问题;具备一定的法律分析和问题解决能力。

素质目标

1.培养学生崇尚法律、维护正义的理念。

2.培养学生拥有法律思维能力,具有一般法律素养,知法懂法。

3.培养学生在面对经济纠纷时,拥有运用合理的法律途径维护自身合法权益的综合素质,为将来的职业发展打下坚实的基础。

本项目重点介绍发生经济纠纷时常用到的法律文书——仲裁申请书、民事起诉状、民事上诉状及民事答辩状的写作。

任务一　仲裁申请书

> 仲裁是一种可靠的纠纷解决方式，它能够为当事人提供更加公正、合理的解决方案，促进社会公正和法治建设。
>
> ——中华人民共和国司法部

任务情景

乙方讨回公道

2021年12月9日，甲方与乙方在某市签订《钢窗买卖合同》一份。合同约定甲方向乙方采购钢窗300副。合同对钢窗的质料、规格、数量和单价都作了明确约定，交货日期为2022年6月20日，合同同时规定如果双方履行合同期间发生争议，可向当地仲裁委员会提出申请，请求作出公正裁决。乙方按期向甲方交付了货物并经过合格验收，但甲方却迟迟不支付货款。由于甲方违约拒不支付货款，乙方与甲方交涉三次，结果甲方依旧没有支付货款，给乙方造成了很大的经济损失。基于此，乙方决定向该市仲裁委员会提出申请，请求其对双方的纠纷作出裁决，以讨回公道。

任务设置

1. 对于乙方的做法，你有何看法？
2. 为什么乙方可以通过仲裁的方式解决其在合同上遭遇的纠纷？
3. 乙方申请仲裁需要写什么样的法律文书？为什么要写这种法律文书？

知识要点

仲裁申请书是指当平等主体的公民、法人和其他组织之间发生合同纠纷和其他财产权益纠纷时，当事人根据双方事先达成的仲裁协议，向选定的仲裁委员会提出申请，请求仲裁机构通过仲裁，公平合理地解决纠纷的法律文书。

《中华人民共和国仲裁法》第二十一条规定，当事人申请仲裁应当符合下列条件："（一）有仲裁协议；（二）有具体的仲裁请求和事实、理由；（三）属于仲裁委员会的受理范围。"第二十二条还规定："当事人申请仲裁，应当向仲裁委员会递交仲裁协议、仲裁申请书及副本。"

仲裁申请书是当事人申请仲裁的书面请求，也是仲裁机构处理申请人与被申请人之间的争议案件和进行仲裁的主要依据。只有当事人向双方选定的仲裁机构提交仲裁申请书，才能启动仲裁程序。首先提交仲裁申请书的一方为申请人，相对的另一方为被申请人。被申请人也可以提出反请求，提出反请求也要提交仲裁申请书。《中华人民共和国仲裁法》第二十四条规定："仲裁委员会收到仲裁申请书之日起五日内，认为符合受理条件的，应当受理，并通知当事人；认为不符合受理条件的，应当书面通知当事人不予受理，并说明理由。"当事人、法定代理人可以委托律师和其他代理人进行仲裁活动，但必须向仲裁委员会提交授权委托书。

一、基础知识认知

(一)特点

仲裁申请书有如下特点。

1. 自愿性

当事人双方采用仲裁方式解决纠纷，双方应当秉持自愿原则，达成仲裁协议。若没有仲裁协议，一方申请仲裁的，仲裁委员会是不会受理的。

2. 独立性

仲裁申请书提交后，仲裁依法独立进行，不受行政机关、社会团体的干涉。

3. 实事求是

仲裁申请书应当以事实为根据，符合法律规定，以求公平合理解决纠纷。

(二)分类

根据仲裁是否有涉外因素，可以分为国内仲裁和国际仲裁。国内仲裁申请书主要解决国内民商事纠纷，国际仲裁申请书主要解决国际性民商事纠纷。

二、仲裁申请书写作

《中华人民共和国仲裁法》第二十三条规定，仲裁申请书的内容应当载明下列事项："(一)当事人的姓名、性别、年龄、职业、工作单位和住所，法人或者其他组织的名称、住所和法定代表人或者主要负责人的姓名、职务；(二)仲裁请求和所根据的事实、理由；(三)证据和证据来源、证人姓名和住所。"

依据上述规定，仲裁申请书的首部、正文和尾部三部分的内容如下。

(一)首部

首部应写明标题、当事人基本情况两项内容。

1. 标题

标题即在文书首页第三行居中写明"仲裁申请书"。

2. 当事人基本情况

当事人包括申请人与被申请人,先写申请人及其委托代理人基本情况,再写被申请人及其委托代理人基本情况。当事人为公民个人的,应依次写明其姓名、性别、年龄、职业、工作单位和住所;当事人为法人或其他组织的,应写明其名称、住所,还要另起一行写明法定代表人或者负责人的姓名、职务。如果当事人有委托代理人的,应另起一行写明委托代理人的姓名和基本情况。

(二)正文

正文包括仲裁案由、仲裁请求、事实和理由、证据和证据来源、证人姓名及住所。

1. 仲裁案由

案由要写明申请人提请仲裁申请的依据,即申请仲裁所依据的仲裁协议的内容。

2. 仲裁请求

仲裁请求要简明扼要地写明申请人请求仲裁机构解决的具体事项以及申请人通过仲裁所要达到的目的和要求,包括确认某种法律关系、变更某种法律关系,或者请求被申请人返还某种权益或财物。仲裁请求须合法合理,请求内容应明确、具体、可行。如果请求事项达两项以上,应分别列项写明。

3. 事实和理由

此部分是仲裁申请书的核心内容。事实部分包括:扼要地写明申请人与被申请人之间的法律关系;详细具体地写明双方发生纠纷的时间、地点、起因、经过和结果;清晰地写明双方之间争议的焦点或主要分歧,要与仲裁请求事项相呼应;详细写明被申请人应负的责任。理由部分要以上述事实为依据,援引具体的法律条款,紧扣仲裁请求,阐明仲裁请求的正当与合法,要阐明被申请人的行为给自己造成的损失,说明对方应承担的责任,此部分要求运用法律术语规范性地阐明申请人的观点和主张,论证说理要逻辑严密、层次分明。

4. 证据和证据来源、证人姓名及住址

该部分须写明提请仲裁所依据的证据名称、来源或线索;提供证人的,应写明证明人的姓名和住所。

(三)尾部

尾部要依次写明致送仲裁机关的名称、申请人署名、申请书写作日期、附项。

1. 致送仲裁机关名称

此项是在正文之后另起一行空两字位置写"此致",第二行顶行写"×××仲裁委员会"。

2. 申请人署名

在致送仲裁机关名称的右下方写明"申请人:×××",申请人为法人或其他组织的,除注明单位名称、加盖公章外,还应由法定代表人或主要负责人签章。

3. 申请书写作日期

在申请人下方写明仲裁申请书呈文的年、月、日。

4. 附项

按照编号顺序依次写明下列内容:①"本申请书副本×份",申请书副本的份数由申请人按对方当事人的人数和仲裁庭组成人员的数量提供;②提交的仲裁协议书或包含仲裁条款的合同副本的份数;③申请人提交的其他证据清单,即提请仲裁所依据的证据名称、来源或线索,证人的姓名及住所。

三、写作注意事项

(一)事前须有仲裁协议

撰写仲裁申请书之前须了解当事人双方是否在合同中立有仲裁条款或者争议发生后是否签订了书面仲裁协议。另外,在仲裁申请书中一定要写明将纠纷提交仲裁所依据的仲裁协议并附该仲裁协议书。这些是仲裁机构受理的前提条件,否则只能向法院起诉。

(二)有仲裁请求、事实及理由

当事人写作仲裁申请书,须有具体的仲裁请求、事实及理由。

(三)在仲裁时效内提出

仲裁申请书必须在法律规定的仲裁时效届满前提出,也就是自当事人知道或者应当知道其权利被侵害之日起至法律规定的时限之内提出。

(四)明确请求的范围

申请人的仲裁请求只能在仲裁协议所约定的范围内提出,不能超出仲裁委员会有权裁决事项的范围。

(五)不能仲裁的纠纷

《中华人民共和国仲裁法》第三条规定:"下列纠纷不能仲裁:(一)婚姻、收养、监护、抚养、继承纠纷;(二)依法应当由行政机关处理的行政争议。"

四、例文

【例文6.1.1】

仲裁申请书

申请人:××市×××有限公司,地址:××市××区××街××号;法定代表人:×××,董事长。

被申请人:××建筑工程有限公司,地址:××省××市××路××号;法定代表人:×××,董事长。

案由:

1. 双方当事人签订的《交通设施工程施工合同》第二十五条第一款:"在本合同期内,双方如发生争议,应及时协商解决。若协商不成,按双方约定向××仲裁委员会提请仲裁解决,并以××仲裁委员会的决定为最终决定。"

2. 民法典第五百零七条:"合同不生效、无效、被撤销或者终止的,不影响合同中有关解决争议方法的条款的效力。"

仲裁请求:

1. 被申请人向申请人支付拖欠的工程款人民币1 200 000元;

2. 被申请人从202×年11月1日起至实际履行之日止按照每延期一天支付违约金人民币1000元标准支付相应的违约金;

3. 被申请人承担律师费人民币50 500元;

4. 本案仲裁费、保全费、保全保险费人民币3 023.5元由被申请人承担。

事实及理由:

20××年××月××日,为完成某交通设施工程的建设,×××有限公司与被申请人于20××年签订《交通设施工程施工合同》一份,约定开工日期为20××年7月1日,合同约定价为2 107 546.08元。合同主要内容为:(一)工程范围、内容:标段内声屏障、标志、红绿灯等未完成的施工内容。附《工程清单》具体按工程清单量施工。(二)开、竣工日期:开工日期:20××年7月1日;竣工日期:20××年7月11日;工期(总日历工作天数)为:×××天。(三)分包方式:包工包料,总价承包。(四)工程量及工程造价:单价和工程量详见"工程量清单",工程造价为1 200 000元。此金额为完成该工程项目所含的一切内容的总金额,包括为完成该工程所需的人工费、材料费、机械费、水电费、措施费、安全文明施工费、进出场费、满足甲方财务要求开具的普票所发生的税费等一切费用,以及合同明示或暗示的所有责任、义务和一般风险等。被申请人除此之外,概不支付申请人其他任何费用。(五)工程进度款支付:工程完成后,经监理审核合格后,根据被申请人与业主签订的总合同约定的付款方式,被申请人在收到业主支付的80%的工程款后,凭申请人提供的有效发票,向申请人支付工程款的80%。被申请人在20××年2月8日前支付剩余的15%工程款,余款作为质保金,质保期为交工验收后24个月,质保期内申请人必须无偿承担该工程的所有维修工作。(六)违约责任:1.被申请人未能按合同支付工程款,每延期一天,应支付延期违约金1000元。2.因被申请人违约造成的申请人一切损失,包括申请人因此支出的仲裁费、律师费、调查费、差旅费等一切费用,均由被申请人承担。(七)争议解决方式:本合同在履行过程中发生的与本合同有关的争议,由当事人双方协商解决,或提交××仲裁委员会以仲裁方式解决。

申请人与被申请人于20××年签订的《交通设施工程施工合同》是双方当事人真实意思的表示,其主体适格,合同内容并不违反国家法律、行政法规的强制性规定,应认定为合法有效,当事人均应按约全面、适当履行。

申请人已经履行了合同约定的全部义务,被申请人应向申请人付款。但是,被申请人因自身原因不能按期履行付款的义务,因此,申请人特向贵会提出申请,请裁决被申请人赔偿申请人上述损失。

此致
××仲裁委员会

申请人:××市×××有限公司(章)
法定代表人:×××(签名)
20××年××月××日

附:1.本申请书副本×份;
  2.《交通设施工程施工合同》复印件×份;
  3.其他证明文件×份。

【例文评析】这是一份因承包交通设施工程施工引起纠纷而撰写的仲裁申请书。因××建筑工程有限公司未按期支付款项,导致××市×××有限公司没有获得相应的工程款。为了追回相关损失及其他费用,××市×××有限公司向双方约定的××仲裁委员会提请仲裁,以解决纠纷。

本文结构完整、格式规范。首部由标题、当事人的基本情况组成,当事人的基本情况部分分别写明了申请人与被申请人的名称、住所、法定代表人的姓名和职务。正文部分具体写明申请仲裁的依据和仲裁的请求。在事实和理由部分,交代申请人与被申请人之间的法律关系,重点阐明双方发生纠纷的前因后果和争议的焦点及被申请人应负的责任,最后希望××仲裁委员会给予公正的裁决。尾部写明致送仲裁机关名称、申请人署名、申请仲裁的日期和附项。本文内容详尽、条理清晰,是一份有理有据的仲裁申请书。

【例文思考】

1.本文案由部分为什么要提及《交通设施工程施工合同》?

2.本文正文部分包括哪些内容?哪部分应重点详写?

3.本文可以省略附件部分吗?为什么?

【例文6.1.2】

仲裁申请书

申请人:×××,男,××××年××月××日出生,××公司技术部主任,住址:××市××区××路××号,电话:02×-×××××××。

被申请人:××房地产(集团)股份有限公司,地址:××市××区××路××号××智慧广场1-28层。

法定代表人:×××,职务:董事长,电话:02×-×××××××。

案由:

1.双方当事人签订的《商品房买卖合同(预售202×版)》(合同编号:S××××××××)第八十五条第一款:"在本合同期内,双方如发生争议,应及时协商解决。若协商不成,按双方约定向××仲裁委员会提请仲裁解决,并以××仲裁委员会的决定为最终决定。"

2.民法典第五百零七条:"合同不生效、无效、被撤销或者终止的,不影响合同中有关解决争议方法的条款的效力。"

仲裁请求:

1.被申请人向申请人支付违约金人民币××××××元(其中逾期交房违约金人民币××××元;逾期办证违约金人民币××××元,以人民币×××××元为基数按照日万分之二自202×年1月29日起暂算至202×年6月20日,计算至实际可取得房屋产权证之日止);

2.被申请人补偿申请人因办理本案支出的律师费人民币××××元;

3.仲裁费用由被申请人承担。

事实与理由:

202×年××月××日,申请人(买受人)与被申请人(出卖人)签订《商品房买卖合同(预售202×版)》(合同编号:S××××××××)一份,约定主要内容如下:(一)商品房基本情况:该商品房为商业中心项目中的8幢908号;用途为办公,性质为商品房;预测建筑面积为60.68平方米,套内建筑面积为45.21平方米,分摊共有建筑面积为15.47平方米。(二)计价方式与价款:按照建筑面积计算,该商品房单价为每平方米×××××元,总价款为××××××元。(三)交付时间和条件:出卖人应当在202×年10月31日前向买受人交付该商品房;该商品房交付时应当符合该商品房已取得建设工程竣工验收备案证明文件,已取得房屋测绘报告,该商品房(全装修房)与样板房交付标准一致。该商品房达到约定的交付条件后,出卖人应当在交付日期届满前10日(不少于10日)将查验房屋的时间、办理交付手续的时间地点以及应当携带的证件材料的书面通知邮政送达买受人,买受人未收到交付通知书的,以本合同约定的交付日期届满之日为交付手续的时间,以该商品房所在地为办理交付手续的地点。(四)逾期交付责任:如因出卖人原因导致未在合同约定期限内将该商品房交付买受人,应当向买受人支付违约金,违约金每日按买受人已支付的房价款万分之二计算,违约金自合同约定的最后交付期限后第二天起算至实际交付之日止。逾期超过90日,买受人有权单方面解除合同,买受人解除合同的,出卖人应当承担赔偿责任,赔偿金额为商品房总金额的10%。(五)合同备案与房屋登记:1.出卖人应当自本合同签订之日起30日内(不超过30日)办理商品房预售合同登记备案手续,并将本合同登记备案情况告知买受人;2.因出卖人的原因买受人未能在该商品房交付之日起90日内取得该商品房的房屋所有权证书的,双方同意按照买受人不退房,出卖人每日按买受人已付房价款的万分之二向买受人支付违约金,违约金自买受人应取得房屋所有权证书之日第二日起计算至实际可取得房屋所有权证之日止的方式处理。(六)争议解决方式:本合同在履行过程中发生的与本合同有关的争议,由出卖人和买受人协商解决,或提交××仲裁委员会以仲裁方式解决。

合同签订后,申请人向被申请人支付了全部购房款××××××元,但被申请人未按期交付房屋,也不按期办理房产证。民法典第五百零九条第一款规定:当事人应当按照约定全面履行自己的义务。第五百七十七条规定:当事人一方不履行合同义务或者履行合同义务不符合约定的,应当承担继续履行、采取补救措施或者赔偿损失等违约责任。

根据上述事实和法律,为维护申请人的合法权益不受侵犯,现诉请贵委,请依法裁决。

此致

××仲裁委员会

申请人:×××
202×年××月×× 日

附:1.本申请书副本×份;

  2.《商品房买卖合同(预售202×版)》(合同编号:S×××××××)复印件×份;

  3.其他证明×份。

【例文评析】这是一份关于商品住宅买卖纠纷的仲裁申请书。申请人之所以向××仲裁委员会申请裁决,是因为被申请人没有按期交付合格的房屋。

本文当事人基本情况完整，申请裁决的案由明晰，仲裁请求清楚明了，事实和理由部分以事实为基础，以双方签订的《商品房买卖合同（预售202Ｘ版）》和民法典有关法律条文规定为依据，阐明仲裁请求的正当性，重点指出ＸＸ房地产（集团）股份有限公司的行为给自己造成的损失，强调被申请人应承担的责任。全文结构严谨，思路清晰，内容简明，重点突出，是一份格式规范、逻辑严密的仲裁申请书。

【例文思考】

1. 本文申请人的写法与例文【例文6.1.1】申请人的写法有什么不同？为什么？
2. 本文事实和理由部分如何做到逻辑严密、层次分明的？

拓展训练

1. 什么叫仲裁申请书？它有什么作用？
2. 当事人申请仲裁应当具备哪些条件？
3. 撰写仲裁申请书应注意哪些事项？
4. 仲裁申请书中当事人的基本情况包括哪些内容？
5. 如何写仲裁申请书中的事实与理由？
6. 根据下面材料，拟写一份《仲裁申请书》。

20ＸＸ年11月11日，申请人（出卖人、甲方）与被申请人（买受人、乙方）签订了《钢材购销合同书》一份，合同主要内容为：一、双方商定，乙方建筑钢材从甲方采购，具体数量以实际供货量为准。所供钢材为符合国家标准的合格品。二、交货地点：乙方指定的某国际花园。三、作价及结算：1.按所送钢材以送货当日上海西本网价格为基础，每吨加价110元。2.本合同自双方签字生效后，乙方于11月底之前支付给甲方人民币1 000 000元。甲方在20ＸＸ年1月30日前可以为乙方垫付钢材款，总额不超过5 000 000元。超过部分满2 000 000元时双方结算一次，若不满2 000 000元货款则一个月结算一次。之后方可继续提货，否则甲方有权停止供货。3.所垫款项于20ＸＸ年2月1日起按月息千分之十五开始计息，甲方为乙方垫付的本金和利息乙方必须于20ＸＸ年6月30日前全额付清给甲方。此外，双方还就仲裁解决争议事项进行了约定。合同履行过程中，双方发生纠纷，申请人经多次催款未果，遂于20ＸＸ年3月3日向ＸＸ仲裁委员会申请仲裁，请求裁决：1.被申请人支付货款人民币19 560 000元并按照月息千分之十五支付自20ＸＸ年1月1日起至实际给付之日止的利息（暂计至20ＸＸ年2月底为人民币586 800元）；2.被申请人补偿申请人因办理本案支出的律师费人民币ＸＸＸＸ元；3.仲裁费用由被申请人承担。

任务二 民事起诉状

> 民事诉讼是解决民事纠纷的重要方式,它能够保护当事人的合法权益,促进社会和谐稳定。
>
> ——中华人民共和国最高人民法院

任务情景

借款引起的纠纷

黄×飞和董×文是朋友关系,黄×飞因资金周转需要,于2022年12月1日向董×文借款100 000元(壹拾万元整)。黄×飞出具借条一份,载明借款金额、借款时间、借款利率等。董×文通过银行转账的方式将款项交付黄×飞,黄×飞仅支付9个月的借款利息后,未继续支付利息,到期后也未归还借款本金。对此,董×文感到气愤,决定向法院起诉黄×飞,来解决他们之间因借款引起的纠纷。

任务设置

1. 对于董×文的做法,你有何看法?
2. 在上述案例中,为什么董×文可以向法院起诉黄×飞?
3. 董×文起诉黄×飞需要写哪种法律文书?为什么要写这种法律文书?它有什么作用?

知识要点

民事起诉状是指公民、法人或其他组织,在其民事权益受到侵害或与他人发生民事争议时,为维护自身的合法权益,依据事实与法律,向有管辖权的人民法院提起诉讼,请求人民法院作出公正裁决的法律文书。

《中华人民共和国民事诉讼法》(以下简称民事诉讼法)第一百二十三条规定:"起诉应当向人民法院递交起诉状,并按照被告人数提出副本。书写起诉状确有困难的,可以口头起诉,由人民法院记入笔录,并告知对方当事人。"并且该法第一百二十二条规定了起诉必须符合的条件:"(一)原告是与本案有直接利害关系的公民、法人和其他组织;(二)有明确的被告;(三)有具体的诉讼请求和事实、理由;(四)属于人民法院受理民事诉讼的范围和受诉人民法院管辖。"

民事起诉状的作用：①它是当事人行使起诉权的表现，是其维护自身合法权益、请求司法救济的途径；②它是人民法院受理第一审民事案件，启动民事诉讼程序的依据；③它是人民法院行使审判权的前提，是人民法院进行审理和裁判的依据；④它是民事诉讼的被告应诉和答辩的依据。

一、基础知识认知

(一)特点

1. 提出诉讼的主动性

从诉讼程序看，民事起诉状是当事人或其法定代理人主动向人民法院递交的。任何公民、法人或其他组织在其民事权益受到侵害或与他人发生民事争议时，都有依据事实与法律，向有管辖权的人民法院提起诉讼的权利。

2. 适用范围的特定性

从适用范围看，民事起诉状主要涉及民事权益纠纷，如人格权纠纷、婚姻家庭纠纷、继承纠纷、物权纠纷、合同纠纷、不当得利纠纷、无因管理纠纷、知识产权与竞争纠纷，等等。

3. 写作内容的法定性

从内容看，民事诉讼法第一百二十四条明确规定了起诉状的内容。民事起诉状在制作时必须遵守这一规定，体现其内容的法定性。

(二)分类

(1)起诉状。其是向法院提起公诉或自诉的法律文书。

(2)民事起诉状。其是公民、法人或者其他组织向人民法院提起民事诉讼时所使用的法律文书，属于自诉法律文书。

(3)公诉法律文书。其是指人民检察院代表国家按照审判权限规定，对依法应追究刑事责任的被告人向同级人民法院提起公诉时所制作的法律文书，一般称为起诉书或公诉书。

(三)民事起诉状与民事反诉状的异同

民事反诉状是指民事案件的被告及其法定代理人在诉讼过程中，为维护自己的合法权益，以民事起诉状中的原告作为被告，就同一事实向人民法院提交的要求适用同一诉讼程序，与原告的起诉合并审理，并要求原告承担相应民事责任或履行相应民事义务的法律文书。它与民事起诉状的异同表现如下。

（1）相同处：①两者属于同一案件的诉状，行文格式相同；②原告起诉和被告反诉适用同一诉讼程序合并审理。

（2）区别：①两者当事人的角色地位发生逆转，即原起诉的"原告"成了反诉的"被告"；原起诉的"被告"成了反诉的"原告"；②内容上，民事反诉状是以否定原民事起诉状中所述事实和证据为基础来证明反诉请求的诉讼，因而其内容既有反驳又有证明，且以反驳为基础，以证明为目的。

二、民事起诉状写作

民事诉讼法第一百二十四条规定，起诉状应当记明下列事项："（一）原告的姓名、性别、年龄、民族、职业、工作单位、住所、联系方式，法人或者其他组织的名称、住所和法定代表人或者主要负责人的姓名、职务、联系方式；（二）被告的姓名、性别、工作单位、住所等信息，法人或者其他组织的名称、住所等信息；（三）诉讼请求和所根据的事实与理由；（四）证据和证据来源，证人姓名和住所。"

依据上述规定，民事起诉状的首部、正文、尾部三部分的内容如下。

（一）首部

首部包括标题与当事人的基本情况。

1. 标题

标题即在文书首页第三行居中写明"民事起诉状"，不可写成"民事诉状"或者"起诉状"。

2. 当事人基本情况

当事人应分原告、被告、第三人，依次写清楚，若有数个原告、被告、第三人，那么则要按其在案件中的地位和作用，分别依次写明。

当事人是公民个人的，应写明其姓名、性别、年龄、民族、职业、工作单位、住所、联系方式。写出生年月日时，要用阿拉伯数字。少数民族应写明全称。住所应当写明其住所地，住所地与经常居住地不一致的，写经常居住地。当事人若为外国人，要在中文译名之后用括号标明其外文原名、国籍和护照号码。

当事人是法人或者其他组织的，要分项写明法人或其他组织的名称、住所，法定代表人或者主要负责人的姓名、职务、联系方式。根据最高人民法院颁布的《法院诉讼文书样式（试行）》规定，除上述外还要写明企业性质、工商登记核准号、经营范围和方式、开户银行和账号。外国企业要在其中文译名之后用括号注明其外文名称。

如果当事人不具有民事诉讼行为能力，应写明法定代理人的基本情况，并写明其与当事人的关系。当事人有代理人的,要注明是法定代理人、委托代理人,还是指定代理人。

代理人的身份事项,应写在各被代理的当事人的下方。

(二)正文

正文部分包括诉讼请求、事实和理由,以及证据。

1. 诉讼请求

诉讼请求是原告希望通过诉讼所要达到的目的,在起诉状中表现为原告请求法院审理的具体事项,也是原告对被告提出的实体权利的请求。请求事项应各自独立分项列出。通常诉讼费用的负担也作为一项独立的诉讼请求在最后列出来,并且恒定为要求被告承担诉讼费。

诉讼请求应当明确、合法、具体,应根据事实和法律,严密又慎重地提出来,切忌含糊、笼统。写诉讼请求时,要确定被告应承担的全部民事责任,明确要求被告承担民事责任的具体范围,不可无视事实和法律依据提出非法无理的要求。

2. 事实和理由

(1)事实是指当事人双方争议的事实或被告侵权的事实。在民事起诉状中,首先,具状人即原告要紧紧围绕诉讼请求,全面、客观、清楚地阐明双方争议的事实或被告侵权的事实,要写出事实的六大要素,即时间、地点、人物、事件的起因、经过,以及结果;其次,原告要写清当事人之间的法律关系,当事人之间争执的主要焦点和双方对民事权益争议的内容,与案件有直接关系的客观情况和实质性的分歧意见;最后,叙述时要注意用语精确,表达恰当,与争议事实有因果关系的,详细叙述,反之,简要概括。

(2)理由是指依据民事权益争议的事实和证据,简明扼要地分析纠纷的性质、危害、结果和责任,同时提出诉讼请求所依据的法律条文,以论证请求事项的合法和合理。通常理由包括两个方面,一是认定案件事实的理由;二是提出法律根据的理由。案件事实的理由不是简单地重复案件事实,而是对前述案件事实的概括和升华。法律根据的理由是援引相关法律条文,说明原告所提诉讼请求的法律依据。引用法律条文要全面、具体,引用法律的名称应当写全称,不能用简称,即具体引述到条、款、项。

3. 证据

证据即写明向人民法院提供的能够证明案情的证据名称、件数及证据的线索或来源。有证人的,还要写明证人的姓名和住址。根据民事诉讼法第六十三条规定,证据包括:"(一)当事人的陈述;(二)书证;(三)物证;(四)视听材料;(五)电子数据;(六)证人证言;(七)鉴定意见;(八)勘验笔录。"证据须查证属实,才能作为事实的根据。

(三)尾部

尾部包括致送人民法院名称、具状人签名、起诉日期和附项。

1. 致送人民法院

此项是在正文之后,另起一行空两字位置写"此致",接着另起一行顶行写"×××人民法院",要写明法院的全称。

2. 具状人签章

具状人签章写在致送机关的右下方。若是法人或其他组织则应加盖公章;若起诉状是委托律师代书的,要在起诉日期下面写明代书律师的姓名及其所在律师事务所的名称。

3. 起诉日期

在具状人签名的下一行,写明年、月、日。

4. 附项

附上本起诉状副本,副本份数按被告(包括第三人)的人数提交。随起诉状一起提交的,要列明证据的名称与数量。

三、写作注意事项

(1)事实与理由的陈述与诉讼请求一致,不能相互矛盾。

(2)事实的叙述应具体清晰,交代清楚关键的情节,便于法院迅速调查与审理。

(3)实事求是地叙述事实,不任意歪曲事实。

(4)以事实为依据,以法律为准绳,坚持以理服人,不可胡编乱造。

(5)案情简单的,事实和理由可以合写,边陈述事实边阐述理由;案情复杂的,一般先写纠纷事实或被告人侵权的事实,然后再用专门的段落阐述理由。

(6)注意人称的一致性。陈述的人称要前后一致,如用第三人称时要称原告与被告。

(7)注意诉讼时效。诉讼时效是指权利人在法定期限内不行使权利就丧失了请求人民法院保护其诉权的法律制度。根据民法典第一百八十八条规定:"向人民法院请求保护民事权利的诉讼时效期为三年。法律另有规定的,依照其规定。"

四、例文

【例文 6.2.1】

民事起诉状

原告:×××,男,××××年××月××日生,×族,职业:××××××,户籍地:××市××县××镇,现住:××市××区××街道××号,电话:152××××

××××

被告：××股份有限公司，地址：××市××区××路××号××广场2-25层。法定代表人：×××，职务：董事长，电话：158××××××××

诉讼请求：

1.判令被告支付原告202×年11月4日至202×年3月4日停工期间的工资和生活费××××××元；

2.判令被告支付原告202×年7月1日至202×年5月31日期间未签劳动合同的二倍工资差额××××××元；

3.判令被告支付原告解除劳动合同的经济补偿金×××××元；

4.判令被告承担原告因本案支付的律师代理费×××××元。

事实与理由：

原告于202×年6月入职被告处，从事下单员工作，每月工资固定×××××元（自202×年12月起每月工资固定×××××元）。自原告入职之日起超过一个月不满一年被告未与原告签订劳动合同，根据劳动合同法第八十二条的规定，被告应每月向原告支付二倍的工资。因被告已支付一倍工资，故应支付原告202×年7月1日至202×年5月31日期间未签劳动合同的二倍工资差额××××××元。

原告正常工作至202×年11月3日。202×年11月4日，由于软件升级的原因导致原告无法提供正常劳动，被告遂先让原告待岗。起初被告说202×年12月份软件能换新的，原告便能恢复正常工作。但之后在原告不断询问之下，被告始终不能为原告恢复正常工作提供相应条件，且最终被告对于原告何时能够恢复正常工作以及待岗期间原告的工资待遇等问题均没有明确的说法，而且自202×年12月11日最后一次发放工资后，被告未再向原告支付工资。在此情况下，原告于202×年3月2日向被告邮寄《解除劳动关系通知书》，以被告"未按劳动合同约定提供劳动条件和未及时足额支付劳动报酬等原因"，依据劳动合同法第三十八条的规定与被告解除劳动关系。后被告于202×年3月5日签收快递，原、被告之间的劳动关系于202×年3月5日解除。根据劳动合同法第四十六条的规定，原告依照该法第三十八条的规定解除劳动合同的，被告应当向原告支付解除劳动合同的经济补偿金×××××元。

此外，根据《××市员工工资支付条例》第二十八条"非因员工原因造成用人单位停工、停产，未超过一个工资支付周期（最长三十日）的，用人单位应当按照正常工作时间支付工资。超过一个工资支付周期的，可以根据员工提供的劳动，按照双方新约定的标准支付工资；用人单位没有安排员工工作的，应当按照不低于当地最低工资标准的百分之八十支付劳动者生活费，生活费发放至企业复工、复产或者解除劳动关系为止"的规定，在202×年11月4日至202×年12月3日的第一个工资支付周期内，被告应当按照正常工作时间向原告支付工资;在202×年12月4日至202×年3月4日期间则应按照××市最低工资标准的80%支付原告生活费。扣除被告已于202×年12月11日向原告支付的工资××××元,被告尚应支付原告202×年11月4日至202×年3月4日停工期间的工资和生活费××××××元。

由于被告未向原告支付上述工资、赔偿金和经济补偿金等,损害了原告作为劳动者的合法权益。现根据《中华人民共和国民事诉讼法》与《××经济特区和谐劳动关系促进条例》第××条的规定向贵院提起诉讼。望贵院依法判如所请,以维护原告的合法权益!

此致

××市××区人民法院

具状人:×××

××××年××月××日

附:1.本状副本×份;

2.相关证据材料见证据清单目录及附件。

【例文评析】这是一份格式规范、内容具体的民事起诉状。原告向××市人民法院起诉被告未向原告支付工资、赔偿金和经济补偿金等,损害了原告作为劳动者的合法权益。

本文首部标题明确起诉状的性质为"民事";当事人的基本情况依次写明原告与被告的基本情况,并注意区分公民个人与法人的不同写法。正文部分诉讼请求分项列出,数额具体详实、清晰明了;事实和理由部分,客观全面地阐明被告损害了原告作为劳动者的合法权益,有理有据;尾部具体写明致送法院的名称、具状人、起诉日期和附项。全文结构完整,层次分明,思路清晰,表述概括简明。

【例文思考】

1.民事起诉状中的请求事项若为多项时,应该怎么处理?为什么?

2.本文如何写"事实和理由"的?

拓展训练

1.何谓民事起诉状?它有什么作用?

2.如何写民事起诉状中当事人的基本情况?

3.民事起诉状的正文部分包括哪些内容?

4.如何写民事起诉状中的事实和理由?

5.民事起诉状的尾部包括哪些内容?

6.根据下面材料,拟写一份《民事起诉状》。

20××年××月××日16时25分,被告刘××驾驶车牌号为川A××××××的重型自卸货车在××省××市××区××路由北向南行使,由于该车驾驶员在行驶中未注意观察路面状况,导致车轮碾压到一块10厘米左右的大石块,石块飞起撞到与该车同向行驶的摩托车驾驶员马××的左侧腹部,造成原告马××腹部闭合性损伤,迟发性脾破裂,现原告马××经过××市人民医院的治疗摘除脾脏,术后经××市第二人民医院司法鉴定中心鉴定为八级伤残,且原告马××由于脾脏切除精神压力过大,长期睡眠不好,于20××年××月××日再进入××市第二人民医院治疗。此次事故给原告造成医疗费43 738.78元,误工费7 639元,营养费3 000元,交通费1 830元,住院伙食补助费2 200元,残疾赔偿金139 416元,精神损害赔偿费25 000元,合计222 823.78元。另查,被告刘××驾驶的川A××××××重型自卸货车属于被告王××所有,被告刘××系被告王××雇佣的驾驶员,川A××××××的重型自卸货车在被告中国人民财产保险股份有限公司××市××支公司购买第三者强制责任险和其他保险。事故发生的××路段由被告××物业服务有限公司负责清洁,事发当时由于××物业服务有限公司未履行路面清理的义务,导致大石块存留路面影响交通从而导致本案伤害的发生,根据《最高人民法院关于审理道路交通事故损害赔偿案件适用法律若干问题的解释》第十条规定,应当承担相应的赔偿责任。原告及其家属认为上述四被告应当赔偿给原告造成的损失,为维护原告合法权益,原告向当地××人民法院提起诉讼。

任务三　民事上诉状

> 有理走遍天下,无理寸步难行。
>
> ——《包公案》

任务情景

父亲遗产的争夺

陈×与张×是同胞姐妹,因遗产继承纠纷诉至法院。张×作为原告起诉陈×,称陈×无故剥夺其合法继承父亲财产的权利,将父亲的财产据为己有。张×请求继承其父遗产份额。一审法院经简易程序审理后支持了原告的诉讼请求。陈×不服,准备提起上诉。

任务设置

1. 对于陈×的做法,你有何看法?
2. 在上述案例中,为什么陈×可以向法院提起上诉?

3．陈×提起上诉需要写哪种法律文书？为什么要写这种法律文书？它有什么作用？

知识要点

民事上诉状是指民事案件当事人或其法定代理人因不服一审法院的判决或裁定，在法定上诉期限内，依法请求上一级法院重新审理本案，撤销或变更原判决或裁定所提出的诉讼文书。

民事诉讼法第一百七十一条规定："当事人不服地方人民法院第一审判决的，有权在判决书送达之日起十五日内向上一级人民法院提起上诉。当事人不服地方人民法院第一审裁定的，有权在裁定书送达之日起十日内向上一级人民法院提起上诉。"这是当事人上诉权的法律依据。该法第一百七十二条规定："上诉应当递交上诉状。"这是制作与提交民事上诉状的法律依据。

对于上诉的提起，民事诉讼法第一百七十三条规定："上诉状应当通过原审人民法院提出，并按照对方当事人或者代表人的人数提出副本。当事人直接向第二审人民法院上诉的，第二审人民法院应当在五日内将上诉状移交原审人民法院。"

对于上诉的受理，该法第一百七十四条规定："原审人民法院收到上诉状，应当在五日内将上诉状副本送达对方当事人，对方当事人在收到之日起十五日内提出答辩状。人民法院应当在收到答辩之日起五日内将副本送达上诉人。对方当事人不提出答辩状的，不影响人民法院审理。原审人民法院收到上诉状、答辩状，应当在五日内连同全部案卷和证据，报送第二审人民法院。"

民事上诉状的作用：①运用民事上诉状，当事人可提出上诉请求并阐明了理由，使二审人民法院了解上诉人对一审判决或裁定的看法、意见和要求，提高了法院办案的质量，也保护了当事人的合法权益。②通过民事上诉状，二审人民法院可以对一审认定的纠纷事实、判断的是非曲直、审理的结果等作出评判，及时纠正与合理地处理案件，防止错案的产生。

一、基础知识认知

（一）特点

1. 直接性

有权提出民事纠纷上诉的必须是民事纠纷案件的当事人或诉讼权利的法定代表人和委托代理人，因此民事上诉状具有直接性。

2. 针对性

民事上诉状的针对性体现在：一是它必须是对地方人民法院的第一审裁判不服所提

起的;二是它的行文对象是一审人民法院的上一级人民法院。

3. 时限性

当事人不服地方人民法院第一审判决的,须在判决书送达之日起十五日内向上一级人民法院提起上诉。当事人不服地方人民法院第一审裁定的,须在裁定书送达之日起十日内向上一级人民法院提起上诉。

(二)民事上诉状与民事起诉状比较

民事上诉状与民事起诉状同为民事诉讼文书,都有明确的诉讼对象和案件纠纷,都须遵循诉讼法律文书的格式及书写规定。但是它们也有不同之处,具体如下。

(1)民事起诉状是原告为了维护自身的合法权益向人民法院提出诉讼请求,诉讼的对象是被告;而民事上诉状是上诉人不服一审法院的判决或裁定,请求上一级法院重新审理本案,撤销或变更原判决或裁定,其针对的对象是一审法院的裁判。

(2)民事起诉状是围绕被告的侵权事实进行阐述;而民事上诉状是围绕一审法院的错误或不当之处进行阐述,重点在阐明不服原裁判的理由。

(3)由于民事起诉状是针对被告的,写法上多用叙述和说明;而民事上诉状是针对一审法院裁判的,侧重于据理反驳,所以多用夹叙夹议的手法,使上诉有理有据、合理合法。

二、民事上诉状写作

民事诉讼法第一百七十二条规定:"上诉状的内容,应当包括当事人的姓名,法人的名称及其法定代表人的姓名或者其他组织的名称及其主要负责人的姓名;原审人民法院名称、案件的编号和案由;上诉的请求和理由。"这是民事上诉状制作内容上的法律规定。

依据上述规定,民事上诉状的首部、正文、尾部三部分的内容如下。

(一)首部

首部包括标题、当事人基本情况和上诉案由。

1. 标题

标题即在文书首页第三行居中写明"民事上诉状"。

2. 当事人基本情况

此项先写上诉人,后写被上诉人。上诉人和被上诉人是公民个人的,应写明其姓名、性别、年龄、民族、职业、工作单位、住所、联系方式,与起诉状中所列事项相同。上诉人和被上诉人是法人或者其他组织的,分项写明法人或其他组织的名称、住所,法定代表人或者主要负责人的姓名、职务、联系方式。若是企业，还要写明企业性质、工商登记核准号、经营范围和方式、开户银行和账号，与起诉状中的写法相同。

当事人如有法定代理人或委托代理人的，要写明法定代理人基本情况，并注明其与当事人的关系。代理人的身份事项应写在各被代理当事人的下方。

需要注意的问题：在上诉人和被上诉人后面应用括号注明其在一审中的诉讼地位。另外，公诉的案件是无被上诉人的。

3. 上诉案由

此项写明上诉人提出上诉案件的名称、制作法院、制作时间及判决或裁定的编号，并表明上诉的态度。一般写法是"上诉人因×××一案，不服×××人民法院（202×）第×号的民事判决或裁定，现提出上诉。"

（二）正文

正文包括上诉请求和上诉理由。

1. 上诉请求

此项写明上诉人对原审裁判是全部不服还是部分不服，接着针对原审裁判中的不当，提出具体、明确、合法的上诉请求事项，如请求二审人民法院重新审理，撤销或部分撤销原裁判，或者变更原裁判中的某项或某几项。此外，诉讼费用的承担也可作为独立的上诉请求提出来。

2. 上诉理由

这部分是针对一审裁判的不当或错误，以事实为基础，以法律为依据（包括一审中未提及的事实、理由和证据）进行反驳，阐明对一审裁判不服的原因。具体来讲，可以从以下几个方面写。

（1）对原审认定事实有误，或遗漏重要事实或缺乏相关证据进行反驳。

（2）对原审裁判定性不当进行反驳，具体指出其定性不当之处。

（3）对原审裁判适用法律不当进行反驳，具体指原审引用法律条文与案情事实不相适应或引用法律条文存在片面性，又或者曲解了相关法律条款。

（4）对原审裁判违反法定诉讼程序进行反驳，具体指出其违反了程序法的规定，造成案件的处理不当。

（5）对被上诉人的主张进行反驳，因为有的案件是人民法院采纳了对方当事人的错误主张而造成裁判不当的。因而在上诉理由中，可以通过列举客观事实（包括新的事实），引用相关法律条文等提出充分具体的理由反驳被上诉人的主张，从而改变原审的裁判。

上诉人阐述完上诉理由之后,写结束语。结束语一般写法如下:"综上所述,上诉人认为××人民法院(或原审)所作的判决(或裁定)不当,特向贵院上诉,请求撤销原判决(或裁定),给予依法改判(或重新处理)。"

(三)尾部

尾部包括致送人民法院名称、上诉人署名、上诉日期和附项四要素。

1. 致送人民法院

该项是在正文之后另起一行空两字位置写"此致",转行顶行写"××人民法院"。

2. 上诉人署名

上诉人署名写在致送人民法院右下方。上诉人是法人或其他组织的,还应加盖单位公章。

3. 上诉日期

在上诉人署名的下一行写明上诉的具体日期。

4. 附项

附项写"上诉状副本×份",还有新发现的物证、书证的份(件)数等。

三、写作注意事项

(一)有针对性

民事上诉状中的上诉请求是针对一审裁判的不当或错误提出的,反驳也是针对一审裁判的不服之处进行的,因而针对性强。

(二)避免重复

无需重复争议事实的全部,只需要阐明与一审裁判不一致的事实,抓住重点,突出要害,旗帜鲜明地进行论证与驳斥。

(三)有理有据

以确凿的事实为基础,以相关法律条文为依据,做到反驳有理有据、合法合理。

(四)在法定期限内上诉

在判决书送达之日起十五日内向上一级人民法院提起上诉;在裁定书送达之日起十日内向上一级人民法院提起上诉,逾期就丧失了上诉的权利。

四、例文

【例文 6.3.1】

民事上诉状

上诉人(原审原告):××市××公司,住所地:××市××区××街道××号,统一社会信用代码××××××××××××××××。

法定代表人:××,职务:总经理,联系电话:136××××××××。

被上诉人(原审被告):××,男,××××年××月××日出生,汉族,住址:××市××区××街道××号,联系电话:138××××××××。

上诉请求:

一、撤销××省××市××区人民法院(202×)×××民初×××号民事判决,将本案发回原审人民法院重审;或者××省××市××区人民法院(202×)×××民初×××号民事判决第一项、第二项、第四项,改判上诉人无须支付被上诉人202×年5月15日至202×年5月16日休息日加班费××××元、上诉人无须支付被上诉人202×年7月1日至202×年7月23日工资×××××元以及被上诉人赔偿上诉人损失×××××元,维持××省××市××区人民法院(202×)×××民初×××号民事判决第三项。

二、本案一、二审诉讼费由被上诉人承担。

上诉理由:

一、一审判决仍以×××××元/月的标准核算被上诉人的工资,明显依据不足,理由为:

首先,在"劳动合同被确认无效,劳动者已付出劳动"的情况下,"参照本单位相同或者相近岗位劳动者的劳动报酬确定"被上诉人劳动报酬的数额,是《中华人民共和国劳动合同法》第二十八条的明确规定。在该条规定的框架之下,如何确定上诉人公司与被上诉人相同或者相近岗位的劳动者,人民法院具有一定的自由裁量权,可在结合上诉人公司岗位设置的实际情况的基础上作出认定。但《中华人民共和国劳动合同法》第二十八条以及相关法律、法规并没有规定在此情况下可以按照上诉人与被上诉人磋商一致的工资标准确定被上诉人劳动报酬的数额,因为在"劳动合同被确认无效"的情况下,双方关于劳动报酬标准的约定亦为无效,所以才须遵循一定的规则重新确定被上诉人劳动报酬的数额。而根据法律的规定,这一规则就是"参照本单位相同或者相近岗位劳动者的劳动报酬确定",而并未规定在此情况下可以按照已经实际履行或者磋商一致的工资标准确定劳动者劳动报酬的数额。

其次,在"参照本单位相同或者相近岗位劳动者的劳动报酬确定"被上诉人劳动报酬的数额的规则之下,并非一定要求相同的岗位,如果岗位不相同,是可以选择"相近岗位"

的劳动者作为参照的。

再次,即使上诉人关于按照××的劳动报酬确定被上诉人劳动报酬的数额的主张不成立,一审法院亦应在上诉人公司的其他劳动者中选择"相同或者相近岗位"的劳动者,而不应按照上诉人与被上诉人磋商一致的工资标准确定被上诉人劳动报酬的数额。被上诉人在原审时提交的证据5中的《××市某公司202×年3月份工资表》,可以很清晰地反映上诉人公司全体员工的工资收入情况以及所属部门。其中,不包含被上诉人在内,上诉人公司月薪超过1万元的员工只有12个人。

最后,从工作内容的角度而言,在上诉人公司,的确是在人力资源专员岗位的××与被上诉人最为相近,因为二者均从事内部人事管理的相关工作。退一步讲,即使一审法院基于被上诉人在职期间履行的是高级管理岗位的职责,从而认定××并非与被上诉人相同或者相近岗位的劳动者,然而,上诉人公司尚有担任高级管理岗位的劳动者可以作为参照,比如担任厂长职务以及作为上诉人公司管理者代表的×××(被上诉人在原审时提交的证据5中的××集团的通讯录可以证明×××在上诉人公司担任厂长职务)。因此,即便不以工作内容作为衡量标准,而以岗位级别而论,是可以将担任厂长职务的×××认定为与被上诉人相同或者相近岗位的劳动者的。

综上,一审判决没有认定与被上诉人相同或者相近岗位的劳动者,从而根据该劳动者的劳动报酬确定被上诉人劳动报酬的数额,而是以被上诉人的工资在上诉人处担任总监级别的员工中并非最高且该工资标准系经上诉人与被上诉人在面试过程中磋商一致所得,进而仍以×××××元/月的标准核算被上诉人的工资,这种确定被上诉人劳动报酬数额的做法是没有法律依据的,且不符合《中华人民共和国劳动合同法》第二十八条的规定。事实上,上诉人处不是总监级别以上的研发人员,月薪就能超过被上诉人每月的×××××元,但研发工作与被上诉人从事的人事管理或者高级管理工作,无论是在工作内容、岗位职责还是能力要求方面均大相迥异,而且对于上诉人公司的贡献则更是没有可比性。与此同时,作为上诉人管理者代表且担任厂长职务的×××,其级别一点也不比被上诉人低,甚至更高,但其工资标准却明显低于被上诉人。

二、一审判决认为"原告(上诉人)亦未能提供证据证明被告(被上诉人)有在履职方面的缺陷及瑕疵",完全是在无视上诉人在原审时提供的证据,进而在认定事实不清的情况下作出的错误认定,理由为:

其一,上诉人在原审时提交的证据×××和证据××××可以证明,被上诉人在上诉人处履职期间,经常威胁、辱骂下属,而且与大多数同事都吵过架。厂长×××通过微信反映(证据×××),由于被上诉人在办公场所与同事吵架、打电话时大吵大闹,导致"气氛很差,已经严重影响××楼研发部同事的工作"。×××还反映,被上诉人在202×年1月15日当着来到公司的客户的面与×××争吵,在处理××的劳动争议案件时在劳动仲裁的法庭上争吵，将公司的形象都给毁了。这些都是被上诉人"在履职方面的缺陷及瑕疵"，但一审判决却认定上诉人"未能提供证据证明"。

其二，众所周知，学历与能力不能画等号，但学历在很大程度上可以反映一个人学习的能力、掌握的知识以及自身的素质和修养，因此几乎所有用人单位在招录劳动者时都会有学历方面的要求。本案中，上诉人在原审时提交的××市×××公证处（202×）×××字第×××号公证书可以证明，上诉人在招聘人事行政总监时已明确注明该职位的学历要求为"本科及以上"。固然，被上诉人向上诉人提交的×××大学的毕业证书及学历认证报告系虚假和伪造的，但更为关键的问题是，被上诉人始终未能提供证据证明其具备"本科及以上"的学历。由此可以认定，被上诉人根本不符合上诉人处人事行政总监职位的任职条件，亦即被上诉人根本不具备该职位所需要的能力、知识、素质和修养。这与被上诉人在上诉人处经常骂人、吵架、迟到、上班睡觉等实际的工作表现是相互印证和相互呼应的。由被上诉人不符合任职条件所决定，其在履职方面无可避免地会存在缺陷及瑕疵。

因此，一审判决认为"原告（上诉人）亦未能提供证据证明被告（被上诉人）有在履职方面的缺陷及瑕疵"，是在无视上诉人提供的证据的基础上作出的错误认定，是与事实严重不符的。

三、按照一审判决的结果，尽管被上诉人是通过使用欺诈手段骗取得来的职位，尽管被上诉人已然违法且主观恶性大、情节恶劣，但却仍可维持其骗来的高管职位所能享受的相应工资福利待遇，这明显有失公平，而且无异于是在纵容劳动者造假和违法，理由为：

首先，一审判决认为"虽被告（被上诉人）是以欺诈手段入职原告（上诉人），但原告亦负有未及时、谨决审核被告入职资料的责任"，明显与事实不符，且有失公平。被上诉人前往上诉人处应聘时向上诉人出示了××大学的毕业证书和学历认证报告，上诉人当场核验了原件，并在原件的基础上复印了复印件进行留存。与此同时，被上诉人在入职时是向上诉人作出了承诺的。被上诉人在《员工信息登记表》中承诺其所"填写信息属实，不存在任何欺骗、隐瞒等情况"，而且承诺"如有欺骗和隐瞒，因此产生的一切后果，由本人自行承担"。这不能说上诉人没有履行审核的责任。202×年7月份，当上诉人对被上诉人的学历有所怀疑之后，是专门将被上诉人提供的毕业证书向××大学进行求证，才得到比较确切的答复，证实该毕业证书应该不是××大学出具的。在此之前，上诉人没有充分的理由更没有确凿的证据指摘被上诉人伪造学历证书。

其次，一审判决这种"各打五十大板"的做法无异于是在纵容劳动者造假和违法。一个善良的人被骗子骗取了财物，反而责怪被骗的人不够小心，这种逻辑是明显不通的，而且也不符合法理。一个社会，无论是人与人还是市场主体与市场主体之间，交往的基础是信任，没有信任，便没有交往的基础、合作的基础以及共事的基础。

最后,事情发展到了如今,上诉人始终不知道被上诉人到底是什么学历,劳动人事争议仲裁委员会未向被上诉人提问过这个问题,一审法院也没有提问。如果按照一审判决的结果,是不是一个小学或初中学历的人,只要使用欺诈手段骗到了高管职位,那司法机关便维持其已经获得的工资福利待遇呢?如果违法的后果仅止于此,那如何能给正在造假或者准备造假的劳动者起到警示和威慑的作用呢?"各打五十大板",认为善良守法的被害人也要负一定的责任,这无异于是在纵容劳动者造假和违法,因为造假和违法的后果太轻微了。而从另一个角度来说,作为被害人的用人单位,明明属于上当受骗,聘用了一个不符合任职条件的人,但却仍然还要向其提供高管的工资福利待遇,这显然有违公平、公正的原则。

综上所述,一审判决认定事实不清、适用法律错误,且判决结果明显有违公平、公正的原则。特此请求贵院充分考虑被上诉人行为的恶劣程度以及本案的社会效果,对一审判决的上述错误依法予以纠正,让被上诉人为其违法行为承担相应的法律责任,从而维护法律的严肃性和公正性,进而使正在造假或者准备造假的人心生敬畏,让社会多一分互信和善良!

此致
××市中级人民法院

上诉人:×××
××××年××月××日

附:1.上诉状副本×份。
  2.物证×份。

【例文评析】这是一份关于劳动报酬纠纷的上诉状。由于上诉人认为一审判决认定事实不清、适用法律错误,且判决结果有违公平与公正原则,原告不服一审判决,故上诉。

本文首部由标题、当事人的基本情况组成。当事人的基本情况部分还特别注明了他们在一审中的诉讼地位。正文部分包括案由、上诉请求、上诉事实和理由。案由写明了上诉人因何案不服哪个法院的哪则判决,表明了上诉的态度;上诉请求的事项明确具体;事实和理由部分从事实不清、适用法律错误与判决结果明显有违公平、公正的原则对一审判决的错误进行了辩驳;最后请求法院给予公正的判决。尾部具体写明致送法院名称、上诉人签名、上诉日期和附项。全文格式规范、结构严谨、逻辑严密,体现了上诉状的针对性和论辩性。

【例文思考】

1.本文"上诉请求"的针对性体现在哪里?

2.本文"事实和理由"部分行文有什么特点?试列举相关语句说明。

拓展训练

1. 何谓民事上诉状？它有什么作用？
2. 民事上诉状与民事起诉状有什么区别？
3. 如何写上诉请求和上诉理由？
4. 写民事上诉状有哪些注意事项？
5. 根据下面材料，请拟写一份《民事上诉状》。

上诉人（原审被告）朱××（男，××××年××月××日生，汉族，农民）因租赁合同纠纷一案，不服××省××市××区人民法院20××年××月××日作出的(20××)××民一初字第×××号判决，现提出上诉。他的上诉请求是：依法撤销××区人民法院(20××)××民初×××号判决；请求二审法院驳回被上诉人的诉讼请求，依法改判；请求二审法院判决被上诉人承担本案全部诉讼费用。上诉人的依据是：首先，一审法院认定租赁合同第十六条是约定解除条款，因而适用《中华人民共和国民法典》第××条的条款，判决解除上诉人与被上诉人之间的租赁合同属于适用法律错误。理由如下：第一，租赁合同第十六条约定："在租赁期间内如甲方不租，乙方所建房屋的价款（按评估价由甲方付给乙方），如乙方不租，所建房屋全部归甲方，甲方不补偿乙方任何费用"，一审法院认定该条款是"双方均可以以承担一定责任为代价解除合同的约定，该约定为双方设定了合同解除权，任何一方都可以通过解除合同进行自救，维护自身利益"，一审法院对该条款的法律性质认识是错误的。事实上该条款既是对租赁合同第十五条违约责任条款的补充，也是对租赁合同第五条、第六条新增房屋产权归属约定的延伸，第五条、第六条约定了租赁期间届满后空地上增盖房屋和B-1、B-2两间铺面后连着的房屋加盖的第二层房屋的所有权归属，而第十六条是对租赁期间任何一方违约导致终止租赁合同后，对租赁期间乙方在甲方空地上建盖的房屋和在B-1、B-2两间铺面后连着的房屋加盖的第二层房屋的处理。因此该条款是违约责任条款，而非约定合同解除条件的条款，该条并没有设定当事人解除合同的条件和合同解除权的行使方式。一审法院认定该条款属于对合同解除权的约定并以此判决解除合同没有相应的法律依据，认定错误。第二，合同一经订立任何一方均应履行，非因双方当事人约定或具有法定事由不得解除合同，而本案双方当事人并不具有任何可以解除合同的事由，即使以违约为代价也不得解除合同。一方违约可以行使解除权的主体在于合同相对一方，一审法院支持违约方请求判决解除合同无异于鼓励合同当事人为了自身利益而丧失诚信，既违背了民法典的原则也违背了基本的道德要求，且一审判决引用的条款并不是解除合同的法律依据，而是合同解除后的处理，本案既不具备合同解除的前提，又怎么谈得上合同解除后的处置。因此一审判决在适用法律上是错误的。所以，根据民法典相关规定，被上诉人不具备解除合同的任何条件。上诉人与被上诉人（谢×

×,男,汉族,农民)之间签订的租赁合同真实合法有效,对双方当事人具有法律约束力,当事人应当按照自己的约定履行自己的义务,不得擅自变更或解除合同。为了维护市场经济秩序,保证合同的稳定性和交易的可预期性,上诉人请求二审法院在查清本案事实的基础上,正确适用法律,撤销一审判决,依法进行改判。

任务四　民事答辩状

> 被告或被上诉人可以对原告或上诉人在诉状中提出的事实、理由及请求事项,进行针对性的回答和辩驳,维护自身的合法权益。
> ——《中华人民共和国民事诉讼法》

任务情景

离婚之路

2021年10月,原告黄×到法院起诉与其丈夫张×离婚,称其丈夫张×多次对其实施家庭暴力,她实在是难以忍受,甚至两次自杀,但都被救了。现在,她想用法律的武器保护自己,起诉离婚,脱离困境。法院受理了这个案件。

任务设置

1. 对于黄×的做法,你有何看法?
2. 黄×起诉其丈夫张×之后,其丈夫张×需要写哪种法律文书应对?为什么要写这种法律文书?它有什么作用?

知识要点

民事答辩状是指公民、法人或其他组织作为民事诉讼中的被告或被上诉人,收到原告的起诉状或上诉人的上诉状后,在法定期限内,针对原告或上诉人在诉状中提出的事实、理由及诉讼请求,进行回答和辩驳的法律文书。

民事诉讼法第一百二十八条规定:"人民法院应当在立案之日起五日内将起诉状副本发送被告,被告应当在收到之日起十五日内提出答辩状。……被告不提出答辩状的,不影响人民法院审理。"该法第一百七十四条规定:"原审人民法院收到上诉状,应当在五日内将上诉状副本送达对方当事人,对方当事人在收到之日起十五日内提出答辩状。人民法院应当在收到答辩之日起五日内将副本送达上诉人。对方当事人不提出答辩状的，不影响人民法院审理。原审人民法院收到上诉状、答辩状，应当在五日内连同全部案卷和证据，报送第二审人民法院。"据上所述，无论是一审还是二审，被告或被上诉人均应当在收到起诉状副本或上诉状副本之日起十五日内提交答辩状。被告或被上诉人逾期未提出答辩状的，不影响人民法院对案件的审理。人民法院应当在收到答辩状之日起五日内将答辩状副本送达原告或上诉人。

民事答辩状在民事诉讼中的作用：①通过答辩状，被告或被上诉人可以对原告或上诉人在诉状中提出的事实、理由及请求事项，进行针对性的回答和辩驳，维护自身的合法权益。②通过答辩状，人民法院可以全面了解诉讼双方的意见、诉求，便于查明案件的事实和裁决案件。③在法定期限内，被告或被上诉人有权提出答辩状，充分体现了民事诉讼双方当事人的平等地位。

一、基础知识认知

（一）特点

1. 被动性

民事答辩状是应诉文书，是对民事起诉状和民事上诉状的答复，属于被动行文的法律文书。

2. 特定性

民事答辩状只能由民事起诉状中的被告、民事上诉状中的被上诉人提交，在使用者方面具有特定性。

3. 论辩性

民事答辩状是被告或被上诉人针对民事起诉状或民事上诉状中涉及的事实和理由及提出的请求逐一阐明自己的主张和理由，目的在于反驳被答辩人，证明其请求的不合理性。

4. 期限性

被告或被上诉人均应在收到起诉状副本或上诉状副本之日起十五日内提交答辩状。当事人逾期不提交答辩状的，不影响人民法院对案件的审理。

（二）分类

答辩状就是答复和辩驳的书状。从审判程序的角度来分，民事答辩状可以分为第一审民事答辩状和第二审民事答辩状。第一审民事答辩状是民事诉讼中，被告收到原告的起诉状后在法定期限内,针对原告提出的事实、理由及诉讼请求而进行回答和辩驳的法律文书,标题一般写为"民事答辩状"。第二审民事答辩状是民事诉讼中,被上诉人收到上诉人的上诉状后,在法定期限内,针对上诉人提出的事实、理由及诉讼请求,进行回答和辩驳的法律文书,标题一般写为"民事上诉答辩状"。

二、民事答辩状写作

民事诉讼法第一百二十四条规定,起诉状应当记明"原告的姓名、性别、年龄、民族、职业、工作单位、住所、联系方式,法人或者其他组织的名称、住所和法定代表人或者主要负责人的姓名、职务、联系方式。"

参照上述规定,民事答辩状的首部、正文、尾部三部分的内容具体如下。

(一)首部

首部包括标题、答辩人的基本情况和答辩案由。

1. 标题

标题即在文书首页第三行居中写明"民事答辩状"或"民事上诉答辩状"。

2. 答辩人基本情况

答辩人是公民的,写明姓名、性别、年龄、民族、职业、住址和联系方式;答辩人是法人或其他组织的,则写明其法人或组织全称、地址、法定代表人或主要负责人的姓名、职务和联系方式。如果有法定诉讼代理人,还应该写明法定诉讼代理人的姓名及与答辩人的关系。原告或上诉人的基本情况不需列出。

3. 答辩案由

该项写明答辩人因何案提出答辩,一般表述为"因×××一案,答辩如下"或"因×××诉答辩人×××一案,提出答辩如下"。

(二)正文

正文是答辩状的主体部分,包括答辩理由和答辩意见。要写好答辩状的正文,须事先仔细阅读对方的诉状,深入了解其内容,针对起诉状或上诉状的诉讼请求、事实和理由进行答复和辩解。

1. 答辩理由

该部分从两个方面进行阐述:一方面,针对事实答辩,对起诉状或上诉状中陈述的事实是否真实予以认定,然后提出自己认为符合客观真实的事实,主要是通过列举充分确凿的证据,阐明事实真相,以推翻对方的不实之词。另一方面,针对理由和适用法律进行答辩,依据事实反驳起诉状或上诉状中的理由,并针对其适用法律的错误进行答辩。适用法律的错误有三种情况:一是事实的认定有出入,导致错误地适用法律;二是事实没有出入,而是对方错误援引法律;三是对方违反了程序法,比如对方已超过了诉讼时效,或者不具备起诉的条件等。

2. 答辩意见

答辩意见是答辩人在阐明答辩理由的基础上,根据有关法律规定,针对原告或上诉人的诉讼请求向人民法院提出的保护答辩人合法权益的主张。一审民事答辩状中的答辩意见一般有请求人民法院驳回起诉,不予受理;请求人民法院否定原告的请求事项的全部或一部分;提出新的主张和要求。对上诉状的答辩意见主要有请求支持原判决或原裁定,反驳上诉人的要求等。

(三)尾部

尾部包括致送人民法院名称、答辩人署名、答辩日期和附项。

1. 致送人民法院名称

该项是在正文之后另起一行空两字位置写"此致",接着回行顶行写"××人民法院",要写明人民法院的全称。

2. 答辩人署名

答辩人署名写在致送法院的右下方。答辩人是法人或其他组织的,应写明全称,并加盖公章。

3. 答辩日期

答辩日期写在答辩人署名下一行,用阿拉伯数字注明年、月、日。

4. 附项

附项要列明本状副本×份及证据材料×份。如用抄件或复制件,应注明"经查对,抄件与原件无异,正本在开庭时递交"等字样。

三、写作注意事项

(1)应紧紧抓住原告(或上诉人)在起诉状(或上诉状)中所陈述的错误事实,进行回答或辩解。

(2)以客观事实为答辩的依据,言之有据,实事求是,以理服人,不可强词夺理,捏造事实。

(3)辩驳应具体、周密,要有严谨的逻辑推理;主张要明确,意见要清晰;语言要犀利,富有气势,针对诉讼争执焦点、问题要害进行针锋相对地辩驳。

(4)对起诉状进行答辩时,注意是否具备提起反诉的条件,若具备反诉的条件,可以一并提起反诉;对上诉状进行答辩时,应以一审的判决或裁定认定的事实为依据。

四、例文

【例文6.4.1】

民事答辩状

答辩人(被告):×××,男,工人,××××年××月××日生,×族,住所:××××××××,电话:135××××××××。

委托诉讼代理人:×××,×××律师事务所律师。

被答辩人(原告):×××公司,住所地:××××××××。

法定代表人:×××,董事长,电话:138××××××××。

对××市××区人民法院(202×)××××民初××××号原告××公司诉被告×××劳动争议一案,答辩如下:

一、原告应当支付被告202×年7月1日至202×年7月31日期间休息日加班工资××××元以及202×年5月22日至202×年6月30日期间休息日加班工资××××元,现原告诉请不予支付缺乏依据,理由如下:

首先,原告已确认被告存在如下休息日加班的事实;其次,原告已确认被告试用期(202×年5月22日至8月21日)的工资为××××元/月,转正后的工资为××××元/月,自202×年12月1日起工资调整为××××元/月;最后,关于上述工资是正常工作时间工资还是已包含休息日加班工资的包干工资的问题,根据原告在仲裁阶段提交的证据7汇总表(见被告提交的证据3)和被告提交的证据5工资明细表截图,其中均注明"××××元""××××元"和"××××元"是"基本工资""最新基本工资基数"或者"当月基本工资基数",而并未显示其中包含了休息日加班工资。根据《劳动争议调解仲裁法》第六条"发生劳动争议,当事人对自己提出的主张,有责任提供证据"以及《中华人民共和国民事诉讼法》第六十四条"当事人对自己提出的主张,有责任提供证据"的规定,原告主张上述工资是包含了休息日加班工资的包干工资,理应提供相应证据证实其该主张。然而,原告并未能提供充分证据证明其与被告约定"××××元""××××元"和"××××元"的工资是包含了休息日加班工资的包干工资,故由原告承担相应的不利后果,对其该主张不予采信,进而认定原告并未向被告支付休息日加班工资。

因此,原告应当向被告支付202×年5月22日至202×年7月31日期间休息日加班工资合计××××元。同时,原告应支付被告202×年7月1日至7月31日期间休息日加班工资××××元。现原告诉请不予支付上述费用明显缺乏依据,应当予以驳回。

二、原告应当支付被告违法解除劳动合同的赔偿金××××××元,现原告诉请不予支付缺乏依据,理由如下:

其一,根据《劳动争议调解仲裁法》第六条"发生劳动争议,当事人对自己提出的主张,有责任提交证据"的规定,原告主张其于202×年7月31日与被告解除劳动关系是因为被告"工作态度不认真、消极怠工""工作严重失职"和"严重扰乱工作秩序",但其并未提交证据证明其该主张。因此,原告与被告解除劳动合同的原因应以其于202×年7月31日向被告发出的《解除劳动关系通知书》(见被告提交的证据6)为准。

其二,根据《最高人民法院关于审理劳动争议案件适用法律问题的解释(一)》(法释〔2020〕26号)第四十四条"因用人单位作出的开除、除名、辞退、解除劳动合同、减少劳动报酬、计算劳动者工作年限等决定而发生的劳动争议,用人单位负举证责任"的规定,用人单位主张劳动者严重违反用人单位规章制度的,应就劳动者存在严重违反用人单位规章制度的事实以及用人单位规章制度经民主程序制定并已向劳动者公示的事实举证。本案中,原告向被告发出的《解除劳动关系通知书》载明是"依据《劳动合同法》39条第2款规定'严重违反用人单位规章制度'为由",向被告通知依法解除与被告的劳动关系。然而,原告并未能提供其单位经民主程序制定并已向被告公示的规章制度,亦即未能提供其与被告解除劳动关系的制度依据。同时,原告未能提供证据证明被告存在《解除劳动关系通知书》所指控的"严重影响了我司的正常工作秩序、严重违反了我司的规章制度"等行为,亦即未能提供其与被告解除劳动关系的事实依据。故此,在缺乏制度依据和事实依据的情况下,原告于202×年××月××日向被告发出《解除劳动关系通知书》,单方解除与被告的劳动关系,应认定为违法解除劳动合同。

因此,本案中被告根据《劳动合同法》第八十七条的规定要求原告支付违法解除劳动合同的赔偿金,符合法律规定,依法应予支持。而原告诉请不予支付违法解除劳动合同的赔偿金××××元缺乏依据,应当予以驳回。

三、原告诉请不予支付给被告劳动仲裁律师费用×××××元缺乏依据,应予驳回,理由如下:

《××经济特区和谐劳动关系促进条例》第五十八条规定:"劳动争议仲裁和诉讼案件,劳动者胜诉的,劳动者支付的律师代理费用可以由用人单位承担,但是最高不超过五千元;超过五千元的部分,由劳动者承担。"本案中,被告在申请仲裁时提出的除律师代理费一项外的请求事项共有四项,被告在仲裁庭审中申请撤回第一项要求被申请人(原告)支付202×年7月1日至31日期间正常工作时间工资×××××元的请求,余下三项请求合计的金额为×××××元。而如上所述,原告应支付被告该三项请求的总金额为

××××元,故原告因本案支付的××××元律师代理费,应当由原告承担×××××元。因此,现原告诉请不予支付该律师代理费缺乏依据,依法应予驳回。

综上所述,请求贵院采纳被告的上述答辩意见,依法驳回原告的全部诉讼请求,以维护被告的合法权益。

此致

××市××区人民法院

答辩人:×××

202×年××月××日

附:1.本答辩状副本×份;

2.证据材料×份。

【例文评析】这是一份针对起诉的答辩状。标题、当事人基本情况、答辩案由、答辩理由、答辩意见、致送人民法院名称、答辩人签名、答辩日期、附项一应俱全。案由部分扼要地表明因何原因提出答辩,答辩理由分三点进行辩驳,通过列举确凿的证据,阐明事实真相,以推翻对方的不实之词。在此基础上总结概括答辩意见,论证层次分明,条理清晰。

【例文思考】

1.本文是如何处理答辩理由的?这样写有什么好处?

2.本文语言上有什么特色?试列举文中语句说明。

【例文 6.4.2】

民事答辩状

答辩人(被告):××××有限责任公司,住所地:××××××××,法定代表人:×××,董事长,电话:136××××××××。

委托诉讼代理人:×××,×××律师事务所律师。

被答辩人(原告):×××,男,××××年××月××日生,×族,住所:×××××××,电话:152××××××××。

因××小区×××诉答辩人赔偿丢失电动自行车一案,现提出答辩如下:

原告请求答辩人赔偿丢失电动自行车××××元没有法律依据。

一、答辩人自接管××小区以来,一直严格按照《××××××××条例》和相关法律法规为小区业主提供着物业服务。

对于原告丢失电动自行车一事,一直以积极的态度处理。从接到原告称电动自行车在本小区丢失开始,答辩人及当班门卫人员积极协助原告到公安机关做笔录,提供证据及相关线索,做到了应尽的义务。而且答辩人属于物业服务企业,门卫的任务是负责维护小区公共秩序,巡视小区人群居住情况,定时巡逻,发现火警、治安、交通事故时协助相关单位及时处理,对可疑人员进行盘查。而丢失电动自行车属于治安刑事案件,应当由公安机关负责处理,与物业公司无关。

二、答辩人属于原告所在小区的物业服务单位,根据《××××××××物业管理条例》第三十九条第四款和第四十二条规定,小区门卫的职责范围只是维护小区公共秩序的良好与稳定,是安全、消防、交通等事项的协助管理。并且,原告的电动自行车属于私有财产,答辩人没有与原告签订私有财产的保护合同,也没有与原告签订电动自行车的保管协议,对于原告将其所丢失的电动自行车在停放时,没有交给答辩人,也没有告知答辩人的工作人员所停放的具体位置,答辩人的工作人员也并不知情,所以,答辩人没有法定义务对原告电动自行车进行保管,相应的也没有赔付原告××××元的义务。

综上,在法律规定的范围内,原告的诉讼请求都是不合理的,也没有任何法律依据,故请求人民法院在查清事实的基础上,驳回原告的诉讼请求,以保护答辩人的合法权益。

此致
××县人民法院

答辩人:××××有限责任公司(章)
20××年××月××日

【例文评析】 这是一份民事答辩状。先介绍答辩人的基本情况,然后明确案由,并进行答辩。答辩先说明答辩人自接管××小区以来,一直严格按照《××××××××条例》和相关法律法规为小区业主提供着物业服务;接着陈述被答辩人提出的理由的不合法与不合理。该文观点鲜明,辩驳有理有据,合理合法。总之,本民事答辩状,结构完整,行文规范,目的明确,表述清晰,值得借鉴。

【例文思考】

1. 本文是如何体现民事答辩状论辩性的?试具体说明。
2. 本文语言上有什么特色?试举例说明。

拓展训练

1. 何谓民事答辩状,它有什么作用?
2. 被告或被上诉人在收到起诉状副本或上诉状副本之日起多少天之内提交答辩状?
3. 如何写答辩状中答辩人的基本情况?
4. 如何写答辩状中答辩的理由?
5. 如何写答辩状中答辩的意见?
6. 根据下面材料,请拟写一份《答辩状》。

答辩人(×××,男,××族,××年××月××日出生,住址:××市××路××号。联系电话178×××××××××)因原告张××提起买卖合同纠纷一案,做出以下答辩:原告确实交付了××台电脑给被告,但其交付的所有电脑都存在严重质量问题,无法正常使用,被告要求其退货或更换而原告不予理睬,原被告签订的合同中明确约定,被告付款的前提条件是货物验收合格,现原告交付的电脑质量不合格,故被告有权拒绝支付货款。据此,答辩人请求法院依法驳回原告诉讼请求。

思政小课堂

"涉世未深"大学生请收好这份反诈指南

项目七 学生常用文书

思政目标

1.通过讲授实习的目的及写作实习报告的目的,增强学生的社会责任与担当意识。

2.通过讲授毕业论文的特点,培养学生批判性思维和创新意识。

3.通过讲授求职信的写作技巧,激励学生坚定理想信念。

知识目标

1.了解实习报告、毕业论文、求职信的使用情境。

2.理解实习报告、毕业论文、求职信的含义与特点。

3.掌握实习报告、毕业论文、求职信的写作方法与技巧。

能力目标

1.具有分析、总结及反思的能力,并根据实习情况,能够独立写作实习报告。

2.具有提出问题、分析问题、解决问题的能力,能够在指导老师的指导下顺利完成毕业论文写作。

3.能够结合自身素养及职业愿景,撰写具有个性特点的求职信。

素质目标

1.培养学生认真负责、吃苦耐劳的精神。

2.引导学生尊重他人学术成果,做到实事求是。

3.帮助学生树立积极、进取、乐观、自信的人生观。

学生常用文书是指学生在生活、学习及求职过程中经常使用的实用性较强的文书。在课堂上学习这些文书,学生能够提前了解和熟悉这些文书的基础理论知识,掌握写作方法与写作技巧,从而为解决实际问题奠定基础。本项目共有三个学习任务:实习报告读写、毕业论文读写及求职信读写,分别与大学生的实习、毕业论文写作及求职密切相关,学习的必要性较大。

任务一 实习报告

> 纸上得来终觉浅,绝知此事要躬行。
> ——陆游《冬夜读书示子聿》

为了巩固和提高在校期间所学的理论知识与技能,很多大学生会在寒暑假期间主动到政府机关、企事业单位或其他社会组织参加社会实践。在毕业之前,大学生也会被所在学校要求到校外或在校内进行实习。在实习结束后,大学生还需向学校提交一份实习报告。实习报告是指尚未毕业的大学生用书面文字将实习的过程、结果及体会撰写出来的文章。

撰写实习报告,不仅能够促使大学生对实习的情况进行回顾、总结与反思,还能提高大学生的语言表达能力,锻炼大学生的逻辑思维能力。

任务情景

按照学校要求,酒店管理专业的一名大学生于××,在大四的第二个学期,需要到酒店进行为期十周的实习,于××在毕业前顺利完成了实习。实习结束后,他需要提交一份3000字以上的实习报告,于××在动笔前皱紧了眉头。那么,实习报告应该怎么写呢?一份实习报告在结构上包括哪些部分?每一部分的写作要求及格式要求是什么?请同学们为于××提供写作实习报告的思路或建议。

任务设置

1. 如果你是于××,你应该怎么撰写这份实习报告?
2. 为什么我们要写实习报告?写实习报告有何意义?

知识要点

一、基础知识认识

(一)特点

实习报告作为一种将所学专业知识运用于社会实践或专业实践活动的汇报性文书,具有如下特点。

1. 汇报性

学生写实习报告目的是向教师汇报自己的实习情况,教师则通过阅读实习报告了解学生的实习情况,并针对其实习过程中存在的问题进行更具体的指导。

2. 真实性

学生在实习结束后,要如实地将实习情况反映在实习报告中,不能弄虚作假,或虚报数据等材料。虚假的实习报告不能起到指导实际工作或者为未来提供帮助的作用。

3. 专业性

学生在选择实习单位及实习内容时,要与自己所学的专业相结合,这样才能"学以致用""学用相长"。在撰写实习报告时,需运用专业知识对专业问题进行分析,提出自己的见解或看法,并寻求解决问题的方法和途径。

4. 体验性

实习报告的重点是学生将所学专业理论知识融入实际工作的情况如实地反映出来。如在实习期间经历了什么,收获了什么,如何运用理论知识解决实际问题,感受与体会如何等。在实习中有所收获和感受是实习的目的和意义所在,因此实习报告的体验性是十分明显的。

(二)分类

按照不同的分类标准,实习报告可以分为以下几类。

(1)按照实习单位,实习报告可分为公司实习报告、银行实习报告、工厂实习报告等。

(2)按照实习时间,实习报告可分为学期实习报告、寒暑假实习报告、毕业实习报告等。

(3)按照实习内容,实习报告可分为课程实习报告、生产实习报告、营销实习报告等。

二、实习报告写作

实习报告一般由标题、正文、文尾三部分组成。

(一)标题

实习报告的标题有单标题和双标题两种形式。

1. 单标题

单标题有三种写法:①实习单位+文种,如《广州中盛再生资源热电有限公司实习报告》;②实习单位+实习时间+文种,如《中国××银行××支行202×实习报告》;③实习内容+文种,如《资产评估实习报告》。

2. 双标题

双标题由正、副标题组成。正题写明实习所获得的总的体会（基本看法），副题明示实习单位、文种，具有补充正题的作用，如《质量是企业的命根子——某团股份有限公司实习报告》。

（二）正文

实习报告的正文一般包括前言、主体和结尾三部分。

1. 前言

实习报告的前言一般开门见山、简明扼要地介绍实习的意义、目的、时间、地点、内容、表现、收获等，要写得高度概括。

2. 主体

主体部分是实习报告的核心内容，要全面反映实习工作内容的具体情况。可分为三个部分来写。

（1）实习内容。这部分要具体、详细地介绍在实习过程中所承担的工作任务、工作环节、具体做法等。着重阐述自己在指导教师及周边工作人员的指导或影响下，如何将所学的专业理论知识应用到实际工作中。

（2）实习收获。这部分主要写在完成实习任务过程中取得的成绩和收获，包括思想认识、知识、技能等方面。

（3）实习体会。对实习内容和过程进行理性分析，总结出一些理性的认识。可从思想认识方面谈实习后对专业认识有了怎样的提高；可针对实习过程中存在的问题，提出自己的改进意见，表明今后的努力方向。

3. 结尾

实习报告的结尾一般围绕对实习指导教师和实习单位的感谢进行写作，或总结实习情况，指出今后努力的方向，也可在写完主体部分后自然收束全篇，不再另写结尾。

（三）文尾

文尾包括署名和实习报告写作的时间。

三、写作注意事项

（一）广泛收集资料

实习报告要写得有质量，就得广泛收集材料，包括实习单位的情况，观察到的各种工作状况、自己的工作实践情况等都需熟悉清楚,这是写好实习报告的前提。

(二)以事实为基础

实习报告是在充分占有材料的基础上撰写而成的,要注重对材料的概括总结,体现综合性和真实性,内容须依托自己的实习任务、做法与收获,以事实说话,不可凭空杜撰。

(三)突出重点

实习报告不等于工作日记,不能事无巨细,遇事即录,必须对所做的工作、所见所闻进行有目的地筛选和详略处理,要围绕报告的主旨,突出重点。

(四)语言简练

实习报告的语言要简明扼要,以概述和说明两种表达方式为主。

四、例文

【例文 7.1.1】

某花园大酒店实习报告[①]

专业:酒店管理专业

学号:××××××

姓名:×××

指导教师:×××

实习单位:某花园大酒店

时间:2022 年 2 月 5 日—6 月 6 日

一、前言

作为一名酒店管理专业的学生,听说最后一个学年会有实习的消息后,我十分兴奋。这意味着在学校学习到的专业技能即将用于工作实践,也是我正式迈向社会的第一步。经过学校安排,我于 2022 年 2 月初来到本市的某花园大酒店,开始了长达 4 个月的实习生活。这段经历说短不短,说长不长,但使我受益良多,也给我留下了很深刻的印象。经过这 4 个月的实习,我不仅学到了酒店管理的相关理论知识,也了解了酒店行业的发展现状,更重要的是,我亲自体会到了什么叫"服务意识",明白了如何更好地服务客人。这不但提升了我的职业素养,而且让我的职业目标更清晰。

实习的日子忙碌而充实,一转眼,4 个月就过去了。这段时间充满了酸甜苦乐,我现将实习经历与心得以报告形式写出来,与老师和同学们分享。

---

① 廖帆,肖扬生,周弘颖.应用文写作[M].北京:人民邮电出版社,2023.

二、实习单位概况与主要工作内容

该花园大酒店隶属某酒店集团,于2015年正式开业。它是一家商务度假酒店,位于本市的经济开发区,交通便利。

酒店占地53 000平方米,高20层,拥有400多间风格不一的客房,并设有中式、日式、法式、意式等特色餐厅,另有可容纳近千人的大型宴会厅和全套豪华娱乐设施。

我所实习的部门是餐饮部的意式特色餐厅,餐厅位于酒店一楼,有240个餐位,提供自助早、中、晚餐,营业时间分别为6:00—10:00、11:00—14:00、17:00—20:30,也提供不定时客房送餐服务,做到24小时供应餐饮。自助早餐中西式结合,提供各种面食、粥类、牛奶、蔬菜沙拉及水果,主要服务住店客人。午餐和晚餐面向大众收费,散客和团购客人较多,周末会达到100人以上。午餐、晚餐相对于早餐来说菜肴丰富,更偏向意式风格,其中扇贝、蟹脚、翡翠螺、老虎蟹等海鲜最受欢迎,主食以意大利面和西班牙炒饭为主,另有各种热菜和西式甜品,红酒、啤酒和果汁是客人必点饮品。

由于餐厅24小时营业,所以工作人员班次较多,有从A到N 14个班次,不同班次的上班时间和工作内容各不相同,我上过其中5个班次。

最初到岗时的我上的是A班。这个班次需要员工在5:00到达餐厅,然后煮好咖啡和红茶,并将鲜牛奶倒入奶盅,依次放在餐桌上。在客人吃早饭的时间,我们也有20分钟的吃饭时间。我们从7:00开始收拾餐盘,8:00时要为客人添加咖啡、红茶,早餐结束后,收拾奶盅、糖盅和咖啡杯,并将它们清洗干净。10:00—11:00是我们打扫餐厅的时间。到了11:00,我们要为前来吃午饭的客人结账、开发票。

我上的第2个班次是D班,时间为8:30—13:30、18:00—20:30。这个班次的工作内容比较简单,主要是大厅服务,如清洁台面,收走客人用过的盘子、碗,并将其送到洗碗间。

我上的第3个班次是F班,它和D班的工作内容差不多,但时间不同,为6:30—11:30、18:00—20:30。

我还上过C班和M班,这两个班次专门负责自助餐,只不过C班负责早、中餐,M班负责晚餐。两个班次的主要工作内容是摆菜、补盘、送洗餐具、清理餐台和碗柜、收餐等。

员工每月排班由餐厅经理在前一个月25日公布,一般来说员工不会长时间上同一个班次,例如,我3月的排班就是8天C班、9天A班、3天D班、3天M班、8天休息。

三、工作中的成绩与不足

刚到酒店的第1天,我和其他几位一起来实习的人一样,表现得有些拘谨。办理完入职手续,搬进员工宿舍,经过一番打扫和互相认识之后,我们快速熟络起来,很快适应了这里。

从第2天起,人事部对我们进行了为期3天的培训,让我们对酒店的发展史、组织架构、设施和服务理念等有了一定了解,随后又给我们上了几节待客礼仪与消防基本知识的课程。培训结束的时候,主管对我们每个人进行了考核,并根据每个人的不同表现,把大家分配到了不同的岗位上。我被分配到西餐厅,和我同住的3个男生,1个去了日式餐厅,1个被安排在前台,1个被安排在客房部。有了明确的工作身份后,我们既兴奋又紧张,都在期盼着正式上岗。

正式上岗的第1天一早,我穿着工装准时来到餐厅,准备为客人服务。从一名学生转换成一名社会工作者,这让我觉得有些不太适应。在学校时,我们有事可以找老师和同学帮忙,这里的领导虽然也很亲切,但是严格的制度还是让人有了更多的紧张感。例如,餐厅要求提前5分钟到岗,迟到或缺勤都要扣钱;一切按照规章制度执行,不给任何人找理由的机会;客人个性差异较大,对我们来说也是一个挑战。

正式上岗的第1天我就犯了两个错误。领班让我摆杯子,我不知道用托盘,直接去备餐间把筐搬了出来;他吩咐我去洗碗间抱些碗碟,我也错拿成咖啡碟。我很自责,经理却在开会的时候安慰我们:"不要害怕做错事,做错了就改过来,不懂就请教老员工,要抓住机会多学东西,犯错才会成长。"于是,我的心理包袱小了很多。在不断地犯错和改正中,我度过了第一个星期。

摆正心态后,我的工作顺利了不少。一个月后,我基本掌握了各项事务,什么东西放在哪里都熟记于心,也很少再犯错。

这份工作也有很辛苦的地方,那就是在上班的时候几乎没有放松的时间,劳动强度很大,时间也很紧张,连喝水、上厕所都是尽快完成。

上自助餐的班次时,我们要不停地来回走动,查看并及时收走客人桌上不用的餐具。因为用餐方式是自助式的,客人吃一会儿后会再去餐台拿新的食物,我们要不停地巡台,以防客人的桌上堆积太多用过的餐具,导致新餐具没地方放。收得不及时,不但会让客人不满意,也会让领导指责我们工作不认真。

上其他班次时,上菜要用手托着托盘,久了手会很酸,但每个人都必须忍着,放下来会影响餐厅形象。走路也有一定的要求,必须端正、匀速,不能跑动。一天下来,我们的手和脚都会很疼,回到宿舍,我们就只想倒在床上,什么都不想干。虽然辛苦,但是每个人都坚持了下来。

记得一个周末,客人非常多,餐厅里就够忙了,客房也一连来了五六个送餐订单,这也需要我负责送过去。劳累无比的我内心极不情愿,但还是咬咬牙坚持。当时,有一个客人点了一份炒饭和一瓶饮料,等我给他送到客房时,他嫌速度太慢,不肯收餐也拒不付钱,直接把门关上了。客人退餐,我不但会被扣工资,还有可能招来客人的投诉。没办法,我只好找到领班,领班帮我送了一份蛋糕上去,并向客人诚挚地道歉,客人这才答应付账。通过这件事我明白了一个道理,即使客人再苛刻,我们的服务态度也不能转变,始终以真诚的态度面对客人,事情就会得到圆满的解决。

四、实习心得总结

经过几个月的实习,我感觉自己成长进步得非常快,特别是在与人交往方面。以前的我是一个不擅长与人打交道的人,但在这几个月的锻炼下,我学会了倾听他人,竭尽所能地去完成上级安排的事;我也学会了谦卑,时刻保持一颗学习的心;我十分乐意分享自己的成长经验,对每一个同事都敞开心扉,微笑以对。

这份工作除了让我体验到职场的氛围,还让我切身领悟到在学校里学的服务意识。我学会了在对待客人时及时发现并满足他们的需求,时刻牢记"我代表着餐厅的形象,应为客人做好服务"。

因为酒店规模较大,常常会接待一些外国客人,所以在实习期间我学会了利用简单的口语和外国客人交流,也拓宽了自己的知识面。

在不断的学习中,我不但掌握了基本的服务技巧,也对服务有了更深的认识,并知道了什么叫"个性化服务"。例如,当客人带着小孩来时,我们要主动为其提供儿童椅和儿童餐具;如果是店里的常客,记得他们的名字和喜好就能快速得到客人的认可……在实践中,我获得的这些宝贵经验,是在学校学习时所得不到的。

五、结束语

4个月的时间过得很快,转眼就到了回学校的日子。回想刚去实习时,我的内心是非常迷茫的,不知道今后的路该怎么走。但随着实习深入,我逐渐对未来的职业选择有了清晰、理性的认识,也对职场有了深刻的体会。

酒店行业目前正处于高速发展中,前景是广阔的,但工作较为辛苦,初期进入这个行业的工资也不高,所以从事这一个行业对我来说是个挑战。但要想成功,就要做好吃苦耐劳的准备。经过这几个月的磨炼,我想我已经做好充分的心理准备,在酒店行业寻求发展空间。这段经历也将对我未来的工作生活产生重要影响。在此,本人对酒店和学院表示感谢,也对指导我的老师致以真诚的敬意!

实习人:×××

2022年6月30日

【例文评析】这是一篇酒店管理专业学生写的实习报告。标题使用"实习单位+文种"的方式写作。正文共写了五个方面的内容,分别用小标题标注。前言为开头部分,交代了实习前的心情,实习的时间、地点,以及实习期间的感受和收获,为后文做铺垫。第二至第四方面的内容为主体部分,简单介绍了实习单位的情况,较为具体地介绍了工作内容、成绩和不足,体会写作较深入。结束语为结尾部分,分析了酒店行业的现状与发展前景,指出今后的打算。署名及写作时间标注在正文之后的右下角。整篇实习报告结构完整,内容充实,语言简洁平实。

【例文思考】

1.怎样拟写实习报告的标题?

2.实习报告重点写什么?
3.写作实习报告的注意事项是什么?

【写作模式】
实习报告写作模式一

×××公司××××××实习报告

(前言:实习时间、地点、任务、感受、结果)×××。

(实习过程:实习内容、环节、做法)×××。

(实习结果:实习体会、经验教训、今后努力方向)××××××××××××××××××××××××××××××××××××××。

×××(署名)
××××年××月××日

实习报告写作模式二

×××××厂实习报告

×××××厂是××××××××××××××××××××××。

近来,该厂在以下方面存在以下问题:

××。

鉴于上述存在问题,本人认为××。

下面对该厂××××××管理方面的改革,提出一些初步的设想。

一、×××××××××××××××××××××××××××××××××。

二、×××××××××××××××××××××××××××××××××××××××。

三、××。

总之,×××××××××××××××××××××××××××。

×××(署名)
××××年××月××日

实习报告写作模式三

×××公司××××××实习报告

××学院××系×× 专业:×××

一、实习目的:××××××××××××××××××××××。

二、实习时间:××××××××。

三、实习地点:×××××××××××××××××××××。

四、实习单位情况:××。

五、实习主要过程:×××。

六、实习收获体会:××××××××××××××××××××××××××××××××××××。

七、问题和建议:×××××××××××××××××××××××××××。

××××年×月×日

【模式评析】以上三种实习报告写作模式都可以在实际写作中采用,区别在于写作内容的侧重点及结构等不同。模式一侧重写实习的内容和心得体会,模式二侧重反映实习单位存在的问题,同时分析问题并针对问题提出建议,模式三采用的是条款式的结构形式,层次清晰,一目了然。关于署名位置的问题,模式一和模式二均在文尾部分署名,模式三在标题下方显示署名、院系及专业信息。

【例文思考】

1.实习报告是否还有其他写作模式?

2.比较上述三种实习报告写作模式,在写作内容的重点上有何不同?

拓展训练

一、简答题

1.实习报告与公文报告有何区别?

2.如何写作实习报告的主体部分?

3.写作实习报告的注意事项是什么?

二、判断题

1.写作实习报告时只需汇报自己的实习内容,不需要阐述心得体会。　　(　)

2.实习报告的标题必须写明实习时间。　　(　)

三、实践训练

1.根据所给材料,整理出一篇实习报告。

(1)点、捆钞技能的锻炼。"点钞"是银行柜员的基本技能之一。坐姿、手势及钞票摆放角度,指法、手指间的作用力度和双手的协调能力等,这些都是要通过一番刻苦锻炼才能掌握的技能。"捆钞"中指法的运用是关键,一把钞票抓在手中,用拇指按于中间使其凸出弧状来,另一只手用捆钞带贴着外沿用力拉紧,绕两圈后反扣住原来的带子再缠两圈,最后将整捆钞票压平,这样就可以牢牢地捆住一把钞票了。

(2)代发财政工资业务。在实习期间,我还涉猎到邮政储蓄中间业务中的两项业务,一项是代发财政工资、养老保险;另一项是收缴电话费。前一项跟一般的窗口服务差别不大,具体就是为机关、企事业单位员工代发劳动报酬等款项,依据所需代理单位的工资清单,为其员工开立活期结算账户。社会养老保险则根据其社会保障号开立账户,员工可凭存折直接到窗口支取。后一项则要到电信营业处去收取,大概每日下午5点左右,带齐准备好的缴费单据,加盖日戳、私章。与电信方财会人员当面清点款项金额,对方确认、加盖印章,并撕下相应的收据联交于电信方保存。

(3)事后监督的操作。起初到综合部,我实习的岗位是事后监督,主要是基本业务的监督。先按每日营业扎账单,登记各类基本业务的交易总笔数、总金额分别与原始凭证进行校对,确认无误后,接着按照原始凭证的任意顺序,逐笔输入凭证打印的交易流水号和客户填写的交易金额,系统自动核对两项内容,显示交易流水中的其他内容。

2. 根据你的实习经历,写一份实习报告。

任务二 毕业论文

> 在科学上没有平坦的大道,只有不畏劳苦沿着陡峭山路攀登的人,才有希望达到光辉的顶点。
>
> ——马克思

任务情景

商学院大四学生王新在电脑前坐了一天了,她正在网上查找资料准备撰写毕业论文。在动笔之前,她要确定自己的选题方向,了解国内外研究现状,明确写作目的和写作意义,提出研究的问题,思考解决问题的方法与思路,然后拟写出提纲。同时,王新还思考了这样的问题:一篇规范的毕业论文包括哪些部分?每一部分的写作要求是什么?如何正确书写参考文献的著录格式?

任务设置

请同学们认真学习任务二的内容,然后为王新同学答疑解惑。

知识要点

毕业论文是高等学校应届毕业生在专业导师指导下对本专业领域的某些问题进行探讨和研究后写出的具有学术价值的议论性文章。它反映大学生在校期间的学习情况、知识水平，以及运用理论知识解决实际问题的能力。

撰写毕业论文，能够调动学生的主观能动性，引导学生积极地发现问题，寻找解决问题的方法，培养学生的思维能力。同时，也是学生对在校期间所学知识进行总结回顾，提高理论水平，培养学术倾向，实现培养目标和奠定发展基础的重要教学环节。它对培养大学生探求真理、强化社会意识、进行科学研究、提高综合实践能力等具有不可替代的作用。因此，毕业论文的质量既衡量教学水平，也衡量学生的学识水平与能力，是学生毕业和取得学位资格的重要依据。

一、基础知识认识

（一）特点

1. 学术性

毕业论文以学术问题作为论题，以学术成果作为表述对象，以学术见解作为文章的核心内容，对事物的本质和规律进行探讨。

2. 科学性

毕业论文的内容必须真实、准确地反映事物的客观规律，因此具有很强的科学性。

3. 创新性

毕业论文要表达自己的真知灼见，有个人的独到看法，不能简单地重复别人的研究成果。

4. 专业性

毕业论文要求学生针对自己所学专业的某一问题进行科学而深入地研究；它的读者是相关专业人士和特定的对象。

5. 规范性

毕业论文有统一的格式要求，格式具有规范化、标准化特点。

（二）分类

根据不同的标准，毕业论文可分为以下几类。

（1）按属性分，可分为自然科学类毕业论文和社会科学类毕业论文。

研究内容属于理、工、农、医、生物等学科的毕业论文为自然科学类毕业论文,研究内容属于政治、经济、历史、哲学、文学和管理等学科的毕业论文为社会科学类毕业论文。

(2)按申报学位分,可分为学士毕业论文、硕士毕业论文和博士毕业论文。

学士毕业论文是指大学本科毕业生,为获取学士学位和毕业资格撰写的毕业论文;硕士毕业论文是硕士研究生,为获取硕士学位和毕业资格所撰写的毕业论文;博士毕业论文是博士研究生,为获取博士学位和毕业资格所撰写的毕业论文。它们分别为高等教育三个不同层次教育的毕业论文。

(3)按论文内容构成分,可分为专题型毕业论文和综合型毕业论文。

专题型毕业论文是对所学学科中某一学术问题进行研究写出的毕业论文;综合型毕业论文有两种形态:一种是综述型,是对某学科中某一学术问题已有研究成果加以综合介绍与分析评论,以阐明自己见解的毕业论文;另一种是综研型,是对某一学科课题进行多领域或多视角研究写成的毕业论文。

(4)按议论的主要方式分,可分为立论型毕业论文和驳论型毕业论文。

立论型毕业论文是正面阐述论证自己观点和主张的毕业论文;驳论型毕业论文是通过反驳或批驳他人的错误论点和主张来树立自己的正确观点和主张的毕业论文。

(三)毕业论文与学术论文比较

毕业论文与学术论文既有相同之处,又有不同之处。相同之处在于二者的基本精神与实质是相同的,体现在文体要求、要素特点、材料取舍、论证方法、执笔成文、修改定稿、样式规范等方面并无二致。不同之处主要有以下四点。

第一,目的与作用不同。毕业论文作为一般学术论文,在未被报刊编辑部、出版社选用之前,其写作目的和作用只限于教学范畴和教学环节:一是作为学生掌握专业知识,分析和解决学术问题能力的一次综合性考核;二是作为培养、锻炼学生独立工作和初步训练科学研究活动能力的一个重要举措。学术论文写作的目的和作用也表现在两个方面:一是用于探讨学术问题、进行学术研究的手段;二是用于描述、反映、交流学术研究成果不可或缺的工具。

第二,写作要求不同。毕业论文可以不用达到公开发表水平标准,也不要求公开发表。撰写学术论文,其目标大都希望能够公开发表,因而必须达到一定的学术水平。

第三,选题要求不同。毕业论文的选题限制在所学专业课程的范围内,而学术论文撰写则是根据研究者研究内容,可以任意选题。

第四,写作主体责任要求不同。毕业论文是在导师指导及他人帮助下完成的,因而要有"致谢"部分表达谢意;学术论文特别强调的是作者独立研究的成果,因而不需有"致谢"部分。因此,在署名上,学术论文只署作者姓名,而毕业论文不仅署作者姓名,还要署导师姓名、职称或学位。

二、毕业论文的写作步骤

毕业论文的写作过程是一个系统学习、专题研究,最终把研究导入更科学、更清晰、更有条理的完善境界过程。其写作步骤通常包括选题、搜集资料、编写提纲、撰写初稿、修改定稿等步骤。

(一)选题

选题即确定毕业论文的研究方向、目标和范围。选题本身就是一种综合性创造,虽然它主要表现为作者的一种主观意向性,但它必须以作者长期的多维度知识积累和严肃的综合性思考作基础。论题选得好不好,直接关系到论文写作过程的顺利与否和论文质量的高低。

1. 选题原则

(1)适度性原则。不同学历层次的毕业论文在深度、广度、创新开拓、规模字数等方面有不同的要求,因此选题要适度。本科生毕业论文适宜选择以小见大,以点带面的论题。切入点小,容易把握,比较省力,也容易展开论述,挖掘深度。

(2)可行性原则。可行性表现在两个方面:一是作者对研究的题目有浓厚兴趣;二是作者有足够的可查阅资料,有驾驭论题的知识结构和能力,有足够的时间和精力,或在这方面积累了一定工作经验和阅历。不感兴趣、缺乏基础,是很难研究出成果并写出高质量的论文的。

(3)现实需求原则。即所选论题应与社会生活和科学文化事业的发展密切相关,这样才会既有理论价值,又有现实价值。

2. 选题类型

(1)创新型,即"人无我有"。这类题目是开辟新领域的探索性研究,研究这类题目的难度比较大,本身就有创新性。

(2)延伸型,即"人有我新"。这类题目前人已经研究过,但存在某些不妥或不完善的地方,还有进一步探讨的余地。这类题目是对前人研究的发展性研究。

(3)综合归纳型。带有争鸣性质的某些题目,也可以作为选题对象。这类题目已经有许多人探讨过,但说法不一,甚至有争论。对这类题目进行研究时,要在众说纷纭的基础上,拿出自己的意见,要有新的突破。

(二)搜集材料

确定研究方向、目标和范围后,就进入搜集材料阶段。搜集材料要始终围绕选题,做到有的放矢。要明确哪些材料是有用的、不可或缺的,哪些材料是必须首先了解的,哪些资料是急需的。一般而言,撰写论文需要搜集以下几类材料。

1. 表现论题的核心材料

核心材料即所研究对象本身的材料,往往是参考文献所列的书目、篇目。

2. 与论题有关的背景材料

背景材料是与核心材料共同起参照、比较、深化作用的材料,包括已有的研究成果及与论题相关的参照材料。学术发展是一个长期逐渐积累的过程,后人往往是在前人已有成果的基础上继续前进。因此,要重视已有成果材料的搜集。搜集材料时,可以编制已有成果目录,从标题上掌握论题研究的线索,搜集具有代表性的各派观点的材料,以便寻找新的角度,提出新的见解。有些材料还可以用于文中作为理论探讨,以增强文章的理论性。

3. 具有方法论意义的理论材料

专业论文不能停留在就事议事的层面,而要用科学的思想方法和学科理论来分析和阐述问题。因此,必须注意搜集这方面的理论材料。

相关材料搜集完成后,就进入阅读材料阶段,对某个材料的特点要做到心中有数。同时要筛选和归类材料,并适当做好笔记和标志,以便于使用时查阅。

(三)编写提纲

提纲是作者的总体思路和文章的构架。草拟提纲可以规划基本内容,搭好基本框架,使写作思路明晰化、条理化,同时也可以发现构思、结构、材料等方面的问题,使写作少走或不走弯路。毕业论文提纲一般应包括文章的基本论点和主要论据,反映文章的结构体系。拟写提纲的方法主要有以下三种。

1. 标题提纲法

标题提纲法即在总标题下分设若干小标题,然后在小标题后明确所用材料,形成结构完整、观点与材料对位的论文框架。小标题的语言形式可以是词或短语,在表意上可以提示内容也可以明示观点看法。

2. 句子提纲法

句子提纲法即段旨句法,就是在论题下根据论据提炼出若干表达论文主要内容的句子,然后按照论文展开的逻辑层次列出所有段旨句,使之成为论文提纲。段旨句是置于每段开头、总领该段意思的句子,也叫"中心句",它往往就是论文所要阐述的观点或主张。句子提纲法具体、明确,能够展示毕业论文的大体结构及主要内容。

3. 段落提纲法

段落提纲法即用一段话将要写的各部分内容作简明概述的方法。它如同文章的缩写,是句子提纲法的扩充,常用来编写详细提纲,故又称详细提纲。当论文逻辑构成单位的内容难以用一个句子概括时,就用一段话来表述。

上述三种形式,论文作者需根据内容和篇幅加以选择,也可综合运用。

提纲要做到结构完整、层次分明、观点明确、材料定位。提纲写好后,要不断修改、推敲,使之符合要求。一是推敲题目是否恰当,是否合适;二是推敲提纲的结构是否能阐明中心论点或说明主要论题;三是检查划分的部分、层次、段落是否合乎逻辑;四是验证材料是否能充分说明问题。

(四)撰写初稿

撰写毕业论文初稿时,作者最好一气呵成,不要顾前思后,也不要强求语言漂亮或者惊人,只要观点表达清楚即可。

(五)修改定稿

初稿写成后,作者需要反复审阅,仔细斟酌。修改内容大到谋篇布局、行文格式,小到一词一字,甚至一个标点符号。如果观点表述过于繁琐,就要精简;材料不够充实,就要作进一步补充;想用其他学者的论述佐证自我的观点,就需要查阅文献。在反复修改的基础上,力求定稿尽善尽美。

三、毕业论文写作

一篇规范的毕业论文一般包括标题、责任者、摘要、关键词、目录、正文、注释、参考文献、附录和致谢。

(一)标题

标题又称题目,是论文论题或论点的明示,要求准确、简明、新颖。在形式上,有单标题和双标题两种。单标题一般是展示论题,也有展示论点的;双标题由正副标题构成,正题展示论题,副题作有关补充说明。标题一定要高度概括,一般不宜超过20字。

(二)责任者

毕业论文的责任者,一是论文作者,二是指导老师。作者要写明系别、专业和姓名,导师要写明姓名、职称或学位等。

(三)摘要

摘要又称内容提要或概要,是用精当的语言反映论文的主要观点、研究方法、研究结果,以及所具有的意义等的简明表述,分为中文摘要和英文摘要。摘要可缩短读者阅读论文全文的时间,为读者选择文章提供便利。一般采用第三人称行文,字数不宜超过300字。拟写摘要的常见方法有以下几种。

1. 概述性摘要

概述性摘要即概述论文的基本观点、研究方法、研究结论结果,以及意义的提要。如《网络用语乱象与秘书学专业学生写作规范培养》的摘要:

通过分析当代网络用语的特点及乱象,认为秘书学专业学生因未来职业特性需要,不得随波逐流滥用网络用语给今后从业埋下隐患。提出目前应加强汉语理论知识学习,具备网络用语"精劣"识别能力;强化网络用语使用规范意识与写作规范训练;学校加强对学生职业意识与用语规范意识的培养,为秘书学专业学生今后的从业奠定良好品质和坚实功底。

2. 提示性摘要

提示性摘要即只简要叙述研究的所获成果(数据、看法、意见、结论等),对研究手段、方法、过程等均不涉及的摘要。如《政府在市场经济中如何定位》的摘要:

变部门"齐抓共管"企业为共同服务于企业,应成为部门工作的主要重点。

3. 报道性摘要

报道性摘要即介绍主要研究方法与成果以及成果分析等的摘要。这种摘要对文章内容的提示较全面。如《价格促销对品牌权益的影响》的摘要:

价格促销作为营销组合中的重要一环,必然会对品牌权益产生深刻的影响。在查阅大量文献的基础上,本文就价格促销对品牌权益的影响进行了分析。同时,也总结了国内外学者对在不同调节因素影响下,价格促销对品牌权益影响的研究结论,并提出了今后研究的方向。

(四)关键词

关键词是能关键性地客观反映论文主要内容的名词性词语或术语。关键词主要是供信息检索之用。一篇论文一般选3~8个关键词,放置在摘要之下,排列时要按照意义从大到小、从内容到形式的顺序排列,中间用空格或分号隔开。

(五)目录

目录可为读者提供阅读内容的页码范围,以及每章每节的内容提示。目录的生成,首先需要在正文设置一级、二级标题,或根据需要设置更低级标题,再经相关操作,由计算机自动生成。

目录的设置主要是对篇幅较长的论文而言的,比较短的论文一般不设目录。

(六)正文

正文一般包括引论、本论和结论三部分。

1. 引论

引论又称导论、绪论、前言、引言等,是论文的开头部分。这一部分可以介绍研究的目的、意义、方法、步骤,以及研究内容的学术背景,还可以提出问题,说明研究的创新之处。一般要求言简意赅,只摆观点,不写论证的过程。引论常见的写作方法有:揭示纲目、交代背景、开门见山地提出问题和作出定义等。

2. 本论

本论是论文主体部分,是分析问题、论证观点的主要部分,也是显示作者的研究成果和学术水平的重要部分。在这一部分,撰写者要运用一定的研究方法,对问题进行详细分析,引用翔实材料进行论证,并提出自己的观点。本论的要求如下。

(1)论证充分,说服力强。论证就是运用论据来证明自己论点的过程和方法。从论证方法看,可分立论和驳论两种。立论是正面论证自己观点正确的过程,可采用例证法、引证法、分析法、推理法等来立论和证明。驳论是通过反驳敌对论点,证明其错误性、荒谬性,从而证明自己观点正确的论证过程,可以驳论点、驳论据、驳论证。常用的驳论方法有直驳法、反证法、归谬法等。

(2)结构严谨,条理清晰。本论部分的结构形式可采用并列式、递进式和综合式三种。并列式结构是围绕中心论点分设几个分论点和层次,各个论点和层次分别从不同角度、不同侧面论证中心论点,使文章呈现出多管齐下、齐头并进的格局;递进式结构是对论证的问题采取层层递进、步步深入的形式安排,从而使中心论点得到深刻的论证;综合式结构的层次比较复杂,既有并列结构,又有递进结构,显示出两种结构综合的形式,如在并列结构的每一个并列面上,又展开递进行文,或者在递进结构的每一个递进层次中,又展开并列行文。

(3)观点和材料相统一。论文观点应来自对真实可靠的客观材料的概括,且它们常常被充当文章的标题、小标题和段旨句,构成全文的结构提纲或筋络;而材料又须反过来印证、支撑观点,成为证明观点的论据和丰满文章的"血肉"。这就是观点与材料的统一,做不到这一点,就会文不对题。

3. 结论

结论是论文的结束部分,是以本论的论证和研究成果为前提,经过严密的逻辑推理和高度归纳概括所得出的最后结论。毕业论文的结论部分大致包括以下内容:①提出论证结果,即作者对全文论证内容进行归纳,提出自己对论证结果的总体性看法和意见;②指出课题研究中存在的不足,这主要是为自己或他人进一步继续研究指明方向、提供线索。

(七)注释

注释是对论文中的字、词或短语作进一步说明的文字,起解释或补充的作用。注释分为夹注、脚注和尾注三种形式。夹注是随文在需要作注之处用圆括号作注;脚注是先在文中需作注之处上标注注码,然后在本页页脚按序作注;尾注是先在全文中依次标注注码,然后在正文后集中依次作注。脚注和尾注的注码均采用上角标,注码用"①、②、③……"形式。

(八)参考文献

参考文献是为撰写或编辑论文和著作而引用的有关文献信息资源。对于一篇完整的论文,参考文献是不可缺少的组成部分,它有利于审稿人和编辑评价论文的水平,有利于与读者形成信息资源共享,还有助于精炼论著的文字篇幅,体现科学文化的继承性和发展历史,是对他人著作权的尊重和保护。参考文献采用实引方式,即在文中用上角标(序号[1]、[2]……)标注,并与文末列示的参考文献的序号及出处等信息形成一一对应的关系。

1. 文献类型和标识代码(见表7-2-1)

表7-2-1 文献类型和标识代码

文献类型	标识代码	文献类型	标识代码
普通图书	M	专利	P
会议录	C	数据库	DB
汇编	G	计算机程序	CP
报纸	N	电子公告	EB
期刊	J	档案	A
学位论文	D	舆图	CM
报告	R	数据集	DS
标准	S	其他	Z

2. 电子资源载体和标识代码（见表7-2-2）

表7-2-2　电子资源载体和标识代码

电子资源载体类型	载体类型标识代码
磁带（magnetic tape）	MT
磁盘（disk）	DK
光盘（CD-ROM）	CD
联机网络（online）	OL

3. 术语和定义

（1）主要责任者。

主要责任者是指主要负责创建信息资源的实体，即对信息资源的知识内容或艺术内容负主要责任的个人或团体。主要责任者包括著者、编者、学位论文撰写者、专利申请者或专利权人、报告撰写者、标准提出者、析出文献的著者等。

（2）专著。

专著是指以单行本或多卷册（在限定的期限内出齐）形式出版的印刷型或非印刷型出版物，包括普通图书、古籍、学位论文、会议文集、汇编、标准、报告、多卷书、丛书等。

（3）连续出版物。

连续出版物是指通常载有年卷期或年月日顺序号，并计划无限期连续出版发行的印刷或非印刷形式的出版物。

（4）析出文献。

析出文献是指从整个信息资源中析出的具有独立篇名的文献。

（5）数字对象唯一标识符。

数字对象唯一标识符是针对数字资源的全球唯一永久性标识符，具有对资源进行永久命名标志、动态解析链接的特性。

4. 著录格式

（1）专著著录格式。

[序号]主要责任者. 题名：其他题名信息[文献类型标识/文献载体标识]. 其他责任者. 版本项. 出版地：出版者，出版年：引文页码[引用日期]获取和访问路径. 数字对象唯一标识符.

示例：

[1]陈登原. 国史旧闻：第1卷[M]. 北京：中华书局，2000：29.

[2]哈里森，沃尔德伦. 经济数学与金融数学[M]. 谢远涛，译. 北京：中国人民大学出

版社,2012:235-236.

[3]牛志明,斯温兰德,雷光春.综合湿地管理国际研讨会论文集[C].北京:海洋出版社,2012.

[4]张志祥.间断动力系统的随机扰动及其在守恒律方程中的应用[D].北京:北京大学,1998.

[5]中国造纸学会.中国造纸年鉴:2003[M/OL].北京:中国轻工业出版社,2003[2014-04-25]. http://www.cadal.zju.edu.cn/book/view/25010080.

(2)专著中的析出文献著录格式。

[序号]析出文献主要责任者.析出文献题名[文献类型标识/文献载体标识].析出文献其他责任者//专著主要责任者.专著题名:其他题名信息.版本项.出版地:出版者,出版年:析出文献的页码[引用日期].获取和访问路径.数字对象唯一标识符.

示例:

[1]程根伟.1998年长江洪水的成因与减灾对策[M]//许厚泽,赵其国.长江流域洪涝灾害与科技对策.北京:科学出版社,1999:32-36.

[2]贾东琴,柯平.面向数字素养的高校图书馆数字服务体系研究[C]//中国图书馆学会.中国图书馆学会年会论文集:2011年卷.北京:国家图书馆出版社,2011:45-52.

(3)连续出版物中的析出文献著录格式。

[序号]析出文献主要责任者.析出文献题名[文献类型标识/文献载体标识].连续出版物题名:其他题名信息,年,卷(期):页码[引用日期].获取和访问路径.数字对象唯一标识符.

示例:

[1]袁训来,陈哲,肖书海,等.蓝田生物群:一个认识多细胞生物起源和早期演化的新窗口[J].科学通报,2012,55(34):3219.

[2]李炳穆.韩国图书馆法[J/OL].图书情报工作,2008,52(6):6-12[2013-10-25]. http://www.docin.com/p-400265742.html.

[3]丁文祥.数字革命与国际竞争[N].中国青年报,2000-11-20(15).

(4)电子资源著录格式。

[序号]主要责任者.题名:其他题名信息[文献类型标识/文献载体标识].出版地:出版者,出版年:引文页码(更新或修改日期)[引用日期].获取和访问路径.数字对象唯一标识符.

示例:

[1]中国互联网络信息中心.第29次中国互联网络发展现状统计报告[R/OL].(2012-01-16)[2013-03-26]. http://www.cnnic.cn/hlwfzyj/hlwxzbg/p020120709345264469680.pdf.

[2]萧钰.出版业信息化迈入快车道[EB/OL].(2001-12-19)[2002-04-15]. http://www.creader.com/news/200112190019.htm.

(5)专利文献著录格式。

[序号]专利申请者或所有者.专利题名:专利号[文献类型标识/文献载体标识].公告日期或公开日期[引用日期].获取和访问路径.数字对象唯一标识符.

示例：

[1]邓一刚.全智能节电器:200610171314.3[P].2006-12-13.

[2]西安电子科技大学.光折变自适应光外差探测方法:01128777.2[P/OL].2002-03-06[2002-05-28].http://211.152.9.47/sipoasp/zljs/hyjs-yx-new.asp?recid=01128777.2&.leixin=0.

(九)附录

附录是附属于正文,对正文起补充说明作用的信息材料,可以是文字、表格、图形等形式。

(十)致谢

致谢在论文的末尾,可向在撰写论文过程中帮助自己的人表示谢意,要感情真挚,言语得体,不需过多溢美之词。

四、写作注意事项

(一)力求创新

一篇优秀的毕业论文应该有"新"意。撰写者在查阅、学习他人著作文献的基础上,感悟到属于自己的东西,并在写作过程中力求创新。这里的新可以是观点的新颖,也可以是分析角度的新颖。论文如果千篇一律,人云亦云,就毫无价值可言。

(二)观点与材料相结合

毕业论文观点的提出,要有理有据,这需要一定材料来支撑。如果只有作者主观空泛的论说,而无材料支撑印证,即使观点新颖,也可能无法使读者信服。同时,要做到资料可靠,数据准确无误。

(三)先拟定提纲,然后动笔

拟定提纲对论文写作极为重要,提纲的质量对论文写作影响极大。提纲显示了论文的架构及写作的思路,好像引领船只的灯塔,让撰写者知道前进的方向。因此要在拟定提纲上多花时间和精力。

(四)保持良好的心态

毕业论文的撰写是一项艰辛的脑力劳动,撰写时要有良好的心态。当思路不畅时,可暂缓写作,调整好心态后再继续写作。

五、例文

【例文 7.2.1】

数字经济、产业结构升级与中国出口贸易研究[①]

×××

摘要:改革开放以来,出口贸易对国民经济的增长作出了卓越的贡献。但近几年,中美贸易摩擦加剧、多边贸易谈判进度滞缓、全球经济整体低迷,出口贸易发展一度受阻。随着以物联网、人工智能、大数据等技术为代表的数字技术的发展并逐渐应用于社会生产中,数字经济作为一种更高级、更有持续性的经济形态被提出,它的高速发展推动技术领域变革,提高产业生产效率,加快产业结构升级,对经济社会发展产生了巨大的驱动力。因此在数字经济背景下,如何调整我国出口贸易发展模式,优化出口贸易结构并推动出口贸易转型升级成为当务之急。

本文选取我国 30 个地区(西藏除外)2013—2019 年的数据,首先利用熵值法对数字经济发展水平进行测定,其次利用逐步回归法分析产业结构升级在中国数字经济对出口贸易影响中的中介效应。结果表明:我国数字经济的发展在区域间存在较大差距。在全样本回归中,产业结构升级作为数字经济与出口贸易的中介效应显著;在分样本检验中,东部地区中介效应显著,中西部地区不显著。根据以上结果,提出如下建议:加大数字基础设施建设力度,提高数字经济整体发展水平;实施差异化的数字经济发展策略,缩小数字经济区域差异;优化数字经济顶层制度设计,着力发挥东部地区产业结构升级的中介作用,扩大出口贸易规模。

关键词:数字经济;产业结构升级;出口贸易;中介效应

Abstract:Since the reform and opening up, export trade has made outstanding contributions to the growth of the national economy. However, in recent years, trade frictions between China and the United States have intensified, multilateral trade negotia-

---

[①] 万方数据知识服务平台,余雅雅.数字经济、产业结构升级与中国出口贸易研究[D].江西:江西师范大学,2022.

tions have been sluggish, the overall global economy is depressed, and the development of export trade has been hindered. With the Internet of things, artificial intelligence, big data technology represented by the development of digital technology and gradually applied in social production, digital economy as a more advanced, more sustainable economic form is put forward, its rapid development to promote technology change, improve industrial production efficiency, accelerate the industrial structure upgrade, has a huge driving force for economic and social development. Therefore, under the background of digital economy, how to adjust the development mode of China's export trade, optimize the export trade structure and promote the transformation and upgrading of export trade has become a top priority.

In this paper, the data from 30 regions in China (except Tibet) were selected from 2013 to 2019. First, the development level of digital economy was determined by the entropy method, and the intermediary effect of industrial structure upgrading in the impact of digital economy on China's export trade was analyzed by the gradual regression method. The results show that there is a big gap between the development of digital economy and regions. In the whole sample regression, industrial structure upgrading has a significant intermediary effect between digital economy and export trade; in the subsample test, but not in the central and western regions. According to the above results, the following suggestions are put forward: strengthen the construction of digital infrastructure, improve the overall development level of digital economy; implement differentiated digital economy development strategies, narrow the regional differences of digital economy; optimize the top-level system design of digital economy, play the intermediary role of industrial structure upgrading in eastern China, and expand the scale of export trade.

Keywords: Digital economy; Industrial structure upgrade; Export trade; Intermediary effect

1. 绪论

1.1 研究背景

当前,随着互联网全面普及,新一代数字技术不断更新升级,大数据、人工智能、5G、云计算等逐渐应用于各个产业,并渗透到人们的日常生活中。新的科技革命带来的产业变革,改变了人类生产生活方式,昭示着数字经济时代已经到来。中国信息通讯研究院在2020年发布的《中国数字经济发展白皮书》显示,2015至2019年,我国数字经济增加值占GDP的比重从14.2%上升到36.2%;2019年,数字经济增加值为35.8万亿元,同年我国GDP增长量中数字经济的占比超过三分之二。由此可见,"数字经济"已然成为驱动中国经济增长的关键力量之一。2020年的疫情严重冲击了我国经济,尤其是传统服务业,但数字产业却逆势增长。根据国家统计局的数据,2020年上半年,在GDP总量较上年下降1.6%的情况下,第三产业中的信息技术、传输和软件服务业却逆势而上,增加值同比增长14.5%,大数据服务增长4.5%。2020《中国数字经济发展白皮书》表明,2016年到2020年,数字经济在我国三大产业中的渗透逐渐增加;其中,第一产业的渗透率由6.2%增加至8.9%,第二产业由16.8%增加至21.0%,第三产业由29.6%增加至40.7%。这体现了我国传统产业正在与新一代数字技术深度融合,产业数字化正蓬勃发展。数字与产业融合的成果不仅体现在国内市场,在国际贸易市场中,数字技术的发展也对扩大我国出口贸易规模起到重要作用。2021年中国出口的知识密集型服务中,与数字相关的电信计算机和信息服务占比22.3%,跨境电商出口总额为1.44万亿元,较上年增长24.5%,由跨境电商交易带来的运输服务出口总额为8205.5亿元,增速达110.2%,一跃成为服务贸易领域十二个分支中增长最快的领域。

党的十九届五中全会强调要加快数字化发展。2021年10月18日,习近平总书记在十九届中央政治局第三十四次集体学习时的讲话中强调,数字经济健康发展有利于推动构建新发展格局,数字技术、数字经济可以推动各类资源要素快捷流动、各类市场主体加速融合,帮助市场主体重构组织模式,实现跨界发展,打破时空限制,延伸产业链条,畅通国内外经济循环。因此,研究数字经济对出口贸易的影响,对推动新旧动能接续转换、促进产业结构优化升级、带动国际贸易发展具有重要意义。

1.2 研究意义

1.2.1 理论意义

中国的数字经济目前正在经历高速发展阶段,但是当前学者们在数字经济方面的研究还不够成熟,且以定性分析为主。本文首先对数字经济进行量化分析,以丰富数字经济发展的实证研究;其次探索了数字经济发展的区域特征,破除了制约地区数字化发展的障碍;最后从产业结构升级的视角研究数字经济对出口贸易的影响,弥补了出口产商数字化转型的研究局限。对推动产业结构升级、扩大数字化出口贸易规模、提升国家出口商品竞争力提供理论参考。

1.2.2 实际意义

在全球经济整体复苏缓慢的背景下,本文的研究着眼数字经济对出口贸易的影响,具有两方面的实践意义:第一,为数字时代各地区发展数字经济提供借鉴;第二,为出口产业利用数字经济重塑数字化转型路径提供建议。

1.3 研究内容与研究方法

1.3.1 研究内容

本文的研究主要分为六大部分,具体内容如下:

首先是绪论部分。主要分析了选题背景、研究意义,全文的研究思路、方法以及可能的创新点。

第二部分是文献综述。分别从数字经济的定义、测度，数字经济对出口贸易的影响，数字经济对产业升级的影响，以及数字经济、产业结构升级对出口贸易的影响等四个方面，对已有文献进行综合分析和评述，为本文后续研究奠定比较坚实的基础。

第三部分是理论分析。从理论上分析数字经济、产业结构升级与出口贸易三个变量之间的关系和影响机制，为第五部分实证分析提供理论解释。

第四部分是现状分析。研究了中国数字经济、产业结构以及出口贸易的发展概况。

第五部分是实证分析。首先对数字经济发展指数的测定进行说明，构建了指标体系；其次运用所构建的指标体系实证分析了中国数字经济、产业结构对出口贸易的作用及其影响。

第六部分是研究结论与政策建议。在对全文进行总结的基础上，提出了针对性较强的政策建议。

1.3.2 研究方法

文献研究法。通过搜集和阅读大量的文献，在文献综述部分本文对数字经济的定义、测度以及学者对产业结构升级、出口贸易的研究进行了详细的梳理，让读者对该领域的研究有了总体上的认知，有助于后续研究时选择更合理的测度方法和实证模型。

实证分析法。在定量分析部分运用统计建模方法，主要使用中介效应模型，利用 SPSS 软件的熵值法对数字经济进行测量，使用 Stata15.0 软件对产业结构升级进行中介分析。

1.4 可能的创新点

第一，研究视角较新。在已有研究中，少有学者从产业结构升级的视角研究数字经济对出口贸易的影响，本文研究了数字经济、产业结构与中国出口贸易，基于产业结构视角分析了数字经济对中国出口贸易的影响，研究视角较为新颖。

第二，研究方法方面的创新。以往学者对数字经济的研究多为理论研究，少有实证分析。本文借鉴已有学者对数字经济的定义，并在此基础上进行定义引申，同时构建指标体系，利用熵值法测出数字经济发展综合指数，从而进行实证研究。

2. 文献综述

2.1 关于数字经济的研究（略）

2.1.1 关于数字经济的概念（略）

2.1.2 关于数字经济测度（略）

2.2 关于数字经济对出口贸易的影响研究（略）

2.3 关于数字经济对产业结构升级影响研究（略）

2.4 关于数字经济、产业结构升级对中国出口贸易的影响研究（略）

2.5 简短的评述

综上所述，国内外学者对于数字经济取得了相当的进展，为本文研究奠定了比较坚实的基础。但是,也从中发现,学术界关于数字经济有多种不同的定义,并没有达成共识;对数字经济的测量方法也不同。对数字经济的研究主要集中在数字经济对产业结构升级、数字经济对经济高质量发展的影响两个方面,少有学者研究数字经济对出口贸易的影响,更没有从产业结构升级的角度研究数字经济对出口贸易的影响。为了弥补上述缺憾,本文拟从数字经济需求的角度出发,定义数字经济,构建数字经济发展评价指标体系,对数字经济综合指数进行测算;从产业结构升级的视角研究数字经济对中国出口贸易的影响。

3. 数字经济、产业结构升级与中国出口贸易理论分析

3.1 数字经济与出口贸易(略)

3.2 数字经济与产业结构升级(略)

3.3 产业结构升级与出口贸易(略)

4. 数字经济、产业结构升级与中国出口贸易现状分析

4.1 中国数字经济发展现状(略)

4.1.1 数字经济相关政策环境(略)

4.1.2 数字经济创新投入(略)

4.1.3 数字化产出(略)

4.1.4 数字经济发展区域对比(略)

4.1.5 全球数字经济发展情况(略)

4.2 中国产业结构现状(略)

4.2.1 中国产业结构总体现状(略)

4.2.2 产业结构区域分布(略)

4.2.3 数字经济在产业结构升级中的重要作用(略)

4.3 中国出口贸易现状(略)

4.3.1 中国出口贸易结构(略)

4.3.2 中国出口商品结构(略)

4.3.3 数字贸易出口现状(略)

5. 数字经济、产业结构升级与中国出口贸易的实证研究

5.1 数字经济综合评价指标体系构建(略)

5.1.1 指标计算方式(略)

5.1.2 指标说明(略)

5.1.3 数字经济综合指数测算结果(略)

5.2 实证分析(略)

5.2.1 模型设定(略)

5.2.2 变量说明及数据来源(略)

5.2.3 实证结果分析(略)

6. 结论与政策建议

6.1 研究结论(略)

6.2 政策建议(略)

参考文献(略)

致谢(略)

【例文评析】这是国际商务专业学生写的毕业论文。该篇毕业论文研究的是数字经济对出口贸易的影响,以及数字经济对推动新旧动能接续转换、促进产业结构优化升级、带动国际贸易发展的重要意义。围绕这一研究目的,该篇毕业论文分为六个部分展开论述。第一部分介绍了研究的背景、意义,研究内容与方法,可能的创新点。第二部分从四个方面介绍了研究现状,最后对研究现状作简短述评。第三部分从理论上分析数字经济与出口贸易、产业结构升级之间的相互关系。第四部分对中国数字经济发展、中国产业结构现状与中国与出口贸易现状进行分析。第五部分进行实证研究。第六部分得出研究结论,并给出政策建议。该篇毕业论文结构层次清晰,逻辑自洽。在论证过程中,作者将理论与实证相结合,论点明确、论证充实、有理有据、客观严谨。

【例文思考】

1. 怎样拟定毕业论文的标题?
2. 毕业论文的摘要有什么作用?

【例文 7.2.2】

××公司工程项目成本控制研究(提纲)①

会计学院财务管理专业

×××(指导老师:××× 副教授)

摘要:本文以××公司为例,对其工程项目成本控制问题进行研究。第一章研究××公司工程项目成本控制的目的与意义,阐述国内外文献综述以及研究的内容和方法。第二章介绍××公司概况及工程项目成本控制现状。第三章提出零工成本超支、材料成本高、机械维修费超支是其存在的主要问题。第四章进一步分析阐述××公司工程项目成本控制存在的问题主要是由于零工成本预算控制没有执行、缺乏施工材料定额考核、机械维护考核不严格造成的。第五章根据××公司的实际情况提出如何解决其工程项目成本控制问题。第六章结束语。希望通过本次研究,解决××公司工程项目成本控制中存在的问题,使工程保质保量的同时降低工程项目成本,提高公司的经济效益。

关键词:××公司;成本控制;预算;考核

---

① 广东培正学院2019届本科优秀毕业论文集(下册)。

1. 绪论

1.1 研究目的和意义

1.2 国内外相关研究文献综述

1.3 研究内容和方法

2. ××公司工程项目成本控制现状

2.1 ××公司概况

2.2 ××公司工程项目成本控制现状

3. ××公司工程项目成本控制存在的问题

3.1 零工成本超支

3.2 用料超标导致材料成本高

3.3 机械维修费用超支

4. ××公司工程项目成本存在问题的原因分析

4.1 零工成本预算控制没有有效执行

4.2 缺乏施工材料定额考核

4.3 机械维护考核不严格

5. ××公司工程项目成本控制的方法与对策

5.1 ××工程项目成本控制基本思路

5.2 ××基于预算与考核的工程项目成本控制实例

5.2.1 零工成本预算编制与控制实例

5.2.2 材料成本预算编制与控制实例

5.2.3 机械维修成本预算编制与控制实例

6. 结束语

【例文评析】这是一篇标题式提纲,每部分的主要内容通过一级、二级和三级标题显示出来,结构层次和逻辑思路清晰明了。该提纲比较规范,每一级标题写作简洁凝练,语意明确,六个部分主要按照纵式结构安排,二、三级标题能够呼应上一级标题,较完整地展示了作者的写作思路和论文的基本格局。

【例文思考】

1.该毕业论文提纲的特点是什么?

2.毕业论文的提纲还可以采用什么形式拟定?

拓展训练

一、简答题

1.一篇规范的毕业论文包括哪些部分?

2.如何写好一篇毕业论文?

3.根据自己所学专业,拟写一篇毕业论文提纲。

二、选择题

1.目前我国可取得学位的论文有_____论文、硕士学位论文和博士学位论文三种。

A.学士学位　　　　B.工科学位　　　　C.理科学位　　　　D.文科学位

2.毕业论文按其属性划分,可分为_____和社会科学论文两类。

A.专题论文　　　　B.自然科学论文　　C.综合型论文　　　D.文科论文

三、判断题

1.撰写毕业论文既是实现培养目标的重要教学环节,也是对学生在校期间所学专业知识的总结回顾与学识水平、能力的全面综合检测。（　　）

2.毕业论文需要达到公开发表水平标准。（　　）

任务三　求职信

> 勇敢追求自己热爱的事业,因为只有这样才能实现真正的幸福和成功。
> ——罗伯特·福尔松

任务情景

商学院大四学生余××是××大学大四毕业生,××公司正好来学校招聘这个专业的学生,她要写一封求职信,思考了以下问题:求职信的特点是什么?求职信要写哪些内容?求职信的结构要求是什么?

任务设置

请同学们认真学习任务三的内容,然后为余××同学答疑解惑。

知识要点

对终将走向社会、进入职场的大学生而言,求职信是非常重要的应用文文体,在择业、转岗、跳槽等活动中扮演着重要的角色。求职信是向用人单位介绍自己的情况,使用人单位了解自己,希望通过考核进而录用自己的介绍性文字材料。

一、基础知识认知

(一)求职信的概念

求职信是求职人向用人单位自我推荐、谋求职位的一种专业书信,旨在介绍、推荐自己以获得面试机会或者某种职位的文书,它是用人单位和求职者之间的媒介。

(二)求职信的特点

1. 自我推荐

求职者给未曾相识的用人单位或个人写求职信,可以让对方通过求职信来了解自己的学历、技能、才识和经历等情况。

2. 恰当得体

在充分展示自我时要做到自信而不自傲、谦逊而不逢迎,语言得体;正确评价自己,不抬高吹嘘,也不自我贬低。

3. 富有个性

具有个性又符合专业性的求职信可以使求职者脱颖而出。求职者针对用人单位的要求,在求职信中介绍自己具备胜任工作的条件和能力的同时,又适度展示自己的个性和优势,既要扬长避短,又要实事求是,从而给招聘单位留下深刻印象。

4. 展示自信

求职者要想求职成功,所撰写的求职信既要让用人单位负责人读起来感到亲切、自然,又能让他们从中看出求职者的自信。

(三)求职信的种类

按照不同的分类标准,求职信可以分为以下几类。

(1)按成文方式分,有自己写的,也有他人推荐写的。

(2)按内容或行业分,有技术性求职信、销售性求职信、生产性求职信、演艺性求职信、医疗性求职信等。

(3)按求职时间分,有短期性求职信、中期性求职信、长期性求职信等。

(4)按求职要求分,有基本要求的求职信、具体要求的求职信等。

二、求职信写作

求职信的结构包括标题、称谓、正文、结尾、署名与成文日期,以及附件六部分。

(一)标题

求职信的标题通常用文种名称,即在首行正中写上"求职信"或"自荐信"。

(二)称谓

求职信的称谓在标题下一行顶格书写求职单位的名称,用全称或规范化简称,称谓后用冒号。称谓必须要用表示尊敬的词语,并且符合彼此的身份。

(三)正文

正文是求职信的最核心部分。正文要另起一行,空两格开始写求职信的内容。正文内容较多,可以分条列项去撰写。正文包括以下三部分。

1. 求职者自我介绍与求职的原因

简要用一句话介绍一下自己的姓名、年龄、性别、专业等。例如:"我叫××,现年×岁,女,是××大学××专业的本科毕业生等。"这部分是正文的开端,也是求职的开始,要简明扼要地介绍有关情况,表明对所求职务的态度,还要吸引对方有兴趣将你的求职信看下去。

2. 谋求职位的态度以及对个人能力的评价

这是求职信的关键。这一部分要突出自己的能力,列出用人单位雇佣求职者的理由,因而求职者最好先把自己的经历予以概括,然后加以实例证明。例如:"我于××年7月毕业于××大学××专业。曾在省级大奖赛中获得×等奖,在校期间完成过××项目及发表过×篇论文。我了解过贵公司的情况,喜欢贵公司的企业文化与环境,我的专业与贵公司的需求正好相符合……我十分愿意为贵公司贡献我的学识和力量。我相信,经过努力,我能做好这份工作。"

语言要中肯,态度要谦虚,不卑不亢,从而达到见字如见其人的效果。要给对方留下深刻印象,进而相信求职者有能力胜任此项工作。

3. 表示感谢与提出希望

首先向受信者表示感谢,然后和对方建立进一步联络,比如微信、email。最后还可以向受信者提出希望,如"恳切盼望贵公司的答复"或"希望贵公司给予面试的机会"。求职者要以积极、肯定的语气结束。语言要适可而止,不要苛求对方。

(四)结尾

结尾一般表达两个意思,一是希望对方给予答复,例如"恭候您的回信"或者"盼复"之类的话语;二是表示敬意、祝福之类的词句,如"顺祝愉快安康""深表谢意"等,也可以用

"此致敬礼"之类的通用话语。

(五)署名与成文日期

在结语下面偏右处写上求职者的姓名和成文日期,成文日期用阿拉伯数字书写。

(六)附件

附件一般包括个人简历、学历证书复印件、获奖证书复印件等。此外,要注明求职者的通信地址、联系方式等信息,以便用人单位及时联系。

三、写作注意事项

1. 突出重点

撰写求职信的目的是让用人单位相信自己的才干和能力,能胜任所求的职位。要着力写自己的不同之处,重点突出自己的专长。

2. 实事求是

求职信的写作必须从实际出发,恰如其分地介绍自己的求职情况,不能言过其实。

3. 简洁美观

求职信的文字要简洁,篇幅不宜太长,印刷要清楚、美观。

4. 谦虚谨慎

行文的语气要不卑不亢,有效而又礼貌地介绍自己。

四、例文

【例文 7.3.1】

求职信[①]

尊敬的领导:

您好!

请恕打扰。本人是一名刚刚从××学院会计系毕业的大学生,很荣幸有机会向您呈上个人材料,在投身社会之际,为了找到适合自己的工作,更好地发挥自己的才能,谨向您作简要的自我介绍。

今天我与贵公司人事部的罗林强先生谈话,得知贵公司目前需要一名会计。经过了解贵公司的情况,我相信我的资质和能力完全符合这项会计工作的要求。

---

① 王茜,冯志英. 财经应用写作[M]. 北京:清华大学出版社,2020.

在大学里,我学习商业会计专业,并参加过计算机操作技能的培训,我相信,我能在贵公司这样高度专业化和现代化的公司里,熟练地应用计算机处理各种会计业务。在商务写作、人际关系和心理学方面的训练,将会帮助我与公司客户建立密切而融洽的业务联系。

由于贵公司专门研究税收保护项目,我想我在这一专业领域内的实习经验也会对贵公司有所贡献。我曾在一家证券经纪公司做过两年的业余簿记工作,随后被提升到社会投资部任财务投资助理。后来,我为公司分析和选择了一种特殊而有效的税收保护计划,得到公司经理的赏识,公司特意增加了我的工资。

此外,我具有较强的领导和组织能力,曾担任学生会××协会副主席和慈善活动团体的筹资部部长,能与人密切合作的能力对我做好会计工作也十分有益。

随函呈上个人简历、论文及获奖证书复印件等,敬请参考。希望各位领导能够对我予以考虑,我热切期盼着您的回音。如果有机会与您面谈,我将十分感谢。

最后,即使贵公司认为我还不符合你们的条件,我也将一如既往地关注贵公司的发展,并在此致以最诚挚的祝福,愿贵公司事业蒸蒸日上,祝您的事业百尺竿头,更进一步!

此致

敬礼!

×××
202×年 ×× 月××日

【例文评析】这是一篇应届毕业生写的求职信,求职信格式规范,首先作简单的自我介绍并交代了求职的缘由,主体部分分别介绍了自己的学业情况,突出强调了自己参加社会实践、实习活动,最后用恳切的言辞表达了自己求职的愿望和决心。这是一篇较为优秀的求职信,可供借鉴。

【例文思考】

1. 本求职信从几个方面来介绍求职者?
2. 通过例文总结归纳求职信的格式与要求。

拓展训练

一、思考题

在动笔写求职信之前,请考虑如何回答以下问题:

1. 你了解你的雇主需要的是什么?你期望的职位需要什么样的技能、知识和经历?
2. 你可否为雇主或职位提供3~5个你的优势?如果你是针对某个具体的职位而写求职信,那么所列的优点应该就是招聘上要求的,你将如何表达。
3. 如何把你的经历与该职位挂钩?请列举两个你曾获得的与职位相关的成就。

二、判断题(对的打"√",错的打"×")

1. 求职信具有自我推荐的作用。　　　　　　　　　　　　　　　　　(　)

2. 求职信的结构包括标题、称谓、正文、结尾、署名和日期以及附件。　(　)

三、实践训练

请根据你的实际情况,写一封个人求职信。要求:结构完整,内容翔实具体,语言表达得当。

思政小课堂

与韩荆州书

项目八 常用礼仪文书

学习目标

思政目标

1. 增强对中华优秀传统文化的认同感和自豪感。

2. 培养尊重他人、关心他人的良好品质。

3. 树立正确的价值观和道德观,遵守社会公德和职业道德。

知识目标

1. 掌握常用礼仪文书的基本概念、特点和分类。

2. 熟悉各类礼仪文书的具体格式和写作要求。

3. 了解不同场合下礼仪文书的适用范围和注意事项。

能力目标

1. 能够根据不同场合选择合适的礼仪文书,并熟练地撰写。

2. 具备运用语言技巧表达情感和意愿的能力。

3. 培养观察、分析和解决问题的能力,能够应对突发情况。

素质目标

1. 培养良好的沟通能力和表达能力。

2. 提升审美观念和艺术修养,能够欣赏和创作优美的礼仪文书。

3. 增强团队协作精神和服务意识,能够为他人着想,提供优质服务。

礼仪是礼节和仪式的合称,是人际交往中以一定的约定俗成的程式来表现律己敬人的言行与过程。

礼仪文书是指以组织、个人名义发出的以促进交往、增强情谊为目的的文书。这种文书用途很广,种类繁多,因限于篇幅,在此仅介绍请柬、邀请书(函);祝词、贺信(电);欢迎词、欢送词、答谢词;慰问信、感谢信、表扬信等数种常用文种。

任务一　请柬、邀请书（函）

> 国尚礼则国昌，家尚礼则家大，身尚礼则身修，心尚礼则心泰。
> ——颜元（明）

任务情景

"五一"国际劳动节到来之际，公司工会委员会向全体干部职工致以诚挚的慰问。

一年来，公司的各项工作都取得了可喜的成绩。全体干部职工拼搏奋进、自立自强、开拓进取、锐意创新、奋斗奉献，在各自的岗位上充分施展了自己的聪明才智，用知识和智慧武装自己，丰富自己，充分展示了艰苦创业的精神风貌。在平凡的工作岗位上，爱岗敬业、兢兢业业、无私奉献，肩负工作和家庭的双重压力，将满腔热情投入到公司"三个文明"建设的事业之中，为公司的建设和发展作出了巨大贡献。公司工会向全体干部职工表示崇高的敬意和衷心的感谢。希望全体人员继续努力奋斗、自强不息、锐意开拓，为公司的改革、发展和稳定再立新功。

任务设置

试根据以上材料，写一封节日慰问信。

知识要点

请柬、邀请书（函）是单位、团体在邀请客人参加庆祝会、纪念会、联欢会、招待会、订货会、宴会等喜庆活动时发出的礼仪文书，它们属于邀请类礼仪文书。

请柬也叫请帖，是邀请文书中最庄重、最简易的一种礼仪文书；邀请书（函）则是一种比较复杂的请柬，它除了能起到类似请柬向客人发出邀请的作用外，还有向被邀者交代所需办理的相关事项的作用。

邀请书与邀请函是一种文书，但在习惯使用上有所区别。一般直接送达的用邀请书，需要邮寄才能送达的则用邀请函。

一、基础知识认知

（一）特点

请柬与邀请书（函）是同一性质的礼仪文书，用途相同，写法也基本相同，其主要特点表现在以下几个方面。

1. 知照性

发请柬或邀请书(函)的主要目的是要告知被邀请者有关情况,让被邀请者能按请柬或邀请书(函)所述情况准确赴邀。因此,请柬或邀请书(函)务必将事情、时间、地点、要求等写得准确无误,切勿出错或遗漏。

2. 庄雅性。

请柬、邀请书(函)是最典型的礼仪文书,也是颇庄重的礼仪文书,内容所涉均为庄重、严肃、喜庆之事;在语言上则追求"雅"与"达"。"雅"是语言优雅,"达"是文通意明。要做到庄雅,除使用惯用语外,还应恰当地运用礼仪性文言词语表达。

3. 及时性。

这是对请柬、邀请书(函)发送时间的要求。如果发送太早,可能易被邀请者遗忘,太迟又可能让被邀者措手不及。所以,一定要根据实际情况在适当的时候及时发送给被邀请者。

此外,请柬与邀请书(函)也有不同之处,主要区别在于写作繁简有别、制作有别。对于请柬而言,在制作上须讲究精美、讲究艺术性;发送时也要讲究郑重性,即使被邀请者近在咫尺,也要提前亲临登门郑重送达,如是邮寄,最好再用电话郑重相邀,以示对被邀请者的极度尊重和友善。邀请书(函)的信息量比请柬大,使用范围比请柬广。

(二)分类

邀请公文从不同的视角划分,可分为以下几类。

(1)按用途可分为会议邀请文书和活动邀请文书。

(2)按内容性质可分为喜庆邀请文书和日常应酬邀请文书(如社团聚会、学术交流等)。

(3)按文种可分为请柬和邀请书(函)。

二、请柬和邀请书(函)写作

请柬和邀请书(函)的写法基本相同,其文本一般由标题、称谓、正文和文尾构成。

(一)标题

请柬和邀请书(函)的标题有两种写法:一是直接以文种为题;二是以"事由+文种"为题,如《纪念××大学建校 30 周年(199×—202×)请柬》《××招标邀请函》《关于出席亚太经济发展会议的邀请书》等。

(二)称谓

请柬与邀请书(函)是有明确而特定邀请对象的,不能没有称谓。称谓要在标题下空一行顶行写明被邀单位或个人的称呼。单位写名称;个人写尊称或敬称,如"尊敬的××教授""×××先生/女士"等。

(三)正文

请柬与邀请书(函)的正文一般分为开头、主体和结尾三层或三段、三部分。

开头写邀请缘由,主体提出邀请,结尾提出希望或要求。内容上要求将邀请的事由、时间、地点、要求说得既明确又具体。

(四)文尾

文尾为邀请者署名和邀请发(寄)出日期。

三、写作注意事项

(1)应以尊重友好的态度邀请对方。

(2)语言应庄重典雅、简明扼要。

(3)内容要具体明确。

四、例文

【例文 8.1.1】

纪念××大学建校 30 周年

(199×—202×年)

请　柬

×××先生:

为庆祝我校建校 30 周年,特定于 12 月 9 日上午 9 时在我校礼堂举行隆重的庆祝大会,届时敬请光临。

　　此致

敬礼!

××大学校庆筹备委员会(公章)
202×年 10 月 15 日

【例文评析】这份邀请有关人士出席 30 周年校庆活动的请柬,既庄重严肃,又显出喜庆和对被邀者的尊重。时间、地点和具体内容用一句话全部概述出来,简洁明了。

【例文思考】

1. 该请柬的正文用一句话表达了哪几层意思？
2. 邀请他人需讲究礼貌、礼节，你认为应在哪些方面去体现？

【例文 8.1.2】

海外留学人才创业交流会邀请函

尊敬的各位朋友们：

　　为大力实施人才国际化战略，进一步吸纳海外智力为我区经济发展服务，现拟于××××年××月××日至×月××日举办××市××区首届海外留学人才创业交流会，诚邀海外博士归国创业。现将相关活动内容介绍如下：

　　一、活动目的

　　××省××市××区首届海外留学人才创业交流会由××省××市××区人民政府主办。活动的主要目的是进一步促进××市××区与高层次海外留学人员之间的交流与合作，吸纳更多的高层次海外留学人员归国创业。活动将通过项目对接洽谈会、专题讲座、参观考察等多种形式，鼓励和引导海外留学人员携项目回国创业。

　　二、活动内容

　　1.举行××××招才引智说明会。

　　2.举办主题论坛，请相关专家进行归国创业政策宣讲。

　　3.举办项目对接洽谈活动，请相关企业、风投与海外博士进行现场交流洽谈。

　　4.组织海外博士到相关地区进行参观考察。

　　三、筹备进度

　　1.向海外发布此公告。

　　2.海外留学生报名（××月××日前，见活动申请表）。

　　3.经组委会审核，确定约××名留学生作为参会嘉宾并发出邀请函（××月××日前）。

　　4.××月××日—××月××日举办招才引智活动。

　　四、邀请对象

　　1.在海外学习取得博士学位，学成后在海外工作三年以上，在国际某一学科、技术领域内的学术技术带头人，拥有市场开发前景广阔、高技术含量科研成果的领军人才。

　　2.在国外拥有独立知识产权和发明专利，且其技术成果国际领先，能够填补国内空白、具有市场潜力并进行产业化生产的领军人才。

　　3.在引领我区生物医药、IC和工业设计、软件和服务外包、动漫和文化、网络经济、通讯技术，以及传感网信息技术等主导产业，带技术、带项目、带资金和具有自主创新能力的创业领军人才。

五、费用提示

参加交流考察活动的人员，在××市××区活动期间的食宿、交通费用由××市××区承担；××区提供××地区考察活动人员的往返机票，请上述人员在《××省××市××区海外留学人才创业交流会申请表》中写明来本市和离境时间，方便订购机票（机票预订期限范围：来×：××月××日—××月××日；离境：××月××日—××月××日）。

附件：

1. ××省××市××区海外留学人才创业交流会申请表。
2. ××省××市××区简介。
3. ××省××市××区"××××"计划实施情况。

××市××区科技和人才工作领导小组
××××年××月××日

【例文评析】本邀请函篇幅简短、结构完整、格式规范、内容明确、用语得体。正文开门见山地介绍了召开大会的目的及具体时间，向所有海外博士发出了诚挚的邀请，明确了此届大会的内容，详细说明了大会的邀请对象和筹备进度等。

【例文思考】

1. 试比较例文 8.1.1 和例文 8.1.2 在写法上的区别。
2. 试分析本文的语言特色。

拓展训练

1. 概述请柬与邀请书的异同。
2. 邀请书与邀请函在使用上有何不同？
3. 试指出下篇邀请函存在的问题，并作修改。

邀 请 函

尊敬的×××教授：

为了纪念辛弃疾仕闽 810 周年，我会定于 20××年××月××日至××日在风景秀丽的武夷山举行辛弃疾学术研讨会。您对辛弃疾素有研究，造诣颇深。我们恳请您莅临指导。现将有关事项通知于后。

一、研讨会内容：

1. 宣读学术论文
2. 交流研究经验

二、出席会议的代表原则上应向大会提交学术论文。

三、会议的住宿费、伙食费由大会负担，往返交通费由代表所在单位负担。

四、接到邀请通知后,请立即向大会筹备组寄回代表登记表(在会前三天不见寄回登记表,即视为不出席会议,不再安排食宿)。

五、报到时间:20××年××月××日。

六、报到地点:武夷山市××宾馆(××路××号)。

七、代表登记表请寄武夷山市××大学辛弃疾研究所××同志。邮编××××××。

辛弃疾学术研讨会筹备组(公章)
20××年××月××日

任务二 祝词、贺词、贺信(电)

> 祝福如阳光,照亮他人的生活。
>
> ——雨果

任务情景

贺　信

××体育学院:

欣闻2月24日凌晨我国运动员、贵院学生韩××在第20届冬奥会自由式滑雪男子空中技巧决赛中,以250.77分的优异成绩为中国体育代表团再添一枚宝贵的金牌,取得了中国雪上项目的历史性突破,为祖国和人民争得了巨大的荣誉,也为贵院及兄弟体院争了光,谨向贵院和韩××表示热烈的祝贺和崇高的敬意!

这枚宝贵的金牌是贵院秉承"厚德博学、弘毅致强"精神,并长期坚持"亦读亦训,科学训练"办学方针的硕果,将有力地鼓舞兄弟院校士气,振奋体育教育工作者的精神。

衷心祝愿贵院各项事业蒸蒸日上,再创辉煌!

××体育大学
20××年2月24日

任务设置

试根据上面这封贺信,以××体育学院的名义给韩晓鹏同学发一封贺电。

知识要点

祝词、贺词、贺信(电)属祝贺类礼仪文书。祝词也写作"祝辞",是机关、团体、单位或个人在各种喜庆活动场合表达美好祝愿的礼仪性演说词,如开业祝词。贺词也写作"贺辞",是机关、团体、单位或个人在他人或集体取得成就、获得成功的庆典活动中表示庆贺、道喜的礼仪性演说词。

祝词与贺词都是在活动现场当众演说。祝词与贺词的区别:祝词是表达对他人或集体的一种美好愿望及期待,但这种愿望与期待尚未成为现实,需被祝者去努力实现;贺词是被贺者已经取得了某种成就或成功,这种成就或成功已成事实,祝贺者被对方的成就或成功所鼓舞、所感动,从而为其庆贺、道喜。因此,严格地说,祝词与贺词有事前与事后之分。

贺信(电)其实就是贺词,所不同的是祝贺者无须亲临现场当众演说,而是以书信或电报形式表达祝贺。贺电比贺信更简洁、更快速。

一、基础知识认知

(一)特点

1. 友善性

祝贺文书是对对方的喜庆之事表示祝贺,是对祝贺对象一种善意的表达,目的是增进情谊。因此,祝贺文书一定是真情实感的流露,要写得情真意切。

2. 喜庆性

祝贺文书是在喜庆的场合对祝贺对象真诚的祝福和良好心愿的表达,因此,在措辞用语上务必体现出一种喜悦、兴奋之情。

3. 严肃性

祝贺文书虽然在某种程度上可以调节气氛,制造喜庆氛围,但毕竟是在正规场合,一定要事先做好准备,使表达准确无误、自然得体。

(二)分类

祝贺礼仪公文按性质大体可分为三类:一是祝贺事业有成、兴旺发达的;二是祝福健康长寿、生活幸福美满的;三是喜庆祝酒,表达美好愿望、增进友情的。

二、祝词、贺词、贺信(电)写作

祝贺文书一般都由标题、称谓、正文和文尾构成。

(一)标题

祝贺文书的标题大体有五种形式:一是以文种为题,如"祝词""贺词""贺电"等;二是以"场所/时节+文种"为题,如《在平湖市青少年生态环保活动启动仪式上的祝词》《2006年元宵节祝词》;三是以"祝贺者给被贺者+文种"为题,如《徐匡迪致刘先林的贺信》;四是正副标题,正标题表明贺词主旨,副标题补充说明祝贺的场所/时节与文种,这种贺词一般发表在媒体上,如《共同谱写和平、发展、合作的新篇章——2007年新年贺词》;五是以"致贺机关+致贺事由+文种"为题,如《中共中央、国务院、中央军委对长征五号B运载火箭首次飞行任务圆满成功的贺电》。可见,祝贺文书的标题灵活性较大。

(二)称谓

祝贺文书的称谓是明确受贺者,应根据实际写。也有不写称谓,而将祝贺受体在正文开头明确的。

(三)正文

正文包括开头、主体和结尾三个层次。开头一般是说明祝贺的缘由,表明致词者的身份,并表示敬意、祝贺或谢意;主体则根据不同祝贺文书类别,阐述成就或成功及其重要意义,或予以礼赞颂扬;结尾为美好祝愿,或表示衷心的祝福,或表达诚挚的期望。

(四)文尾

文尾写明致贺者的姓名或单位、致贺时间。

三、写作注意事项

祝贺文书写作,首先要有针对性,包括祝贺事由、对象、场合和致贺形式等。祝贺事由是指因什么事,是祝事业开始,还是贺事业已获成功,或者是庆典庆贺还是节日祝福,要切合事理;对象是指向谁祝贺,你与他是什么关系,是上下级关系还是平级关系,或者是长幼关系还是尊卑关系,要切合身份;场合是指祝贺的场地,是亲临现场讲话还是在异地寄信发电,要切合语境;致贺形式是指用什么文种,是用祝词贺词还是用贺信贺电,要写得得体。总之,要有的放矢,不能不伦不类。

其次,要写出真情实感,既要实实在在、平实得体,又要热情洋溢,充满喜悦、鼓励、关怀、期望、褒扬之情,富于感染性、鼓动性和启发性,使对方感到温暖、愉快,受到激励和鼓舞。切忌使用辩驳、指责、批评的词语和语气。颂扬、道贺要恰如其分,溢美之词会使对方不安，也会使感情的真实性大打折扣。

最后，祝贺文书不宜过长，尤其贺电，语言要简洁精炼，行文要层次清晰、简明扼要。

四、例文

【例文 8.2.1】

在××市青少年生态环保活动启动仪式上的祝词①

团市委书记　×××

尊敬的各位领导、各位来宾、老师们、同学们：

在 6 月 5 日世界环境日即将来临之际，今天，团市委、市环保局、市教育局、市少工委在这里联合举行"××市青少年生态环保系列活动启动仪式暨绿之韵少儿环保时装秀大赛"。在此，我首先代表团市委、市少工委向出席我们今天活动的各位领导表示热烈的欢迎和衷心的感谢！向给予我们这次活动大力支持的各有关单位，以及积极承办本次活动的××中心小学表示诚挚的谢意！

近年来，团市委、市教育局、市环保局、市少工委充分认识到青少年环保宣传教育的重要性，相继开展了"青少年绿色环保夏令营""环保小卫士统一行动""青少年环保漫画大赛""亲子环保一日评选"等系列活动，建立了青少年生态监护站，成立了环保志愿者服务队，为在全社会形成热爱自然、保护生态、改善环境的良好氛围发挥了积极作用。为进一步动员广大青少年参与生态环境保护行动，深入推进我市"国家级生态市"的创建，今年我们将继续开展青少年生态环保行动。今年我市青少年生态环保系列活动的主题是"保护生态环境，构建和谐家园"。这个系列活动除今天的启动仪式暨少儿环保时装秀大赛外，还包括了生态城市创建宣传语的征集、生态环保采风摄影大赛、"变废为宝"巧思巧手工艺品爱心义卖、环保志愿者（环保小卫士）统一大行动，等等。在整个系列活动结束之后，我们还将在 7 月底召开系列活动的总结表彰会议。

青少年朋友们，保护生态环境，就是保护我们自己。

我们的行动只有起点，没有终点。我们将以此次系列活动的启动为契机，进一步教育引导青少年增加生态环保意识和可持续发展意识，以实际行动推动青少年生态环保工作，为我市创建"国家级生态市"贡献一份力量。

最后，预祝今年的青少年生态环保系列活动取得圆满成功！祝同学们健康快乐！祝各位来宾和教师们工作顺利，身体健康！

【例文评析】这是一篇在活动启动仪式上祝愿活动取得成功的祝词。人们习惯上也将

---

① 刘美凤.秘书常用文书写作大全[M].北京：蓝天出版社，2007.

这类祝词归属为祝事业类。该篇祝词由标题、致词者说明、称谓、正文和文尾构成。标题由"讲话场所＋文种"构成，这是祝词标题的一种常用表示形式。致词者说明，说明了致词者的身份和姓名，这亦可看作是文书结构模式里文尾中署名的前移。称谓用"尊敬的各位领导、各位来宾、老师们、同学们"，切实而得当。正文写成三层。首段为开头，交代活动的背景及开展的具体内容；再明确致词者的身份，并表达对各有关方面的谢意。第二、三、四段为主体，先回顾前段活动的成绩，再明确此次活动的目的、具体内容和要求（即应取得的成效）。最后一段是结尾，表达美好祝愿。文尾写明祝贺日期。

【例文思考】

1. 将本文的"祝词"改为"贺词"可不可以？为什么？

2. 祝词一定要切合致词者的身份，联系本文谈谈致词者是以怎样的身份致词的？哪些地方表明和体现了他的身份？

【例文8.2.2】

202✕年元宵节祝词

✕✕有限公司董事长 王✕✕

（202✕年2月11日）

当我们满怀激情送走普天同庆的春节后，接着又迎来了中华民族的又一个传统节日——元宵节。在这美好的时刻，我们举办烟火晚会，共庆元宵佳节。在此，我代表✕✕有限公司向全体员工致以节日的祝贺，向各位来宾表示热烈的欢迎，向一直关心和支持公司发展的各界人士表示衷心的感谢！

过去的成绩，得益于各界人士的共同努力和大力支持。未来的发展，更有赖于全体员工的团结奋斗和各界人士的关心和厚爱。新的一年，孕育着新的希望，昭示着美好的未来，我坚信，有大家的支持，我们公司的明天会更加美好。

流光溢彩迎盛世，火树银花不夜天。这是公司春潮涌动、生机勃勃的生动写照，是公司继往开来、谋求发展的壮志豪情，是公司喜迎嘉宾、缔结友情的华彩礼赞！

祝愿大家工作顺利！阖家欢乐！万事如意！

【例文评析】这是一篇节日祝词。祝词充满激情，致词者向全体职员和来宾送上了喜庆元宵节的美好祝愿，同时也借此表达了对企业美好未来的憧憬，体现出节日盛会的喜庆气氛。写法上基本与例文8.2.1相同，可见，祝词的行文基本上是一致的。

【例文思考】

1. 试为本文划分层次，并概括各层内容。

2. 祝词不仅要表意，而且要表情，情意结合才能体现喜庆的特色，试谈谈本文是怎样将情意结合起来表达的。

【例文 8.2.3】

寿诞祝词

尊敬的各位来宾、各位亲朋好友：

春秋迭易，岁月轮回，当甲申新春迈着轻盈的脚步向我们款款走来的时候，我们欢聚在此，为×××先生的母亲——我们尊敬的××妈妈共祝八十大寿。

在这里，请允许我，首先代表所有老同学、所有亲朋好友向××妈妈送上最真诚、最温馨的祝福，祝××妈妈福如东海，寿比南山！

风风雨雨八十年，××妈妈阅尽人间沧桑，一生勤劳节俭、善良淳朴、宽厚待人、慈爱有加。这一切，陪伴着她老人家度过了以往的艰辛岁月，也为她老人家迎来了晚年的幸福生活。

而最让××妈妈欣慰的是，这些美好品德都被她的爱子×××先生所承继。多年来，他叱咤商海，以过人的胆识和诚信的商德获得了巨大的成功。然而，他没有忘记父母的养育之恩，没有忘记父老乡亲的提携之情，没有忘记同学朋友的相助之谊，为需要帮助的亲友慷慨解囊，为家乡建设贡献力量。可以说，他把孝心献给了父母，把爱心献给了家乡，把关心献给了亲人，把诚心献给了朋友。在此，我提议，让我们以最热烈的掌声，为×××先生再次送去无穷无尽的力量！

嘉宾饮酒，笑指青山来献寿；百岁平安，人共梅花老岁寒。今天，这里高朋满座，让初春有了盛春般的温暖。

君颂南山是因南山春不老，我倾北海希如北海量尤深。最后，让我们再次为××妈妈献上最衷心的祝愿，祝福老人家生活之树常绿，生命之水长流，春晖永驻，寿诞快乐！

祝福在座的所有来宾身体健康、工作顺利、阖家欢乐、万事如意！

谢谢大家！

×××
××××年××月××日

【例文评析】这是一份祝寿词。祝寿词的写法一般是首先以饱满的热情向寿者表示热烈的祝贺，然后礼赞寿者的人生成就和高尚品格，最后再对寿者表达美好祝福，并给参加庆寿的人们送去美好的祝愿。本文正符合这种思路行文。

【例文思考】

1. 祝寿词免不了要对寿者进行评价，你认为作这种评价应怎样进行？
2. 在祝词中，常常在开头和结尾都会使用祝语，你认为这是不是重复？为什么？

1. 祝词和贺词在用法上有何区别？

2.贺信和贺电在写作上有何异同?

3.阅读下列文字,以B公司总经理的名义给该计算机公司写一封祝贺对方10周年庆典的贺信。

2023年12月10日是某计算机公司成立10周年纪念日。该公司是一家注重自力更生、艰苦奋斗的公司,不但在计算机软件开发方面取得了重大成就,而且培养了大批人才。多年来,该公司曾为B公司培养了50多名技术人员。

任务三　欢迎词、欢送词

> 欢迎之词,无需华丽,贵在真挚。
> ——冰心

任务情景

欢　迎　词

尊敬的各位领导,各位同仁、女士们、先生们:

金秋十月,秋风送爽,我们迎来了一个令人欢欣鼓舞的日子,这就是我们广州市××科技有限公司成立30周年的纪念日。大家跋山涉水来到这里参加我们的庆典,辛苦了。

正如大家所知,我们公司在社会上有着良好的声誉和一定的影响。但是,我们依旧不断进取,毫不懈怠,所以,才能有30年的屹立不倒。今天,见到朋友不顾旅途遥远专程前来贺喜并洽谈双方有关贸易合作事宜,使我颇感欣慰。

朋友们,为增进双方的友好关系作出努力的行动,定然有助于使本公司更上一层楼。

最后,对各位朋友们的光临表示热烈欢迎。

祝大家万事如意,心想事成。为我们的合作,为我们的生意兴隆,干杯。

广州市××科技有限公司董事长××
202×年10月18日

任务设置

1.这份欢迎词存在哪些不足?

2.请根据上述材料重新写一份格式正确、结构合理、内容翔实、逻辑严谨的欢迎词。

知识要点

"有朋自远方来，不亦乐乎"。我国素来提倡"礼尚往来"，并认为"来而不往非礼也"，于是在这种迎来送往的礼仪活动中便产生了欢迎词与欢送词。

欢迎词、欢送词属迎送类礼仪文书。欢迎词是在迎接宾客的仪式、集会、宴会上主人对宾客的光临表示欢迎的致词；欢送词是指在送别宾客的仪式上或会议结束时，主人或会议主办方对宾客或与会代表的离去表示盛情欢送的致词。

一、基础知识认知

(一)特点

1. 喜迎与惜别

致欢迎词与欢送词都是一种对宾客表示礼貌的礼节。迎客时要体现主人愉快的心情，故欢迎词的用语一定要真诚而富有热情，以营造友好愉悦的氛围，给客人以"宾至如归"的感受，从而为往后各种活动的圆满举行打下良好的基础。同样，送客人时也要盛情相送，不过因是离别、出征，故表现出的是难舍难分的惜别之情，但又因送别者与被送别者的关系不同，这种惜别之情也显出区别，有盼早归的、有盼再访的、有叮咛嘱咐的、有鼓励壮行的，等等。

2. 口语化

欢迎词与欢送词都属现场当面口头表达的文书，所以，口语化是其在表达上的必然要求，遣词用语要运用生活化的语言，即既简洁又不乏生活情趣。口语化会拉近主人同宾客的亲切关系。

3. 简短精悍

简短精悍是迎送礼仪公文在文稿篇幅上的特点。致欢迎词与欢送词是一种礼节性的客气，旨在当客人到来或离开时表达主人的情意，创设盛情、友善与礼待的氛围，拉近主客之间的情感距离和友好关系，因此，它不需长篇大论，只需在短时间内将场面推向热烈氛围便可。

(二)分类

迎送类礼仪文书，按用途可分为欢迎词和欢送词。欢迎词又可分为会议欢迎词和庆典欢迎词；欢送词则可分为会议欢送词、庆典欢送词和出征欢送词。出征欢送词是欢送去执行某种特殊任务，如航天飞行、抗震救灾、出国援助等。

二、欢迎词、欢送词写作

迎送类礼仪文书一般由标题、称谓、正文和文尾四部分构成。

(一)标题

迎送类礼仪文书最常用的标题,首先是以文种为题,如《欢迎词》《欢送词》;其次是以"致词场所/事由+文种"为题,如《第22次APEC中小企业工作组会议欢迎词》《欢迎香港驻军文艺演出队慰问演出活动的讲话》此处文种用"讲话",是将"欢迎词""欢送词"等的种类归属为它们的上位类,一切当场致词都可归为"讲话";最后是以"致词者+致词场合/事由+文种"为题,如《×××在世界旅游组织第15届全体大会上的欢迎词》和《×××致首飞航天员出征欢送词》。

(二)称谓

称谓要求顶格书写,对宾客的称呼要用敬词并写全称,以示尊重,如"尊敬的×××总统阁下""尊敬的各位来宾、朋友们"等。称谓要符合实际情况,且后加冒号。

(三)正文

迎送类礼仪文书的正文一般都可用开头、主体和结尾三个层次行文,但欢迎词与欢送词各层的具体内容有所区别。

欢迎词开头先对来宾表示欢迎、感谢或问候;主体是从具体场合出发,写宾客来访的目的、意义、作用;继而概括已取得的成就以及变化和发展,表示继续加强合作的意愿、希望,或回顾双方交往的历史与友情,放眼全局,展望未来;结尾用简短的语句,向宾客表示感谢或良好祝愿(如祝宾客愉快、祝宾客成功或祝宾客健康)等。

欢送词开头先对客人表示热烈祝贺和欢送;主体是回顾宾客来访期间双方的愉快相处、达成的协议共识,对客人提出的意见建议、双方建立的友谊与共同愿望给予高度评价和赞颂,或者对出征(或出访)者出征(或出访)的目的、使命(任务)给予高度评价、赞扬和鼓励;结尾一般是提出倡议,表达祝愿和希望。

(四)文尾

文尾写明致词者职务、姓名和日期。若在标题之下已写明了这些内容,则文尾不再重复。

三、写作注意事项

(1)称呼要用尊称,感情要真挚,要能得体地表达自己的原则立场。

(2) 注意场合和礼仪，措辞要慎重而贴切，同时要注意尊重对方的风俗习惯，应避开对方的忌讳，以免发生误会。

(3) 语言要精确、热情、友好、礼貌。

(4) 篇幅力求短小精悍，言简意赅，切忌长篇大论。

四、例文

【例文 8.3.1】

在北京 2022 年冬奥会欢迎宴会上的致辞[①]

尊敬的××主席，

尊敬的各位同事，

女士们，先生们，朋友们：

在中国人民欢度新春佳节的喜庆日子里，同各位新老朋友在北京相聚，我感到十分高兴。首先，我代表中国政府和中国人民，代表我的夫人，并以我个人的名义，对来华出席北京冬奥会的各位嘉宾，表示热烈的欢迎！向所有关心和支持北京冬奥会的各国政府、各国人民及国际组织表示衷心的感谢！我还要特别感谢在座的各位朋友克服新冠肺炎疫情带来的困难和不便，不远万里来到北京，为冬奥喝彩、为中国加油。

昨晚，北京冬奥会在国家体育场正式开幕。时隔 14 年，奥林匹克圣火再次在北京燃起，北京成为全球首个"双奥之城"。中国秉持绿色、共享、开放、廉洁的办奥理念，全力克服新冠肺炎疫情影响，认真兑现对国际社会的庄严承诺，确保了北京冬奥会如期顺利举行。

让更多人参与到冰雪运动中来，是奥林匹克运动的题中之义。中国通过筹办冬奥会和推广冬奥运动，让冰雪运动进入寻常百姓家，实现了带动 3 亿人参与冰雪运动的目标，为全球奥林匹克事业作出了新的贡献。

女士们、先生们、朋友们！

自古以来，奥林匹克运动承载着人类对和平、团结、进步的美好追求。

我们应该牢记奥林匹克运动初心，共同维护世界和平。奥林匹克运动为和平而生，因和平而兴。去年 12 月，联合国大会协商一致通过奥林匹克休战决议，呼吁通过体育促进和平，代表了国际社会的共同心声。要坚持相互尊重、平等相待、对话协商，努力化解分歧，消弭冲突，共同建设一个持久和平的世界。

我们应该弘扬奥林匹克运动精神，团结应对国际社会共同挑战。新冠肺炎疫情仍在肆虐，气候变化、恐怖主义等全球性问题层出不穷。国际社会应当"更团结"。各国唯有团

---

① https://www.gov.cn/gongbao/content/2022/content_5674295.htm.

结合作,一起向未来,才能有效加以应对。要践行真正的多边主义,维护以联合国为核心的国际体系,维护以国际法为基础的国际秩序,共同建设和谐合作的国际大家庭。

我们应该践行奥林匹克运动宗旨,持续推动人类进步事业。奥林匹克运动的目标是实现人的全面发展。要顺应时代潮流,坚守和平、发展、公平、正义、民主、自由的全人类共同价值,促进不同文明交流互鉴,共同构建人类命运共同体。

女士们、先生们、朋友们!

"爆竹声中一岁除,春风送暖入屠苏。"中国刚刚迎来农历虎年。虎象征着力量、勇敢、无畏,祝愿奥运健儿像虎一样充满力量、创造佳绩。我相信,在大家共同努力下,北京冬奥会一定会成为简约、安全、精彩的奥运盛会而载入史册。

最后,我提议,大家共同举杯,为国际奥林匹克运动蓬勃发展,为人类和平与发展的崇高事业,为各位嘉宾和家人的健康,干杯!

【例文评析】 这是一篇会议欢迎词。它首先对与会代表表示欢迎、对会议的顺利召开表示祝贺;接着阐述奥林匹克运动精神和宗旨;最后号召鼓舞士气,并表达祝愿,体现出对与会代表的真情厚意。

【例文思考】

1.欢迎词要体现出主人对客人的喜迎与客气,试以本文为例,说说哪些地方体现了这种情感?

2.本文在语言上有何特色?

【例文8.3.2】

欢　送　词

尊敬的女士们、先生们:

首先,我代表×××,对大家访问的圆满成功表示热烈的祝贺。

明天,你们就要离开××了,在即将分别的时刻,我们的心情是依依不舍的。大家相处的时间虽然短暂,但我们之间的友好情谊却是长久的。我国有句古语:"来日方长,后会有期。"我们欢迎各位女士、先生在方便的时候再次来××做客,相信我们的友好合作会日益加强。

祝大家一路顺风,万事如意!

×××

202×年××月××日

【例文评析】 这篇欢送词写得短小精悍,简明扼要,情真意切。

【例文思考】

1.欢送词要体现依依惜别之情,试以本文为例,说说哪些地方体现了这种情感?

2.具体分析本文的写作特色。

拓展训练

1. 欢迎词和欢送词各有哪些种类?
2. 礼仪文书的写作必须把握好文种的情感基调,请分别指出欢迎词、欢送词和致谢词的感情基调是什么?
3. 请以在校学生代表的名义,在本届毕业典礼上为毕业生致欢送词。

任务四　答谢词、感谢信

> 答谢之言,贵在真诚。
>
> ——莎士比亚

任务情景

某校经济管理学院学生张丽,在校期间突患心肌炎住院治疗。学院领导和辅导员多次到医院探望。在了解到张丽家中生活窘迫后,发动全校师生捐款捐物。为此,该生家长感激不已,想写一封感谢信,但又害怕写不好而不能充分表达谢意。

任务设置

请你为张丽家长代写一封感谢信。

知识要点

答谢词、感谢信是致谢类礼仪公文。我国素有"知恩图报"的传统美德。受人恩惠和帮助后,应对人表示感谢,这是起码的道德,也是起码的礼节。

答谢词是指在特定的礼仪场合,主人致欢迎词或欢送词后,客人对主人热情周到的接待和关照表示谢意的致词。感谢信是对他人或单位的支援帮助、关怀爱护、祝贺鼓励等表示感谢的信件。

一、基础知识认知

(一)特点

1. 感激性

致谢文书是受人(或单位、组织)礼遇、帮助、关怀、祝贺后,表示内心感激的表达形式。

它是情感催发的产物,因此其字里行间必然饱含真情,洋溢感激。而这种情感的表达又是凭借叙述、议论、抒情相结合的手法来实现的。

2. 短小精悍

这是所有礼仪文书在篇幅上的特点,致谢文书也不例外。它要求内容具体而概括、语言准确而简明、情感真挚而热烈。

(二)分类

按照不同的分类标准,致谢类礼仪文书可以分为以下几类。

(1)按使用功能划分有答谢词和感谢信。答谢词是现场演说的文稿,感谢信是事后的致信,可寄达也可送至对方公众场所张贴。答谢词又分迎、送两种,感谢信均为事后的。

(2)按内容性质分有谢遇与谢恩两种。谢遇是用以答谢他人礼待的答谢词;谢恩则是用以答谢他人帮助的答谢词。

二、答谢词、感谢信写作

(一)标题

致谢类礼仪文书的标题形式大体有两种:一是以文种为题,如《答谢词(辞)》《感谢信》;二是"致词场合/事由+文种"形式,如《在接受救灾粮仪式上的答谢词》《致××的感谢信》。

(二)称谓

称谓用敬称或尊称。根据实际情况,既可以是泛指对象,也可以是具体对象。

(三)正文

无论是答谢词还是感谢信,其正文都可分为开头、主体和结尾三个层次。开头写致谢缘由,往往是回顾主人的盛情接待、周到关照,或他人无私的帮助与鼓励,并加以高度评价和赞许;主体明确表达感谢之意;结尾或揭示帮助的意义、表明自己的决心,或提出新的请求与希望,或表达美好的祝愿。正文可根据实际情形灵活行文。

(四)文尾

文尾写明致词者或写信者职务、姓名和日期。致词若在标题之下已写明这些内容,文尾则不再重复;感谢信不可将文尾的署名和日期移至标题之下,而是要严格遵循书信的惯用格式。

三、写作注意事项

(一)符合惯用格式

答谢词是一种现场演说词,按理应遵循文书"四大块模式"(标题、称谓/主送、正文和文尾),但因致词的即时性比较强,因而文尾可能会作某种处理,如移至标题下或省写等。但是,感谢信却不能作灵活处理,更不能缺项,否则,将会给对方以轻率、无礼的感觉。

(二)感情真挚、坦诚而热烈

"致谢"本就是一种"言情"方式。既然要"致谢",就应真挚、坦诚、吐真言、动真情。虚情假意、言不由衷或矫揉造作,只能引起对方的反感,热情洋溢却会给人带来如沐春风之感。

(三)评价适度,恰如其分

一般说来,"谢遇"致谢,对对方的行为不宜评论;而"谢恩"致谢则应对其精神或品格作出评价,给予礼赞,但也要适度、恰如其分,不可任意拔高、无限升华,给人以"虚情假意"之嫌。

(四)篇幅简短,语言精练

这是所有礼仪文书的共同特点和要求。要想篇幅简短,内容必须高度概括,语言必须精练,应使用概述,并尽可能将可有可无的字、句、段删掉,努力做到"文约旨丰",言简意赅。

四、例文

【例文 8.4.1】

在接受救灾粮仪式上的答谢词[①]

亲爱的××领导、远道而来的客人们:

今天,我们怀着无比激动、无比振奋的心情,在这里迎接××红十字会给我们县师生捐赠救灾粮的亲人。

今年 7 月以来,我国遭受了百年未遇的大旱灾。7、8、9 三个月,炎阳连天、滴雨不下、

---

① http://blog.sina.com.cn/s/blog 673340c00100pz.html。

池塘干涸、溪河断流、田地龟裂、禾苗枯死，真是赤地千里！虽经我们奋力抗灾，但自然灾害的肆虐，仍使10多万人饮水困难，30多万亩农田颗粒无收。我们县的中小学生，就有1万多名因受灾辍学，还有几万名靠同学、教师、亲属的接济度日。然而，党和政府没有忘记我们，兄弟县市的乡亲没有忘记我们。省市领导多次亲临视察灾情，组织救援；市县干部职工争相解囊，捐粮捐钱。今天，我们又接到了你们无私捐助的大批救灾粮食。"一方有难，八方支援"，团结互助，无私奉献，只有在今天优越的社会主义制度下，只有在我们伟大的社会主义中国才能办到！

谢谢你们，远方的亲人！我们全县中小学生、全县人民，一定会从你们的援助中获取力量，奋发图强，重建家园；努力学习，奋勇登攀，以崭新的面貌、优异的成绩来报答党和人民的关怀，报答你们的深情厚谊！

××县教育局

201×年10月18日

【例文评析】这篇答谢词表达了××县教育局对××红十字会领导和同志们远道而来给县师生捐赠救灾粮食的感激之情。答谢词首先以亲切的称呼，热情洋溢的语词表达了迎接××红十字会；然后阐述获得帮助的原因和盛赞给予帮助的精神及其意义；最后表示感谢并表明感恩的决心。

【例文思考】

1. 试析本文标题的构成。
2. 致谢类礼仪公文应表达怎样的情感？试以本文为例具体谈谈。

拓展训练

1. 答谢词和感谢信在使用上有何区别？
2. 答谢词和感谢信应把握怎样的情感基调？
3. 在你即将放假离校之际，为你的一位恩师写一封感谢信。
4. 阅读下面感谢信并回答问题。

感 谢 信

尊敬的××大学师生：

我们××市商业银行是一家坐落在北国江城——××市内的地方性股份制银行。几年来，我们的经营规模迅速扩展，各项经营指标取得了突破性发展。为建设一支高素质的干部队伍，进一步把企业做大做强，今年我们派员在全国一些重点大学招聘了一批优秀应届毕业生来充实我们的管理层。在贵校招聘期间，我们得到了贵校领导及就业处的老师和同学在工作上的大力支持和生活上的悉心关照，我们深受感动。

在此,我们特向贵校领导及就业处的老师和同学表示深切的谢意,向加盟我们企业的同学表示热烈的祝贺,同时也对广大同学的大力支持表示衷心的感谢!

最后,祝××大学领导、老师、同学身体健康!工作学习进步!

××市商业银行董事长、行长×××
20××年12月16日

(1)正文第一段写了哪些内容?该段在全文中起何作用?

(2)你认为感谢类文书应将什么内容作为行文的重点?

任务五　慰问信、表扬信

> 表扬是传递爱和关怀的方式,能够增强人们的自信和自尊。
> ——玛丽·基普利兰

任务情景

元旦到来之际,公司工会委员会向全体干部职工致以诚挚的慰问。

一年来,公司的各项工作都取得了可喜的成绩。全体干部职工拼搏奋进、自立自强、开拓进取、锐意创新,奋斗奉献,在各自的岗位上充分施展了自己的聪明才智;用知识和智慧武装自己,丰富自己,充分展示了艰苦创业的精神风貌。在平凡的工作岗位上,爱岗敬业,兢兢业业,无私奉献;肩负工作和家庭的双重压力,将满腔热情投入到公司"三个文明"建设的事业之中,为公司的建设和发展作出了巨大贡献。公司工会向全体干部职工表示崇高的敬意和衷心的感谢。希望他们新的一年继续努力奋斗,自强不息,锐意开拓,为公司的改革、发展和稳定,再立新功。

任务设置

试根据以上材料,写一封节日慰问信。

知识要点

慰问信和表扬信属激励类礼仪文书。慰问信是用于向对方表示关怀、慰问的信函;表扬信是用于表彰、赞扬某个机关、单位、团体或个人先进思想、先进事迹、高尚风格,以弘扬正气、激励更大进步的信函。

一、基础知识认知

(一)特点

1. 激励性

无论是慰问信还是表扬信,都会对对方产生激励作用。慰问信或用于对有突出贡献者表示颂扬慰勉,或用于对遭遇困难者表示同情安慰,或用于对某一群体表示节日问候,都可给对方以鼓舞和力量。表扬信多用于对为社会作出贡献的单位或个人作直接表扬、赞颂、谢意并予以激励。

2. 公开性

慰问信和表扬信虽都可直接寄给单位或本人,但更多时候是以张贴、登报,以及在电台、电视上播放的形式出现。

(二)分类

慰问信按使用的情形,大体可分为三种。一是对作出贡献的集体或个人的慰勉。这类慰问主要针对那些承担艰巨任务、作出巨大贡献甚至牺牲、取得突出成绩的先进集体或个人。二是对由于某种原因遭到暂时困难和严重损害的集体或个人表示同情、安慰。三是在节日之际对有贡献的群体或个人表示慰问。

表扬信按行文情况,主要有两种。一是以领导机关或群众团体名义表彰其所属单位、集体、个人。这种表扬信可在授奖大会上由负责人宣读,也可登报、广播;二是群众之间的互相表扬,这种表扬信不仅赞颂对方的美好品德、高尚风格,而且往往带有感谢之意。

二、慰问信和表扬信写作

慰问信和表扬信都属专用书信,它们的结构相同,一般都由标题、称谓、正文和文尾构成。

(一)标题

慰问信和表扬信都可采用两种写法:一种是都只写文种,如《慰问信》《表扬信》;另一种是在文种前加定语,说明是写给什么人的,如《致企业离退休人员的春节慰问信》《致××工厂负责人的表扬信》。

(二)称谓

称谓即写收信单位名称或个人姓名。个人姓名之前可加"尊敬的""亲爱的"等字样,之后可加"同志""先生"等,以示尊重或亲切。

(三)正文

慰问信和表扬信的正文稍有区别。慰问信首先写慰问的原因并直接表达慰问之意;接着陈述被慰问者所取得的成绩,或所遭遇的困难,或所欢度的节日等,并具体表明对被慰问对象的希望、问候、鼓励以及关切等情意;最后以鼓励或祝愿作结。表扬信首先概述被表扬者的先进事迹、高尚品德,给予正确评价和高度赞颂;接着表明来信事由——表扬或感谢;最后提希望、作鼓励,或表达向其学习的决心等。

(四)文尾

文尾为署名和日期两项内容。一是署明单位名称或个人姓名;二是写明具体发信日期。

三、写作注意事项

(1)慰问信要根据不同对象和事件,把握好感情色调,表达无比亲切、关怀、慰藉的感情,使对方产生温暖如春的感觉;要较全面地概括对方的可贵精神,勉励其继续努力,艰苦奋斗,取得胜利。

(2)表扬信叙事、评价、颂扬要准确。叙事要准确,既不夸大,也不缩小;写事迹要见人、见事、见精神,充分反映其可贵品质;作评价、作颂扬要实事求是,恰如其分。

(3)慰问信和表扬信要用事实说理,情感要热情而真切,语气要热情、诚恳,文字要朴素、精练,篇幅要短小精悍。

(4)格式都要严守公务信函体。

四、例文

【例文 8.5.1】

表 扬 信

××乡人民政府:

在202×年绿化工作中,你乡出色地完成了宜林荒山绿化的指标,既严格控制了乱砍滥伐现象,又杜绝了森林火灾的发生。这与你乡领导对环保工作的重视、各部门积极配合、工作方法对路、措施得力是分不开的。你们在贯彻环境保护这项基本国策中作出了可喜的成绩,为我县各乡镇作出了榜样。特来信予以表扬。希望你们继续努力、发扬光大,在环境保护工作上取得更大的成绩。

××县人民政府绿化工作委员会
202×年12月25日

【例文评析】这是一封主管部门表扬有关单位工作出色的表扬信。该信首先叙述被表扬者在202X年绿化工作中的可喜成绩并予以充分肯定,这是来信表扬的缘由;然后明确来信表扬,这是具体的事项;结尾提出希望。

【例文思考】

1. 试为该表扬信的正文划分层次。

2. 以该表扬信为例,说说公务信函与个人书信在格式和写法上的区别。

拓展训练

1. 谈谈怎样写慰问信和表扬信。

2. 根据以下材料,写一封慰问信。

春节来临,当广大人民群众沉浸在假期的喜悦中时,公交系统的工作人员仍然工作在自己的岗位上,为人们的出行作出自己的贡献。请你以公交公司领导的名义写一封致春节期间坚守在公交系统工作岗位上的人员的慰问信。

3. 根据以下材料,写一份感谢信。

××电缆有限公司于202X年3月5日在广州举行隆重开业典礼。此间收到全国各地许多同行、用户以及外国公司的贺电、贺函和贺礼。上级机关及全国各地单位的领导,世界各地的贵宾,国内最著名的电缆线路专家等亲临参加庆典。公司谨此一并致谢,并愿一如既往与各方加强联系,进行更广泛、更友好的合作。

思政小课堂

中国古代礼仪

附　录

附录 A　出版物数字用法的规定

附录 B　标点符号用法

参考文献

[1] 孙宝权,孙战.新编应用文写作[M].北京:北京交通大学出版社,2021.

[2] 吴永红.应用文写作[M].北京:北京邮电大学出版社,2022.

[3] 李丹,马悦.应用文写作[M].成都:西南财经大学出版社,2021.

[4] 葛恒云,张向凤,周仁惠.财经应用文写作[M].合肥:合肥工业大学出版社,2020.

[5] 周晓波,陈广根,刘志鸿.实用应用文写作教程[M].天津:天津大学出版社,2021.

[6] 方铃,万立群.财经应用文写作[M].北京:人民邮电出版社,2020.

[7] 刘晓琴,倪倩茜,冉光波.新编应用文写作[M].成都:西南财经大学出版社,2022.

[8] 马琳.应用文写作实训教程[M].济南:山东人民出版社,2022.

[9] 彭海河,谭春林.当代行政公文读写理论与实训[M].2版.广州:暨南大学出版社,2013.

[10] 蒋意春.经济应用文写作[M].2版.北京:北京理工大学出版社,2016.

[11] 孙秀秋,吴锡山.应用文写作教程[M].4版.北京:中国人民大学出版社,2016.

[12] 高玲,段轩如.应用文写作教程[M].3版.北京:中国人民大学出版社,2017.

[13] 赵志强,方明星,李婷婷.财经应用文[M].成都:西南财经大学出版社,2019.

[14] 刘大彭,郭大鹏,郭志碧,等.财经应用写作[M].上海:同济大学出版社,2017.

[15] 王华杰.当代应用写作[M].北京:北京邮电大学出版社,2019.